Orhan Pamuk

Der Koffer meines Vaters

Aus dem Leben eines Schriftstellers

Aus dem Türkischen von
Ingrid Iren und Gerhard Meier

Carl Hanser Verlag

Die deutsche Ausgabe folgt in Teilen dem türkischen Band
Öteki Renkler, erschienen 1999 bei İletişim in Istanbul.
Zahlreiche Texte wurden vom Autor neu durchgesehen.

1 2 3 4 5   14 13 12 11 10

ISBN 978-3-446-23492-5
© Orhan Pamuk 2010
Alle Rechte der deutschen Ausgabe
© Carl Hanser Verlag München 2010
Alle Rechte für den Text »Der Koffer meines Vaters« © Nobelstiftung 2006
Satz: Satz für Satz. Barbara Reischmann, Leutkirch
Druck und Bindung: CPI – Ebner & Spiegel, Ulm
Printed in Germany

Leben

Der Koffer meines Vaters

Zwei Jahre vor seinem Tod übergab mir mein Vater einen kleinen Koffer, der Texte von ihm enthielt, Manuskripte, Hefte. In dem spöttischen Ton, der ihm so eigen war, sagte er zu mir, ich solle doch nach seinem Tod diese Sachen einmal lesen.

»Dann kannst du ja sehen«, sagte er leicht verlegen, »ob irgend etwas Brauchbares darunter ist, das sich dann veröffentlichen ließe.«

Wir standen in meinem Arbeitszimmer, umgeben von Büchern. Als wolle er eine schmerzliche Last loswerden, ging mein Vater unschlüssig im Zimmer herum und wusste nicht so recht, wohin mit dem Koffer. Schließlich stellte er das Ding in einem möglichst unauffälligen Eckchen ab. Kaum war dieser Moment beiderseitiger Peinlichkeit vorüber, da fanden wir auch schon erleichtert in unsere üblichen Rollen zurück und wurden wieder zu Menschen, die das Leben nicht allzuschwer nehmen und sich gerne darüber mokieren. Wir plauderten über dieses und jenes, über das ewige Einerlei der politischen Misere in der Türkei und über die Geschäfte meines Vaters, die mit schöner Regelmäßigkeit fehlschlugen.

Ich weiß noch gut, wie ich damals, nachdem mein Vater gegangen war, einige Tage lang an dem Koffer vorbeischlich, ohne ihn auch nur anzufassen. Ich kannte ihn ja schon aus Kindertagen, er war klein, schwarz, aus Leder und hatte abgerundete Ecken. Mein Vater benutzte ihn, wenn er zu kleinen Reisen aufbrach oder etwas Größeres ins Büro zu transportieren hatte. Als Kind machte ich ihn manchmal auf, wenn mein Vater von einer Reise zurückkam, wühlte in den Sachen herum und war betört von dem Geruch nach Kölnisch Wasser und fremden Ländern. Dieser Koffer war für mich ein wohlbekannter, reizvoller Gegenstand, der viel mit Vergangenheit und Kindheitserinnerungen zu tun hatte, und dennoch vermochte ich ihn nicht einmal zu berühren. Warum aber dies? Vermutlich lag es daran, dass der Kofferinhalt mir von geheimnisvoller Bedeutung schien.

Von dieser Bedeutung möchte ich hier nun sprechen. Davon nämlich, was ein Mensch betreibt, der sich in ein Zimmer zurückzieht, sich an einen Tisch setzt und versucht, mit Papier und Stift Zeugnis von sich abzulegen: Literatur.

Wenn ich es auch nicht über mich brachte, den Koffer zu öffnen, so waren mir doch einige der Hefte bekannt, die er enthielt, da ich meinen Vater darin hatte schreiben sehen. Überhaupt war mir die Art des Kofferinhalts nichts grundsätzlich Neues. Mein Vater besaß eine umfangreiche Bibliothek, hatte als junger Mann, gegen Ende der vierziger Jahre, in Istanbul Dichter werden wollen, hatte Paul Valéry ins Türkische übertragen, es aber schließlich nicht auf sich nehmen wollen, in einem rückständigen, an Lesern armen Land das harte Dasein eines Poeten zu führen. Mein Großvater war ein reicher Geschäftsmann gewesen, so dass mein Vater eine sorglose Kindheit und Jugend verbracht hatte und sich nicht um des Schreibens willen zu kasteien gedachte. Er liebte nun mal das Leben in all seiner Schönheit, und das verstand ich durchaus.

Was mich vom Inhalt des Koffers zunächst einmal fernhielt, war natürlich die Furcht, mir werde nicht gefallen, was dort zu lesen wäre. Mein Vater, dem dies bewusst war, hatte vorsorglich so getan, als nehme er selbst den Kofferinhalt nicht ganz ernst. Da ich zu jenem Zeitpunkt seit fünfundzwanzig Jahren Schriftsteller war, betrübte mich diese Einstellung. Andererseits konnte ich meinem Vater nicht böse dafür sein, dass er der Literatur nicht soviel Gewicht beimaß. Noch mehr aber fürchtete ich die Erkenntnis, mein Vater könne womöglich ein guter Schriftsteller gewesen sein. Was mich davon abhielt, den Koffer zu öffnen, war im tiefsten Grunde dies. Noch dazu konnte ich mir diesen Grund nicht eingestehen. Denn wäre aus dem Koffer meines Vaters echte, wahrhaftige Literatur zum Vorschein gekommen, so hätte ich in meinem Vater eine ganz andere Persönlichkeit sehen müssen. Das war ein furchtbarer Gedanke. Denn obwohl ich in fortgeschrittenen Jahren war, sollte mein Vater für mich nur mein Vater sein, und nicht etwa ein Schriftsteller.

Schriftsteller zu sein bedeutet für mich, dass man in sich selbst eine zweite, verborgene Persönlichkeit entdeckt und in jahrelanger geduldiger Mühe diese und ihr Umfeld sich herausschälen lässt. Und bei dem Wort Schreiben fallen mir nicht zuerst Romane, Gedichte und literarische Traditionen ein, sondern vielmehr der Mensch, der sich allein an einen Tisch setzt, in sich hineinhorcht und mit Worten eine neue Welt erschafft. Dabei mag er eine Schreibmaschine verwenden, sich die Bequemlichkeiten des Computers zunutze machen oder, wie ich seit über dreißig Jahren, das Papier mit einem Füller beschreiben. Er kann dabei Kaffee oder Tee trinken, rauchen, sich hin und wieder vom Schreibtisch erheben und zum Fenster hinaussehen, auf draußen spielende Kinder, eine dunkle Mauer oder, wenn er Glück hat, auf Bäume oder eine schöne Aussicht. Er kann Gedichte schreiben, Theaterstücke oder wie ich Romane. All diese Unterschiede aber entfalten sich erst auf der Grundlage der eigentlichen Tätigkeit, nämlich der Tatsache, dass man sich an einen Tisch setzt und sich geduldig dem eigenen Inneren zukehrt. Schreiben bedeutet, dass man die innere Einkehr in Worte fasst, dass man aus sich heraus voller Geduld, Hartnäckigkeit und Freude an einer neuen Welt arbeitet. Wenn ich am Tisch sitze und auf eine leere Seite nach und nach Wort um Wort schreibe und darüber Tage, Monate, Jahre vergehen, dann spüre ich, dass ich eine neue Welt erstehen lasse und einen anderen Mensch aus mir heraushole, so wie man Stein auf Stein eine Brücke oder eine Kuppel baut. Der Stein des Schriftstellers ist das Wort. Wir nehmen das Wort in die Hand, befühlen es, setzen es in Zusammenhang mit anderen Wörtern, betrachten es manchmal aus der Ferne, fahren mit dem Finger oder dem Stift gleichsam streichelnd oder abwägend darüber, dann setzen wir es an seinen Platz, zäh, geduldig, hoffnungsfroh, über Jahre hinweg, neue Sphären erschaffend.

Das Geheimnis des Schreibens liegt für mich daher nicht in einer von irgendwoher kommenden Inspiration, sondern in Hartnäckigkeit und Geduld. Die schöne türkische Redensart »mit einer Nadel einen Brunnen graben« könnte eigens für Schriftsteller geprägt worden sein. Seit jeher bewundere und begreife ich die Geduld des Märchenhelden Ferhat, der um der Liebe willen einen Berg durchbohrt. Als ich in dem Roman *Rot ist mein Name* von alten persischen Miniaturenmalern erzählte, die in jahrelanger leidenschaftlicher Übung immer wieder ein und dasselbe Pferd zeichneten, bis sie es schließlich auch mit geschlossenen Augen abbilden konnten, da war mir bewusst, dass ich eigentlich vom Beruf des Schriftstellers und von meinem Leben sprach. Um das eigene Leben allmählich als die Geschichte anderer Personen zu erzählen und in sich die entsprechende Erzählkraft zu verspüren, muss man, denke ich, dieser Kunst und diesem Handwerk geduldig viele am Schreibtisch verbrachte Jahre schenken und dabei einen gewissen Optimismus entwickeln. Die Muse, die manchem nie und manch anderem recht oft erscheint, liebt nämlich dieses Vertrauen und diesen Optimismus, und wenn der Schriftsteller sich gerade am allereinsamsten fühlt und am allermeisten an seinem Streben und Träumen und Schreiben zweifelt und meint, die Geschichte, an der er arbeitet, sei einzig und allein seine eigene Geschichte, dann kommt die Muse und schenkt ihm quasi all die Geschichten, Bilder und Vorstellungen, die er braucht, um das stetig aus ihm Hervorsprudelnde mit der Welt zu verbinden, die er gerade ersinnt. Im Laufe meines ganz dem Schreiben gewidmeten Lebens hat mich am meisten berührt, dass beglückende Sätze, Seiten, Bilder manchmal nicht mir selbst entstammten, sondern mir von einer fremden Kraft großzügig zu Füßen gelegt wurden.

Ich traute mich nicht, den Koffer meines Vaters zu öffnen und seine Hefte zu lesen, denn ich wusste, dass mein Vater nicht die Einsamkeit liebte, sondern ganz im Gegenteil Geselligkeit, seinen Freundeskreis, Salongespräche und Scherze, dass er also den Mühen, denen ich mich unterzog, gänzlich abhold war. Dann aber kam ich auf einen anderen Gedanken: All diese Vorstellungen von Selbstkasteiung und Geduld konnten ja auch lediglich Vorurteile sein, die ich aus meiner ganz persönlichen Lebens- und Schreiberfahrung bezog. Schließlich gab es doch eine ganze Reihe von glänzenden Autoren, die umgeben von Freunden im munteren Familienkreis lebten und im Gemeinschaftsgefühl geradezu badeten. Und außerdem war mein Vater, als ich noch ein Kind war, vor den Niederungen des Familienlebens nach Paris geflohen und hatte dort in einem Hotelzimmer – wie viele andere Schriftsteller – Heft um Heft vollgeschrieben. Ich wusste, dass ein Teil dieser Hefte in dem Koffer enthalten war, denn bereits Jahre zuvor hatte mein Vater begonnen, mir von diesem Abschnitt seines Lebens zu erzählen. Schon in meiner Kindheit hatte er diese Jahre erwähnt, damals aber ohne von seiner Verletzlichkeit zu berichten, von seinem Wunsch, Dichter zu werden, oder der Identitätskrise, die er in Pariser Hotelzimmern durchlitt. Er erzählte vielmehr, wie er in den Straßen von Paris oft auf Sartre gestoßen war; und über die Bücher, die er damals gelesen und die Filme, die er gesehen hatte, sprach er mit der Leidenschaft von jemandem, der eine wichtige Botschaft zu vermitteln hat. Dass ich selbst zum Schriftsteller geworden war, verdankte ich nicht zuletzt auch einem Vater, der zu Hause weit mehr von den Schriftstellern der Weltliteratur sprach als etwa von militärischen oder religiösen Führern. Vielleicht musste ich diese Hefte schon allein deswegen lesen und auch wegen der umfangreichen Bibliothek meines Vaters, der ich nicht wenig zu verdanken hatte. Der Tatsache, dass mein Vater, während er mit uns zusammenlebte, genauso wie ich gerne in einem Zimmer mit seinen Gedanken und seinen Büchern allein war, musste ich daher Achtung zollen, ohne mich um die literarische Qualität seiner Schriften weiter zu kümmern.

Doch je länger ich hilflos auf den Koffer starrte, um so klarer wurde mir, dass ich genau das nicht zustande bringen würde. Wenn mein Vater auf dem Sofa vor seinem Bücherregal lag, ließ er manchmal sein Buch oder seine Zeitschrift sinken und verfiel in langes Denken und Träumen. Sein Gesicht nahm dann einen ganz anderen Ausdruck an als sonst, wenn er am familiären Scherzen, Necken und Zanken teilnahm, und hatte etwas ganz nach innen Gewandtes, aus dem ich vor allem in jungen Jahren sorgenvoll schloss, meinen Vater müsse etwas bedrücken. Heute dagegen weiß ich, dass gerade diese Art von Bedrücktheit einer der Haupttriebe ist, die aus einem Menschen einen Schriftsteller machen. Um Schriftsteller zu werden, müssen wir – bevor noch Geduld und Leiden ihr Werk tun können – in uns den Drang verspüren, vor dem Leben in der Gemeinschaft, dem Alltag, dem Jedermannserleben wegzulaufen und uns allein in ein Zimmer zu sperren. Geduld und Hoffnung brauchen wir erst dann, damit unser Schreiben in tiefe Dimensionen reicht. Unser erster Antrieb aber ist der Wunsch, uns in ein Zimmer zurückzuziehen, ein Zimmer voller Bücher. Das schönste Beispiel für einen freien, unabhängigen Schriftsteller, der diese Bücher nach Gutdünken liest, mit ihnen Zwiesprache haltend auf die Stimme seines Gewissens lauscht und dann seine eigenen Gedanken fasst und seine eigene Welt herausbildet, ist natürlich Montaigne, der Begründer der modernen Literatur. Mein Vater war ein eifriger Leser Montaignes und empfahl ihn auch mir. Und so sehe ich mich auch heute in der Tradition jener Autoren stehen, die – wo immer auch in der Welt, sei es nun im Westen oder im Osten – sich von ihrer Gemeinschaft lösen und sich allein in ihre Kammer setzen.

So einsam, wie man vermuten könnte, sind wir dort aber nicht. Zur Seite stehen uns die Worte, die Geschichten, die Bücher von anderen, die literarische Tradition. Die Literatur ist meiner Ansicht nach das Wertvollste, was der Mensch geschaffen hat, um sich selbst zu verstehen. Menschlichen Gesellschaften, Stämmen, Völkern gelingt es in dem Maße, sich kulturell weiterzuentwickeln, in dem sie ihre Literatur ernst nehmen und auf ihre Schriftsteller lauschen, und bekanntlich ist es ein Vorbote dunkler, törichter Zeiten, wenn in einem Land Bücher verbrannt und Schriftsteller erniedrigt werden. Dabei ist Literatur nie die Angelegenheit einer einzelnen Nation. Der Schriftsteller, der sich zurückzieht und erst einmal eine Reise in sein Inneres antritt, wird dort im Laufe der Jahre eine Grundregel guter Literatur entdecken, und zwar, dass jene aus dem Talent besteht, unsere eigene Geschichte als die Geschichte anderer zu erzählen und die Geschichte anderer als unsere eigene. Und dazu brauchen wir als Ausgangspunkt die Geschichten und Bücher anderer Menschen.

Mein Vater verfügte über eine gutbestückte Bibliothek von etwa tausendfünfhundert Bänden, was auch für einen Schriftsteller mehr als ausreichend ist. Im Alter von zweiundzwanzig Jahren hatte ich mich zwar noch nicht durch die ganze Bibliothek gelesen, doch war mir jedes einzelne Buch irgendwie vertraut, so dass ich etwa wusste, wo mich eher leichte oder tiefgründige Lektüre erwartete und ob ein Werk als Klassiker und unverzichtbarer Bestandteil der Weltliteratur galt oder als amüsantes, aber doch zu vernachlässigendes Zeugnis lokaler Begebenheiten, und auch, welche Bücher von einem französischen Autor stammten, den mein Vater sehr schätzte. Manchmal stand ich sinnierend vor dieser Bibliothek und stellte mir vor, dass ich eines

Tages eine ebensolche oder gar bessere besitzen und mir aus Büchern eine eigene Welt zimmern würde. Dabei kam mir die Bibliothek meines Vaters manchmal wie eine kleine Abbildung der Welt vor. Es war dies aber eine Welt, wie sie von Istanbul aus gesehen wurde. Gekauft hatte mein Vater die Bücher sowohl auf den Auslandsreisen, die ihn vor allem nach Paris und in die USA führten, als auch in seiner Jugend, in den vierziger und fünfziger Jahren, in den Buchläden in Istanbul, die damals fremdsprachige Literatur führten, und später in den alten und neueren Istanbuler Buchhandlungen, die auch ich alle kenne. In den siebziger Jahren begann ich selbst dann ernsthaft, mir eine eigene Bibliothek zusammenzustellen. Ich hatte damals noch nicht ganz beschlossen, Schriftsteller zu werden, ahnte jedoch – wie in meinem Buch *Istanbul* geschildert –, dass aus mir kein Maler werden würde, und wusste somit nicht recht, wohin mein Weg mich führen sollte. Zum einen verspürte ich in mir eine unbezähmbare Neugierde auf alles mögliche, eine Lesewut und einen übermäßig optimistischen Wissensdrang, zum anderen aber kam es mir so vor, als würde in meinem Leben etwas »fehlen«, als würde ich es nicht so leben können wie manch anderer. Das hatte zum Teil wohl damit zu tun, dass ich damals – wie auch beim Betrachten der Bibliothek meines Vaters – ziemlich deutlich empfand, fern vom Zentrum des Geschehens zu sein, so wie ja auch Istanbul uns in jenen Jahren vermittelte, dass wir eigentlich in der Provinz lebten. Der Gedanke, dass irgend etwas »fehle«, wurde außerdem dadurch genährt, dass mir nur allzu bewusst war, in einem Land zu leben, das einem Künstler, sei er nun Maler oder Schriftsteller, keine sonderliche Beachtung schenkte und ihm auch keinerlei Hoffnungen machte. Als ich mich in den siebziger Jahren, gleichsam um über diesen Mangel hinwegzukommen, mit dem Geld meines Vaters gierig daranmachte, in Antiquariaten vergilbte und verstaubte Bücher zu kaufen, war ich von der Armut, dem Durcheinander und der Hoffnungslosigkeit der am Straßenrand, in Moscheehöfen und an halbverfallenen Mauern etablierten Verkaufsstände kaum weniger beeindruckt als von der Lektüre jener Bücher selbst.

Sowohl das Leben als auch die Literatur vermittelten mir damals das Grundgefühl, »nicht im Zentrum zu stehen«. Es gab im Zentrum der Welt ein Leben, das reichhaltiger und lebenswerter war als das unsere und von dem ich wie alle Istanbuler und überhaupt alle Türken von vornherein ausgeschlossen war. Heute denke ich, dass der überwiegende Teil der Welt dieses Gefühl genauso empfand wie ich. Es gab außerdem eine Weltliteratur und deren ebenfalls weit von mir entferntes Zentrum. Eigentlich meinte ich mit Weltliteratur damals die westliche Literatur, und wir Türken waren auch davon ausgeschlossen. Die Bibliothek meines Vaters bestätigte mir das nur. Sie bestand zum einen aus heimischer Literatur und Büchern über Istanbul, in deren Details ich mich auch heute noch mit unvermindertem Behagen verliere, und zum anderen aus Bänden der westlichen Literatur, die der unseren so gar nicht ähnelte, was uns Anlass zu Betrübnis, aber auch zu Hoffnung gab. Lesen und schreiben bedeutete, aus der einen Welt herauszutreten und in der wundersamen Verschiedenheit der anderen einen Trost zu finden. Ich fühlte, dass mein Vater – so wie später ich selbst – manchmal einen Roman vor allem deshalb las, um sich aus seinem eigenen Leben in den Westen zu flüchten. Es kam mir auch so vor, als ob Bücher etwas seien, mit dem man über ein kulturelles Mangelgefühl hinwegzukommen sucht. Nicht nur das Lesen, sondern auch das Schreiben stellte eine Methode dar, um aus unserem Istanbuler Leben in den Westen zu gelangen. Die meisten Hefte in dem Koffer stammten aus der Zeit, als mein Vater zum Schreiben ganz bewusst nach Paris gefahren war und sich in ein Hotelzimmer eingeschlossen hatte, um erst das Ergebnis seiner Arbeit in die Türkei zurückzubringen. Als ich nun vor dem Koffer stand, merkte ich, dass mich das unangenehm berührte. Nachdem ich mich fünfundzwanzig Jahre lang in mein Zimmer zurückgezogen hatte, um in der Türkei als Schriftsteller bestehen zu können, kam nun beim Anblick dieses Koffers in mir ein Unmut darüber auf, dass ein Schriftsteller, um so zu schreiben, wie es ihm beliebt, sich vor der Gesellschaft, dem Staat, der Nation quasi verstecken musste. Vielleicht war ich gerade deswegen meinem Vater dafür böse, dass er das Schreiben nicht so ernst genommen hatte wie ich.

Eigentlich verübelte ich ihm, dass er nicht so lebte wie ich, dass er nie um irgendeiner Sache willen eine Auseinandersetzung riskiert hätte und lieber im Kreise seiner Freunde und in Harmonie mit der Gesellschaft ein von Lachen und Scherzen erfülltes Leben führte. Irgendwie wurde mir auch schmerzlich bewusst, dass ich ihm genaugenommen das nicht »verübelte«, sondern ihn vielmehr beneidete. Damals fragte ich mich nämlich immer auf meine spröde, unwirsche Art, worin denn eigentlich das Glück bestehe. Ist glücklich, wer allein in seinem Zimmer hockt und meint, ein intensives Leben zu führen? Oder vielmehr jener andere, der unter Menschen geht und das glaubt, was sie glauben, oder zumindest so tut und ruhig dahinlebt? Und wenn man aller Welt in Harmonie verbunden scheint, sich dann aber hinsetzt und heimlich schreibt, ist das dann Glück zu nennen oder eher Unglück? Es waren dies jedoch zu ungestüme Fragen. Woher wollte ich denn auch wissen, ob Glück überhaupt als Maßstab unseres Lebens diente? Die Leute, die Presse, alle taten immer, als sei es so und nicht anders. Lohnte es nicht gerade deshalb, einmal zu untersuchen, ob es sich nicht genau umgekehrt verhielt? Wieweit kannte ich überhaupt meinen Vater, den es doch immer von seiner Familie fortgetrieben hatte, und was wusste ich schon von dem, was ihn womöglich quälte?

Diese Fragen waren der erste Antrieb, der mich schließlich dazu brachte, den Koffer zu öffnen. Gab es im Leben meines Vaters irgendeinen Kummer, von dem ich nicht wusste, irgendein Geheimnis, das nur durch Schreiben zu bewältigen war? Kaum war der Koffer auf, da entströmte ihm der typische Reisegeruch. Ich erkannte gleich einige der Hefte wieder, die mein Vater mir Jahre zuvor einmal beiläufig gezeigt hatte. Ich nahm jedes einzelne in die Hand, die meisten stammten erwartungsgemäß aus der Zeit, als mein Vater uns als junger Mann in Istanbul zurückgelassen hatte und nach Paris gefahren war. Mir ging es nun so wie mit meinen Lieblingsschriftstellern, deren Biographien ich las: Ich wollte auch bei meinem Vater wissen, was er in meinem Alter gedacht und geschrieben hatte. Schon bald aber stellte ich fest, dass ich auf solches Material so schnell nicht stoßen würde. An den Texten, die ich hie und da ein wenig anlas, befremdete mich außerdem ein bestimmter Ton, den ich nicht als den Ton meines Vaters erkannte. Er klang nicht authentisch oder gehörte zumindest nicht zu der Person, die mir als mein authentischer Vater galt. Es steckte da eine Furcht in mir, die mich noch mehr bedrückte als das Gefühl, mein Vater könne als Schriftsteller nicht mein Vater sein. Meine grundsätzliche Furcht vor dem Nichtauthentischen war schlimmer als die Befürchtung, die Texte meines Vaters misslungen zu finden oder festzustellen, dass mein Vater sich zu sehr von diesem oder jenem Schriftsteller hatte beeinflussen lassen. Vor allem in jüngeren Jahren wuchs sich diese Furcht zu einer wahren Authentizitätskrise aus, die mich meine ganze Existenz, mein Leben, meinen Schreibwunsch und meine Texte beständig hinterfragen ließ. In meinen ersten zehn Jahren als Romanautor empfand ich sie besonders intensiv, kämpfte fortwährend dagegen an und hatte Angst, dass es mir eines Tages so gehen würde wie mit der Malerei und ich auch das Schreiben wegen solcher Erwägungen einmal aufgeben würde.

Damit sind die beiden Grundgefühle angesprochen, die der Koffer in mir auslöste: zum einen das Gefühl des Provinzialismus und zum anderen die Sorge um die Authentizität. Natürlich war es nicht das erstemal, dass ich dergleichen empfand. Ich hatte diese Gefühle in all ihren Ausprägungen, ihren Nebeneffekten und ihrer farblichen Vielfalt bis in ihre Nervenenden und Verknotungen hinein durch jahrelanges Lesen und Schreiben analysiert, seziert und vertieft. Vor allem in jüngeren Jahren hatte ich sie als unbestimmte Seelenschmerzen und stimmungsverderbende Empfindlichkeiten kennengelernt, als Verwirrungen, die hin und wieder aus Leben und Literatur auf mich einströmten. Eine echte Auseinandersetzung damit fand aber erst statt, als ich jene Gefühle literarisch verarbeitete (die Provinzialität in *Schnee* und in *Istanbul*, die Sorge um die Authentizität in *Rot ist mein Name* und im *Schwarzen Buch*). Schriftsteller sein bedeutet für mich somit auch, die geheimen Wunden, die wir in uns tragen und von denen wir höchstens in Ansätzen wissen, zu erkennen, uns geduldig damit auseinanderzusetzen, sie herauszuarbeiten und sie zu einem ganz bewussten Teil unseres Schreibens und unserer Persönlichkeit zu machen.

Schreiben bedeutet ferner, etwas auszudrücken, was jeder weiß, ohne zu wissen, dass er es weiß. Wir entdecken dieses Wissen, entwickeln es weiter, teilen es mit anderen und vermitteln damit dem Leser den Genuss, sich in einer wohlvertrauten Welt dennoch voller Erstaunen zu bewegen. Diesen Genuss bezieht der Leser aus unserem Talent, alles, was wir wissen, in seiner ganzen Wahrhaftigkeit in einen Text zu gießen. Der Schriftsteller, der in seinem Zimmer durch jahrelange Übung dieses Talent entfaltet und eine eigene Welt zu formen sucht, geht dabei von seinen eigenen Wunden aus und bringt damit bewusst oder unbewusst den Menschen ein tiefes Vertrauen entgegen. So habe ich stets darauf gezählt, dass auch andere Menschen die gleichen Wunden in sich tragen wie ich und ich deshalb verstanden werde. Jegliche wahre Literatur baut auf dem kindlichen Urvertrauen auf, dass die Menschen sich gleichen. Und wer sich jahrelang zurückzieht und schreibt, der wendet sich an diese Menschheit und an eine Welt ohne festes Zentrum.

Wie jedoch aus dem Koffer meines Vaters und natürlich auch aus den verblassten Farben unseres Istanbuler Lebens hervorgeht, gibt es sehr wohl ein Zentrum der Welt, das weit von uns entfernt ist. Auf das Provinzgefühl, das man wegen dieser Grundgegebenheit oft auf tschechowsche Weise erlebt, und auf die Authentizitätsangst, die als ihr Nebenprodukt auftritt, bin ich in meinen Büchern häufig eingegangen. Ich weiß auch aus eigenem Erleben, dass der größte Teil der Weltbevölkerung diese Gefühle teilt und sich auch mit gravierenderen Phänomenen wie Diskriminierung und Furcht vor Erniedrigung herumschlägt. Selbstverständlich besteht die Hauptsorge der Menschheit nach wie vor im Problem der Nahrung und Behausung. Davon aber künden heute das Fernsehen und die Presse viel schneller und leichter als die Literatur. Was die Literatur heute in erster Linie erzählen und erforschen sollte, das ist der Menschheit grundsätzliches Problem, nämlich Minderwertigkeitsgefühle, die Furcht, ausgeschlossen und unbedeutend zu sein, verletzter Nationalstolz, Empfindlichkeiten, verschiedenste Arten von Groll und grundsätzlichem Argwohn, nicht enden wollende Erniedrigungsphantasien und damit einhergehend nationalistische Prahlerei und Überheblichkeit. Diese Phantasien, die meist auf irrationale und überschwengliche Weise ausgedrückt werden, verstehe ich nur allzugut, sobald ich ins Dunkel meiner eigenen Seele blicke. In der außerwestlichen Welt, mit der ich mich ohne weiteres identifizieren kann, können wir immer wieder beobachten, dass die Empfindlichkeit von Menschenmassen und ganzen Völkerschaften sich in Befürchtungen niederschlägt, die geradezu an Dummheit grenzen. In der westlichen Welt wiederum, mit der ich mich nicht weniger leicht identifiziere, führen Reichtum sowie der Stolz darauf, an der Wiege von Renaissance, Aufklärung und Moderne gestanden zu haben, bisweilen dazu, dass man sich mit ähnlicher Einfalt viel zuviel auf sich einbildet.

Nicht nur mein Vater, sondern jeder von uns nimmt also den Gedanken von einem Zentrum der Welt zu ernst. Dabei ist ja das, was uns zum Schreiben in die Einsamkeit treibt, ganz im Gegenteil ein Gefühl des Vertrauens, nämlich der Glaube daran, dass das, was wir schreiben, eines Tages auch gelesen und verstanden wird, weil die Menschen auf der ganzen Welt ähnlich strukturiert sind. Es ist dies aber – und das weiß ich aus meinen und meines Vaters Texten – ein gedämpfter, vom Ingrimm über ein Außenseiterdasein angekränkelter Optimismus. Die Hassliebe, mit der Dostojewski sein Leben lang dem Westen begegnete, habe auch ich mitunter verspürt. Doch habe ich bei dem Dichter eine Lektion gelernt, die mich positiv stimmt, denn wenn Dostojewski auch von dieser Hassliebe ausging, so schuf er doch eine weit darüber hinausgehende Welt.

Wer dem Schreiben sein Leben widmet, der weiß genau, dass die Welt, die er aus welchen Gründen auch immer in jahrelanger hoffnungsvoller Arbeit kreiert, sich danach oft ganz anders verortet, als man dies erwartet hatte. Mögen wir uns auch voller Kummer oder Wut an den Schreibtisch gesetzt haben, wir gelangen dennoch über Kummer und Wut hinaus in eine andere Dimension. Konnte nicht auch meinem Vater das gelungen sein? Wenn man nach langer Reise in einer solchen Welt eintrifft, hat man das gleiche Gefühl, ein Wunder zu erleben, wie wenn sich nach langer Seefahrt eines Tages durch den Dunst das Schauspiel einer farbenprächtigen Insel entfaltet. Westliche Reisende mochten ähnlich empfinden, wenn sie mit dem Schiff von Süden her auf Istanbul zufuhren und sich allmählich der Morgennebel lichtete. Voller Hoffnung und Neugier waren sie zu der Reise aufgebrochen, und nun, nach langer Überfahrt, stand ihnen plötzlich eine Stadt, eine Welt vor Augen, mit ihren Moscheen und Minaretten, Häusern, Straßen, Gassen, Hügeln, Brücken. So wie sich ein begeisterter Leser gerne in den Seiten eines Buchs verliert, so mochten diese Menschen den Wunsch hegen, augenblicklich in die vor ihnen erscheinende Welt einzutauchen. Und haben wir uns an den Tisch gesetzt, weil wir in der Provinz waren, am Rande, wütend oder einfach melancholisch, so haben wir eine völlig neue Welt entdeckt, die uns diese Gefühle vergessen lässt.

Im Gegensatz zu früher ist für mich heute Istanbul das Zentrum der Welt, und zwar nicht nur deshalb, weil ich hier fast mein ganzes Leben verbracht habe, sondern auch, weil ich seit dreiunddreißig Jahren die Straßen, die Brücken, die Menschen, die Hunde, die Moscheen, die Brunnen, die seltsamen Helden, die Läden, die bekannten Persönlichkeiten, die wunden Punkte, die Tage und Nächte dieser Stadt beschreibe und mich stets mit alledem identifiziere. Die Vorstellungen, die ich dabei habe, entwickeln ein Eigenleben und werden in meinem Kopf wichtiger als die Stadt selbst, in der ich wohne. Dann scheint es, als ob alle Menschen und Straßen, alle Dinge und Gebäude begännen, miteinander zu sprechen und Beziehungen einzugehen, von denen ich nichts wusste, so als lebten sie nicht in meiner Vorstellung und meinen Büchern, sondern eigenständig und ganz für sich allein. Und die Welt, die ich geduldig ersonnen habe, so wie man »mit einer Nadel einen Brunnen gräbt«, kommt mir dann wirklicher vor als alles andere.

Nun, dachte ich beim Betrachten des Koffers möglichst vorurteilsfrei, vielleicht sind die Freuden des unverdrossen schaffenden Schriftstellers ja auch meinem Vater zuteil geworden. Nicht zuletzt war ich ihm dafür dankbar, dass er nie ein strenger und strafender Vater gewesen war, nie ein Unterdrücker, und dass er mir stets meine Freiheiten gelassen und meine Persönlichkeit geachtet hatte.

Meiner Phantasie kindhaft freien Lauf zu lassen, war mir vielleicht nur deshalb möglich, weil ich im Gegensatz zu den meisten meiner Freunde ohne Angst vor dem Vater groß geworden war, und manchmal war ich auch überzeugt, dass ich nur deshalb Schriftsteller werden konnte, weil mein Vater es einst hatte auch werden wollen. So musste ich also nachsichtig an diese Texte herangehen und versuchen, sie zu verstehen.

Derart gewappnet, öffnete ich endlich den Koffer, der seit Tagen am gleichen Fleck stand, entnahm ihm einige Hefte und begann unter Aufbietung meines ganzen Willens zu lesen. Was mein Vater geschrieben hatte? Ich kann mich an Beschreibungen von Blicken aus

Hotelzimmern erinnern, an Gedichte, Aporien, Syllogismen ... Ich fühlte mich nun wie jemand, der nach einem schweren Verkehrsunfall nicht genau weiß, was ihm passiert ist, und es so genau auch gar nicht wissen will. Wenn in meiner Kindheit die Eltern am Rande eines Streits waren und wieder einmal tödliches Schweigen ausbrach, schaltete mein Vater immer sofort das Radio an, und die Musik ließ uns das Vorgefallene schneller vergessen.

Die Funktion dieser Musik sollen jetzt ein paar launige Worte erfüllen, mit denen ich das Thema wechsle. Wie Sie wissen, lautet die Lieblingsfrage an Schriftsteller: Warum schreiben Sie eigentlich? Nun, ich schreibe, weil ich Lust dazu habe! Ich schreibe, weil ich nicht wie die anderen eine normale Arbeit machen kann. Ich schreibe, weil ich Ihnen und allen anderen sehr böse bin. Ich schreibe, weil ich gerne den ganzen Tag schreibend in meinem Zimmer sitze. Ich schreibe, weil ich die Wirklichkeit nur ertrage, wenn ich sie verändern kann. Ich schreibe, weil die ganze Welt wissen soll, was wir, ich und die anderen, in Istanbul, in der Türkei für ein Leben führen. Ich schreibe, weil ich den Geruch von Stift und Tinte liebe. Ich schreibe, weil ich an nichts so sehr glaube wie an die Literatur und den Roman. Ich schreibe, weil es mir Gewohnheit und Leidenschaft geworden ist. Ich schreibe, weil ich fürchte, vergessen zu werden. Ich schreibe, weil es mir Ruhm und Anteilnahme bringt. Ich schreibe, um allein sein zu können. Ich schreibe, um herauszufinden, warum ich Ihnen und allen anderen so böse bin. Ich schreibe, weil es mich freut, gelesen zu werden. Ich schreibe, weil ich einen Roman, einen Artikel, eine Seite angefangen habe und nun fertigbekommen will. Ich schreibe, weil das jeder von mir erwartet. Ich schreibe, weil ich in kindlicher Manier an die Unsterblichkeit von Bibliotheken glaube und daran, wie Bücher in den Regalen stehen. Ich schreibe, weil das Leben, weil die Welt, weil einfach alles unglaublich schön und überraschend ist. Ich schreibe, weil es Freude macht, diese Schönheit und diesen Reichtum in Worte zu fassen. Ich schreibe, weil ich eine Geschichte nicht erzählen, sondern erschaffen will. Ich schreibe, um das Gefühl loszuwerden, dass es irgendwo einen Ort gibt, an den ich – wie in einem Traum – niemals gelangen kann. Ich schreibe, weil ich nicht glücklich sein kann. Ich schreibe, um glücklich zu sein.

Eine Woche nachdem mein Vater den Koffer in meinem Arbeitszimmer gelassen hatte, kam er mich wieder besuchen, wie immer (ungeachtet meiner achtundvierzig Jahre) mit einer Tafel Schokolade in der Hand. Und wie immer sprachen und scherzten wir über alles mögliche, über Politik, über Familiengeschichten. Da fiel der Blick meines Vaters auf die Stelle, an der er seinen Koffer abgestellt hatte; der Koffer war nicht mehr da. Wir sahen uns an. Es entstand ein peinliches Schweigen. Ich sagte nicht, dass ich den Koffer geöffnet und in den Heften gelesen hatte, und wandte den Blick ab. Er verstand jedoch, und das verstand ich, was wiederum er verstand. Das ging so hin und her, aber nur ein paar Sekunden lang, denn mein Vater war ein glücklicher Mensch voller Selbstvertrauen und tat somit, was er immer tat: Er lachte. Und als er wieder ging, sagte er mir wie jedesmal väterlich aufmunternde Worte.

Ich sah ihm noch hinterher, wie stets voller Neid auf sein unbeschwertes, lebensfrohes Wesen. Doch weiß ich noch, dass sich an jenem Tag in mir auch ein schmähliches Glücksgefühl regte. Es war, wie sich denken lässt, das Gefühl, vielleicht nicht so ein ruhiges, sorgloses Leben geführt zu haben wie er, statt dessen aber den Anforderungen der Literatur genügt zu haben. Ich schämte mich für dieses Gefühl. Hatte mein Vater mir doch, statt mir als Unterdrücker zum Lebensmittelpunkt zu werden, stets meine Freiheit gelassen. All dieses lehrt uns, dass das Schreiben und die Literatur zutiefst mit einem Mangel in unserem Innersten sowie mit Glücks- und Schuldgefühlen verbunden sind.

Meine Geschichte hat aber noch einen zweiten, symmetrischen Aspekt, an den ich mich an jenem Tag erinnerte, und zwar erst recht voller Schuldgefühl. Mit Zweiundzwanzig hatte ich beschlossen, alles andere seinzulassen und Schriftsteller zu werden, hatte mich vier Jahre lang eingeschlossen und schließlich meinen ersten Roman *Cevdet und Söhne* fertiggeschrieben, und danach – also dreiundzwanzig Jahre bevor mein Vater bei mir seinen Koffer abstellte – war ich mit dem getippten Manuskript des noch unveröffentlichten Buchs zu meinem Vater gegangen, hatte es ihm mit zitternden Händen übergeben und ihn um seine Meinung dazu gebeten. Diese war mir sehr wichtig, und zwar nicht nur, weil ich auf seinen Geschmack und seine

Intelligenz vertraute, sondern auch, weil er im Gegensatz zu meiner Mutter gegen meinen Berufswunsch nichts einzuwenden hatte. Mein Vater war daraufhin eine Weile unterwegs, und ich wartete ungeduldig auf seine Rückkehr. Als er zwei Wochen später wiederkam, lief ich zur Tür, um ihm zu öffnen. Mein Vater sagte nichts, umarmte mich aber gleich so herzlich, dass mir klar war, wie sehr ihm das Buch gefallen hatte. Eine Zeitlang standen wir uns dann überwältigt von unseren Gefühlen stumm und verlegen gegenüber. Als wir uns einigermaßen gefasst hatten, brachte mein Vater auf überschwengliche Weise zum Ausdruck, wie sehr er an mein erstes Buch glaubte, und sagte schließlich, eines Tages würde ich bestimmt jenen Preis gewinnen, den ich jetzt hier mit großer Freude in Empfang nehmen werde.

Er sagte das weniger, weil er wirklich daran glaubte oder um mir den Preis als ein Ziel zu setzen, sondern eher wie ein türkischer Vater, der seinen Sohn mit den Worten »Aus dir wird mal ein General!« motiviert. Jahrelang aber wiederholte er seinen Spruch jedesmal, wenn er mich sah, um mich eben zu ermutigen.

Im Dezember 2002 starb mein Vater.

Sehr verehrte Mitglieder der Schwedischen Akademie, die Sie mir diesen Preis und diese große Ehre zugesprochen haben, sehr verehrte Gäste, ich hätte sehr gewünscht, dass mein Vater heute unter uns wäre.

Autobiographisches aus Anlass
des Nobelpreises

In der einen Hälfte meines Buchs *Istanbul* ist von der Stadt die Rede, in der anderen Hälfte von meinen ersten zweiundzwanzig Lebensjahren. Ich weiß noch, wie furchtbar enttäuscht ich nach der Niederschrift war. Von dem, was ich unbedingt hatte erzählen wollen, hatte ich in *Istanbul* nicht einmal ein Zehntel untergebracht. Mit Erinnerungen an jene Jahre könnte ich noch zwanzig Memoirenbände füllen. Doch wurde mir bewusst, dass Autobiographien kein Mittel zum Erinnern darstellen, sondern eine Form des Vergessens.

Ich bin 1952 in Istanbul geboren. Mein Großvater war ein erfolgreicher Ingenieur und Unternehmer, der Firmen gegründet und mit dem Eisenbahngeschäft viel Geld verdient hatte. Mein Vater war in den gleichen Bereichen tätig, nur dass er ständig Geld verlor, anstatt welches hinzuzuverdienen. Ich war bis zum Abitur in Istanbuler Privatschulen und begann dann ein Studium der Architektur, das ich nach drei Jahren aufgab, um Schriftsteller zu werden. Vom siebten bis zum zweiundzwanzigsten Lebensjahr wollte ich eigentlich Maler werden. In all diesen Jahren war ich ständig voller Eifer und innerer Befriedigung damit beschäftigt, zu zeichnen und zu malen. Als ich mit dem Malen aufhörte, wusste ich zwar, dass ich nichts anderes wollte als ein Künstlerdasein; warum genau ich mich aber plötzlich aufs Schreiben verlegte und mich an meinen ersten Roman *Cevdet und Söhne* machte, war mir selbst nicht bewusst. Um dem Grund dafür auf die Spur zu kommen, schrieb ich viele Jahre später das Buch *Istanbul*.

Wenn ich an meine vierundfünfzig Lebensjahre zurückdenke, habe ich jemanden vor mir, der ständig voller Glücks- und Unglücksgefühle am Schreibtisch sitzt und arbeitet. Ich habe meine Bücher stets sorgfältig und geduldig und mit besten Vorsätzen geschrieben und immer an sie geglaubt. Erfolg, Ruhm und berufliches Glück ... von selbst gekommen sind sie nicht. Meine Bücher werden heute in fünfundfünfzig Sprachen übersetzt, doch am meisten Mühe hat es mich gekostet, mein erstes Buch in der Türkei herauszubringen. Vier Jahre lang versuchte ich *Cevdet und Söhne* diversen Verlegern anzudienen. Und das, obwohl das Buch einen Preis für das beste unveröffentlichte Manuskript bekommen hatte ...

1982, als das Buch schließlich herauskam, heiratete ich Aylin Türegün. Sie stammte aus den gleichen westlich orientierten, wohlhabenden Kreisen wie ich, war in die gleichen Schulen gegangen – wenn wir uns damals auch noch nicht kannten – und im gleichen Viertel aufgewachsen, so dass ich sie damit aufziehen konnte, ich hätte »ein Mädchen aus meinem Dorf« geheiratet. 1991 kam unsere Tochter zur Welt, die wir nach der Romanheldin aus dem *Schwarzen Buch* Rüya nannten.

Ich habe nie einen anderen Beruf als die Schriftstellerei ausgeübt. Von 1985 bis 1988 war ich als Visiting Scholar an der New Yorker Columbia University, während meine Frau dort ihren Doktor machte. Ich war fasziniert von der Vielfalt der amerikanischen Bibliotheken, Buchhandlungen und Museen. 2002 ließen meine Frau und ich uns scheiden. Sie und unsere Tochter sind noch immer meine besten Freunde. Im Jahre 2006, einen Monat vor der Erlangung des Nobelpreises, übernahm ich an der Columbia University eine Unterrichtstätigkeit (ein Semester pro Jahr).

Ein glücklicher Tag ist für mich ein gewöhnlicher Arbeitstag, an dem mir eine gute Seite geglückt ist. Das Leben jenseits des Schreibens erscheint mir oft unzulänglich und sinnlos. Die Leute wissen zwar um meine Abhängigkeit von Schreibtisch, weißem Blatt und Füller, und dennoch raten sie mir, ich solle doch mal Urlaub machen, ausspannen, mich amüsieren. Wer mich besser kennt, weiß um das Glück, das ich aus dem Schreiben beziehe, und sieht ein, dass es letztendlich nichts nützen würde, mich von Stift und Papier fernzuhalten. Ich gehöre zu den wenigen glücklichen Menschen, die nie etwas anderes getan haben, als in ihrem geliebten Beruf zu arbeiten.

Meine ganze Kindheit über war ich von einer großen Familie umgeben, von Onkeln und Tanten, Cousins und Cousinen. Meine beiden ersten Bücher *Cevdet und Söhne* und *Das stille Haus* sind Familienromane. Ich erzähle gern von großen Essen im Familienkreis, von familiären Zwistigkeiten und Sticheleien. In dem Maße aber, in dem unser Familienverband wirtschaftlich immer unbedeutender wird und Auflösungserscheinungen zeigt, büßt er sowohl seine beschützende Wirkung auf mich ein als auch seine Funktion als Zentrum, zu dem es mich immer wieder hinzieht. Dass ich mit zunehmendem Alter immer einsamer und mit zunehmender Einsamkeit immer berühmter werde, lässt mich manchmal erschaudern. Wenn ich mich abends im Bett zusammenkrümme und die Decke über mich ziehe, erfasst mich ein zugleich süßes und beängstigendes Gefühl, das mich zwischen Einsamkeit und Traum, zwischen Schönheit und Unerbittlichkeit des Lebens hin und her schwanken lässt, und es durchfährt mich wieder ein Schauer wie damals als Kind beim Hören und Lesen von Märchen und Gruselgeschichten.

In meinem Roman *Das stille Haus* habe ich mich anhand der Monologe der Großmutter mit dieser Phase des Halbschlafs auseinandergesetzt. In der *Weißen Festung* kommen ebenfalls Übergänge zwischen Traum und Wirklichkeit, Einbildung und Historie vor. Im eigentlichen Sinne zu meinem Ton gefunden habe ich jedoch erst mit dem 1985 begonnenen *Schwarzen Buch*. Damals lebte ich, inzwischen dreiunddreißig Jahre alt, in New York und war sehr mit Fragen meiner Identität und meiner Vergangenheit beschäftigt. Ich saß fortwährend in der Bibliothek der Columbia University und las und schrieb. Mein Heimweh nach Istanbul vermischte sich mit der Bewunderung für muslimische Kultur der Vergangenheit samt ihren osmanischen, iranischen und arabischen Elementen. Ich verfasste ausufernde Entwürfe und tastete mich beim Schreiben doch vor wie ein Blinder, ohne recht zu wissen, was ich da tat. Noch heute wundert mich, wie ich dieses Buch zustande gebracht habe.

Im Roman *Das neue Leben* sollte das, was ich für *Das schwarze Buch* entdeckt hatte, auf poetische Weise von neuem verhandelt werden, aber diesmal nicht in Istanbul, sondern in der Provinz. Für meine Mutter wiederum ist die eigentliche Überraschung der Roman *Rot ist mein Name*, wie sie immer wieder sagt. In meinen anderen Büchern verwundere sie nichts, schließlich wisse sie ja, aus welchem

Lebensmaterial sie geformt seien. *Rot ist mein Name* habe dagegen etwas an sich, das sie sich nicht erklären könne, obwohl sie mich doch so gut kenne ... Ich empfinde das als die höchste Auszeichnung, die einem Schriftsteller zuteil werden kann: von der eigenen Mutter zu hören, dass man Bücher schreibt, die besser sind als man selbst ...

Mich selbst überrascht am meisten das Interesse, auf das der Roman *Schnee* gestoßen ist. Zuerst dachte ich mir, das habe wohl mit dem herkömmlichen Gegensatz zwischen Orient und Okzident zu tun oder mit aktuelleren Themen wie dem Irak-Krieg oder dem politischen Islam. Mittlerweile aber erkläre ich mir die Sache eher so, dass die Szene im Hotel Schneepalast, in der um den Inhalt einer politischen Verlautbarung gestritten wird, die größere Rolle dabei spielt. Doch höchstwahrscheinlich ist auch das eine falsche Vermutung. Schon zu Anfang der neunziger Jahre, als ich nur in der Türkei bekannt war, wurde ich von türkischen Journalisten beinahe feindselig gefragt, warum meine Bücher denn solchen Erfolg hätten. Eigentlich habe ich bis heute noch keine Erklärung gefunden, an die ich so richtig glauben kann. Als meine Bücher allmählich auch im Ausland gelesen wurden, bekam ich die gleichen Fragen auch von ausländischen Journalisten und Kulturredakteuren gestellt. Mir schwebt beim Schreiben immer ein Buch vor, das ich selbst gerne lesen würde. Und manchmal treffe ich damit anscheinend den Geschmack von vielen. Aber wahrscheinlich ist auch diese Erklärung wieder nicht minder falsch als all die anderen. Aber genauso gerne, wie man über sein Leben spricht, redet man als Schriftsteller über seine Bücher. Letztendlich ist das Leben eines Menschen wertvoller als seine Bücher. Was aber dem Leben Sinn und Wert verleiht, das sind wiederum die Bücher. Seit dem Moment, als ich zu schreiben begonnen habe, kann ich mein Leben ohnehin nicht mehr von meinen Büchern trennen. Später einmal werden meine Bücher als wichtiger und unterhaltsamer empfunden als mein Leben, denke ich mir. Wenn die Zeit zum Sterben gekommen ist, muss man an dergleichen wohl voller Ergebung glauben. Aber bis dahin wird es wahrscheinlich noch eine Weile hin sein.

Ich weiß, dass ich jetzt, im April 2007, im Alter von vierundfünfzig Jahren, schon mehr als die Hälfte meines Lebens hinter mir habe, aber ich glaube, dass mein bisher zweiunddreißig Jahre währendes Schriftstellerleben erst bei der Hälfte angelangt ist. Vor mir sollten noch einmal zweiunddreißig Jahre liegen, in denen ich Bücher schreiben kann, die meine Mutter und andere Leser überraschen.

Der implizite Autor

Ich schreibe nunmehr seit dreißig Jahren. Das sage ich schon eine ganze Weile, und allmählich stimmt es auch gar nicht mehr, denn mittlerweile sind es einunddreißig Jahre. Dennoch sage ich gerne, dass ich seit dreißig Jahren Romane schreibe. Obwohl auch das nicht ganz zutrifft. Zwischendurch schreibe ich auch Essays, Kritiken, schreibe über Istanbul oder über Politik und auch Reden so wie diese. Meine eigentliche Arbeit aber, mein unmittelbarer Bezug zum Leben, ist das Verfassen von Romanen. Nun gibt es brillante Schriftsteller, die über einen viel längeren Zeitraum hinweg schrieben, ohne viel Aufhebens davon zu machen. Bei Tolstoi, Dostojewski oder Thomas Mann, die ich sehr bewundere und immer wieder von neuem lese, hat das Schriftstellerdasein nicht dreißig, sondern über fünfzig Jahre gewährt. Warum erwähne ich dann meine dreißig Jahre überhaupt? Ich tue es deshalb, weil ich vom Romanschreiben als einer Gewohnheit berichten möchte.

Um glücklich zu sein, muss ich mich Tag für Tag in gewissem Maße mit Literatur beschäftigen. Es gibt ja Kranke, die jeden Tag einen Löffelvoll Medizin einnehmen müssen. Als Kind erfuhr ich, dass Zuckerkranke, um ein normales Leben führen zu können, jeden Tag eine Spritze bekommen müssen, und da taten mir diese Menschen sehr leid, da ich sie quasi für »Halbtote« hielt. Meine Abhängigkeit von der Literatur hat in gewisser Weise auch mich zu einem »Halbtoten« gemacht. Wenn ich insbesondere als junger Schriftsteller von manchen als »lebensfremd« bezeichnet wurde, dann hatte ich immer das Gefühl, sie spielten damit auf dieses Halbtotendasein an, dieses Gespensterhafte. Es kam mir manchmal so vor, als sei ich tot und versuchte meine Leiche durch die Literatur wieder zum Leben zu erwecken. Ich brauche also die Literatur wie ein Medikament. Als wäre es eine Spritze oder ein Löffelvoll Arznei, muss ich täglich meine Dosis Literatur »einnehmen«, die dann auch noch wie der Stoff eines Süchtigen bestimmte Eigenschaften aufzuweisen hat.

Es muss vor allem gute Literatur sein. Darunter verstehe ich, dass sie wahrhaft und überzeugend ist. Eine Romanpassage zu lesen, an die ich von ganzem Herzen glauben kann, macht mich glücklicher als alles andere und bringt mich dem Leben näher. Ferner ist es mir lieber, wenn der Autor schon verstorben ist. Meine tiefempfundene Bewunderung soll nach Möglichkeit auch nicht von einem Wölkchen Neid überschattet werden. Je älter ich werde, um so mehr komme ich zu der Einsicht, dass die besten Bücher von toten Autoren stammen. Wenn ein bewundernswerter Autor noch unter uns weilt, dann hat das etwas Gespenstisches. Und wie ein Gespenst sehen wir ihn an, wenn wir ihm auf der Straße begegnen, wir trauen unseren Augen nicht und schielen von fern zu ihm hin. Nur ein paar Wagemutige bitten das Gespenst um ein Autogramm. Manchmal denke ich über so einen Autor: Nun, bald stirbt auch er, und dann werden wir seine Bücher noch mehr schätzen. Aber natürlich gilt das nicht für alle Fälle …

Wenn ich schreibe, verhält es sich mit meiner täglichen Literaturdosis ganz anders. Das beste Heilmittel, die ergiebigste Glücksquelle ist nämlich für Menschen wie mich, täglich eine halbe Seite zu schreiben. Seit dreißig Jahren sitze ich so gut wie jeden Tag etwa zehn Stunden lang in meinem Zimmer am Schreibtisch und arbeite. Was ich in dieser Zeitspanne druckreif zu Papier brachte, ist in jenen dreißig Jahren im Durchschnitt jeweils etwas weniger als eine halbe Seite gewesen. Und noch dazu ist es meist knapp unter dem Qualitätsstandard, den ich als »gut« bezeichne. Da haben wir doch schon zwei ausgezeichnete Gründe zum Unglücklichsein.

Verstehen Sie mich aber bitte nicht falsch: Ein Literaturabhängiger meines Schlages ist nicht so oberflächlich, dass er durch die Schönheit, den Erfolg oder die Anzahl seiner Bücher schon zum glücklichen Menschen gemacht würde. Die Literatur soll ihm nicht über die Probleme seines ganzen Lebens hinweghelfen, sondern lediglich über den einen schweren Tag, den er gerade erlebt. Und eigentlich ist jeder Tag schwer. Das Leben ist schwer, wenn man nicht schreibt. Es ist auch schwer, wenn man nicht schreiben kann. Und schwer ist es auch dann, wenn man schreibt, denn schreiben ist sogar sehr schwer. Inmitten all dieser Verdrießlichkeiten geht es nun darum, genug Hoffnung zu schöpfen, um den Tag herumzubringen oder gar – wenn ein Buch so gut ist, dass es in andere Welten entführt – in heitere Stimmung zu kommen.

Ich will einmal erzählen, wie es mir ergeht, wenn ich an einem Tag nichts Ordentliches zustande gebracht habe und mich auch nicht zum Trost wenigstens in einem guten Buch habe verlieren können. Innerhalb kürzester Zeit wird mir dann die Welt zu einem furchtbaren, ja unerträglichen Ort, und wer mich kennt, der merkt mir das sofort an, weil ich dann ebendieser Welt auch gleiche. Meine Tochter etwa sieht mir abends auf der Stelle an, wenn ich tagsüber nichts Rechtes habe schreiben können. Ich würde das liebend gerne vor ihr verbergen, aber es gelingt mir nicht. In solchen Momenten ist mir leben oder nicht leben nämlich einerlei. Ich möchte dann mit niemandem sprechen, und niemand, der mich so sieht, hätte auch Lust, mit mir zu sprechen. Eigentlich gerate ich jeden Tag in diesen jämmerlichen Zustand, und zwar am frühen Nachmittag zwischen eins und drei, aber ich habe gelernt, damit umzugehen und mit den Heilmitteln des Schreibens und Lesens zu verhindern, dass ich gänzlich ins Leichenhafte verfalle. Wenn Reisen oder irgendwelche Scherereien, wie früher der Militärdienst und die hohe Gasrechnung oder heute politischer Verdruss oder sonst irgendwelche Hemmnisse, mich über längere Zeit daran hindern, meine nach Tinte und Papier duftende Medizin einzunehmen, dann ist mir, als würde ich aus lauter Verstimmung zu einer Art Betonmensch werden. Meine Bewegungen sind dann steif, in den Gelenken knirscht es, der Kopf wird zu Stein, und selbst mein Schweiß scheint einen anderen Geruch anzunehmen. Und dieses Unbehagen kann sich hinziehen, steckt doch das Leben voller Zumutungen, die den Menschen vom Trost der Literatur fernhalten. Im Getümmel einer politischen Versammlung, beim Schwatz mit Kommilitonen auf dem Korridor der Uni, bei einem Festtagsessen mit der gesamten Verwandtschaft, beim mühsamen Gespräch mit einem Menschen, der den Kopf voll hat mit Bildern aus irgendeiner Fernsehwelt, bei einem Arbeitstermin, beim Einkaufen, beim Notar oder beim Fotografen: bei all solchen Gelegenheiten geschieht es mir immer wieder, dass mir urplötzlich die Lider unerträglich schwer werden. Da ich mich nicht in mein Zimmer zurückziehen kann, weiß ich mir an solchen Orten oft keinen anderen Trost, als mitten am Tag einfach einzunicken.

Vielleicht gilt ja mein Verlangen nicht der Literatur als solcher, sondern der Gelegenheit, in einem Zimmer allein zu sein und meine Phantasie spielen zu lassen. Kaum darf ich das, so stellen sich mir die familiären oder beruflichen Anlässe, zu denen so viele Menschen zusammenkommen, in allerschönstem Lichte dar. Dann sehe ich etwa diese Menschen bei noch größeren Feiertagsessen frohgestimmter denn je in allen Einzelheiten vor mir. In der Phantasie wird mir nämlich alles interessant, attraktiv und wahrhaftig. Aus der herkömmlichen Welt, wie wir sie alle kennen, forme ich im Geiste eine neue Welt. Und damit sind wir beim Kern der Sache angelangt. Um gut schreiben zu können, muss ich mich erst mal so richtig unbehaglich fühlen, und um das zu bewerkstelligen, muss ich ins Leben eintauchen. Wenn ich mich dann auf Telefontrubel, Bürohektik, Liebe, Freundschaft, einen sonnigen Strand oder eine verregnete Beerdigung einlasse und also im Begriff bin, mich mitten ins Geschehen zu mischen, dann fühle ich plötzlich, dass ich ja eigentlich vielmehr am Rande stehe. Und dann beginnt die Phantasie zu arbeiten. Negativ ausgedrückt, beginne ich mich zu langweilen. Auf jeden Fall sagt mir eine innere Stimme: »Geh in dein Zimmer, setz dich an deinen Schreibtisch.« Wie es bei anderen ist, weiß ich nicht, aber Leute wie ich werden auf genau diese Art zu Schriftstellern. Ich denke allerdings, dass dies nur der Weg zur Prosa, nicht aber zur Poesie ist. Dies sagt wiederum etwas über die Eigenschaften meiner täglichen Medizin aus. An ihrer Bitterkeit lässt sich ablesen, dass sowohl das Leben als auch die Phantasie in gehörigem Maße an ihr Anteil haben müssen.

Hier mischen sich bei mir das Behagen, etwas eingestehen zu dürfen, und die Furcht, vielleicht doch zu viel preiszugeben, doch ergibt sich aus dem Gesagten auf jeden Fall eine wichtige Folgerung, auf die ich auch sogleich eingehen möchte. Es ist eine kleine Romantheorie, die vom Schreiben als Medizin und Trost handelt: Schriftsteller wie ich wählen Themen und Form ihrer Romane je nach ihrem täglichen

Phantasierbedarf aus. Zum Verfassen eines Romans gehört ja einiges an Überlegungen, an Enthusiasmus, Wut und Willen. Der Wunsch, unserer Freundin zu gefallen, unliebsame Menschen zu erniedrigen, Faszinierendes zu erzählen, über Unverstandenes zu schwadronieren, uns an manches zu erinnern und an manches lieber nicht, geliebt zu werden, gelesen zu werden, politischen Ehrgeiz zu befriedigen und was da an persönlichen Vorlieben und an unverständlichen oder unsinnigen Beweggründen noch alles sein mag: durch all diese Triebe werden wir mehr oder weniger unbewusst gelenkt. Und aus diesen Trieben erstehen uns Phantasievorstellungen, die wir äußern möchten. Was es mit den Trieben und Phantastereien, die uns beseelen, so genau auf sich hat, das wissen wir nicht, doch beim Schreiben wünschen wir, dass sie uns genauso beflügeln wie eine unverhoffte Brise. Und so überlassen wir uns diesen dunklen Trieben auch ein wenig wie ein Schiffer, der nicht genau weiß, wie er Kurs halten soll … Im Hinterkopf aber ist uns durchaus klar, wo auf der Karte wir uns befinden und wo wir letztendlich hingelangen wollen. Selbst in Momenten, in denen ich mich ganz und gar den Winden ausliefere, weiß ich im Vergleich zu anderen Schriftstellern, die ich kenne und schätze, immer noch recht genau, wohin die Reise gehen soll. Schon vor dem Auslaufen schmiede ich meine Pläne, teile die Geschichte, die ich erzählen will, in Kapitel auf und zeichne auf der Karte ein, welchen Hafen mein Schiff anlaufen soll, welche Ladung dort aufgenommen und welche gelöscht wird und wie lang die Reise insgesamt dauern soll. Und dennoch, wenn mir plötzlich der Wind unerwartet in die Segel fährt, dann habe ich auch nichts dagegen, meiner Geschichte einen Kurswechsel zu gönnen. Was ein Schiff, das mit geblähten Segeln dahinfährt, eigentlich sucht, ist ein Gefühl der Vollständigkeit, der Erfüllung. Ich suche nach einem Ort und einer Zeit, wo alles einander berührt, alles zueinander in Beziehung steht, alles voneinander weiß. Dann flaut der Wind allmählich ab, und mit einemmal bin ich an einem reglosen Ort. Ich spüre aber, dass da etwas ist, das meinen Roman auch in diesen nebligen stehenden Wassern doch voranbringt. Was die poetische Inspiration angeht, wünsche ich mir immer, mir selbst solle widerfahren, was ich in meinem Roman *Schnee* geschildert habe. Es ist die Art von Inspiration, durch die Coleridge sein

Gedicht »Kubla Khan« zufällt. Und so wie Coleridge und mein Protagonist Ka aus *Schnee* zu ihren Gedichten kommen, so sollten über mich Szenen und Inhalte meines Romans kommen. Wenn ich nur genug Geduld und Aufmerksamkeit aufbringe, dann wird mir das manchmal auch zuteil. Einen Roman schreiben heißt eben auch, dass man offen ist für das Wirken der erwähnten Triebe, der Zufallswinde, der Inspirationsmomente, der dunklen Stellen des Verstandes und auch der Zeiten nebligen Stillstands.

Ein Roman ist eine Geschichte, die sich all dieser Winde annimmt, sich auf alle Erscheinungsformen der Inspiration einlässt und alle Tagträume, denen wir uns hingeben, auf bedeutungsreiche Art vereint. Vor allem aber ist der Roman ein Korb, in dem wir die Traumwelt, die uns stets zu Diensten sein soll, bequem spazierentragen können. Er bündelt all die Traumpartikelchen, in die wir uns flüchten, um das Ungemach unserer realen Welt so schnell wie möglich zu vergessen. Beim Schreiben erweitern wir die Träumereien, füttern jene zweite Welt mit Details aus und machen uns mit ihr vertraut, auf dass es leichter wird, sie in uns zu beheimaten. Wenn ich mitten in einem Roman bin und mein Schreiben mit Erfolg gesegnet ist, so fällt es mir sehr leicht, in die Phantasien jener zweiten Welt zu schlüpfen. Romane sind Welten, in die wir beim Lesen und noch mehr beim Schreiben freudig eintauchen. Sie sind das Medium, durch das die Visionen eines Schriftstellers festgehalten werden. So wie sie den guten Leser beglücken, so bieten sie auch dem guten Autor zu jeder Tageszeit eine sichere neue Welt, in die er sich beseligt zurückziehen kann. Wenn es mir gelungen ist, auch nur in Ansätzen eine solche Wunderwelt erstehen zu lassen, dann bin ich glücklich, sobald ich mich nur an meinen Schreibtisch und meine Papiere setze. Es ist nur ein Katzensprung aus der gewöhnlichen in die freie, neue Welt, und meist möchte ich dann weder aus dieser zurückkehren noch ihre ständige Erweiterung irgendwann abschließen und somit ans Ende des Romans gelangen. Hierin deckt sich mein Sehnen mit dem eines guten Lesers, der vernimmt, dass ich an einem neuen Roman arbeite, und daraufhin ausruft: »Hoffentlich wird er recht lang!« Ich darf mich rühmen, diesen Satz ungleich öfter gehört zu haben als den Herzenswunsch manch schlechter Verleger: »Hoffentlich wird er recht kurz!«

Woher rührt das Interesse so vieler Menschen an dem Produkt einer gewohnheitsmäßigen Handlung, durch die jemand nur seine persönlichen Vorlieben befriedigt? Nun, der geneigte Leser von *Rot ist mein Name* wird sich erinnern, dass gegen Schluss des Romans Şeküre es als Torheit bezeichnet, unbedingt immer alles erklären zu wollen. Ich neige gleichfalls eher zu dieser Meinung als zu der von Şeküres kleinem Sohn, meinem Namensvetter Orhan, der an jener Stelle von der Mutter sanft getadelt wird. Dennoch möchte ich mir erlauben, einmal so töricht wie jener Orhan zu handeln und mich um eine Erklärung des Phänomens zu bemühen, das die Phantasien, die einem Autor zur Medizin gereichen, auch dem Leser zur solchen werden lässt. Wenn ich mich also schreibend ganz und gar in einen Roman vertieft habe, losgelöst von Telefongeschrill, Fragereien und sonstiger Alltagsmühsal, dann rufen die Regeln des freien, schwerelosen Paradieses, in das ich durch den Roman gelangt bin, Erinnerungen an die Spiele meiner Kindheit wach. Alles wirkt dann viel leichter, und dank dieser Leichtigkeit beginnen Häuser, die einen Blick in ihr Inneres zulassen, weil sie aus Glas sind, mir wie auch Autos und Schiffe ihre Geheimnisse zu erzählen. Meine Aufgabe besteht dann darin, die Regeln dieses Spiels zu erahnen und ihnen zu lauschen, die Interieurs genüsslich in Augenschein zu nehmen, mit meinen Romanhelden zusammen in Busse oder Autos zu steigen und durch Istanbul zu fahren, ungern Gesehenes nach Gutdünken zu ändern, mich sorgenfrei zu amüsieren und – wie man es über Kinder immer sagt – spielend zu lernen. Das Schönste am Schreiben ist, dass man als kreativer Schriftsteller wie ein Kind die Welt vergessen, nach Herzenslust spielen und sich aller Verantwortung ledig fühlen, mit den Regeln der Welt wie mit Spielzeug umgehen darf und dabei immer im Hinterkopf den Gedanken hat, dass hinter all der kindlich-fröhlichen Freiheit auch eine große Verantwortung steckt, die später den Leser tief in ihren Bann zieht. So spielt man den ganzen Tag und fühlt dabei doch sehr genau, dass man es ernster meint als jeder andere. Man hat das Wesen des Lebens und seine Unmittelbarkeit auf so innige Weise ernst genommen, wie sonst nur Kinder dies vermögen. Während man kühn die Regeln des Spiels aufstellt, das man so unbeschwert spielt, spürt man schon, dass später die Leser in diese Regeln, in die Sprache, die Sätze, die Geschichte hineingezogen werden und einem somit folgen. Schreiben heißt beim Leser das Gefühl erwecken, er habe eigentlich das gleiche ausdrücken wollen, wenn es ihm nicht zu kindhaft vorgekommen wäre.

Immer wieder möchte ich meine Segel launischen Winden aussetzen und in die kindliche Naivität der Welt zurückkehren, die ich durchs Studium der Karte entdeckt, erschaffen und erweitert habe, doch manchmal kann ich es ganz einfach nicht. Das geht jedem Schriftsteller so. Manchmal bleibe ich irgendwo stecken oder kann nach einer Pause die Arbeit an einem Roman nicht mehr an der gleichen Stelle fortsetzen. In dieser wohlbekannten Situation bin ich womöglich weniger geplagt als andere Schriftsteller, weil ich in die Geschichte nicht nur da wieder einsteigen kann, wo ich vorher aufgehört habe, sondern auch durch irgendein Schlupfloch, so dass ich, weil ich die Karte gut genug kenne, auch von einem anderen Kapitel aus wieder in den Roman hineinfinde. Das an sich ist also kein Problem. Als ich jedoch dieses Jahr aufgrund politischer Misshelligkeiten ins Stocken geriet, entdeckte ich etwas Neues über das Romanschreiben, von dem ich nun gerne berichten möchte.

Ein Prozess, der gegen mich angestrengt wurde, brachte es mit sich, dass mir plötzlich ein viel höheres Maß an »politischem Ernst« und »Verantwortung« abverlangt wurde, als dies in meiner Natur liegt. Im Rückblick darf ich schmunzelnd sagen, dass meine Lage schon verdrießlich genug, meine Gemütslage aber noch verdrießlicher war. Zu der kindlichen Unbefangenheit, die mir zum Romanschreiben nötig ist, fand ich da natürlich nicht, aber das war nicht weiter verwunderlich. Als die Dinge sich dann langsam entwickelten, gedachte ich allmählich zu meiner vorübergehend eingebüßten Verspieltheit und »Verantwortungslosigkeit« zurückzufinden und den Roman fertigzuschreiben, an dem ich schon seit etwa drei Jahren saß. So setzte ich mich wieder Morgen für Morgen, bevor die Zehnmillionenstadt Istanbul aus ihrem Schlaf erwachte, an meinen Schreibtisch und bemühte mich, in der Stille der letzten Nachtstunden in meinen halbfertigen Roman hineinzufinden. Ich strengte mich an und rang um Einlass in meine geliebte zweite Welt. Als Ergebnis meines Strebens sah ich schließlich, wie mir Romanfetzen durch den Kopf zogen, allerdings nicht aus dem Roman, an dem ich gerade schrieb, sondern aus einem ganz anderen. Immer mehr Szenen, Sätze, Personen und seltsame Details waren es, die mich an jenen trüben Tagen fort und fort bedrängten. Nach einer Weile begann ich also, diese mir völlig neuen Einzelheiten aus einem ganz anderen Roman in ein Heft zu notieren. Es ging darin um einen verstorbenen zeitgenössischen Maler und seine Bilder. Nach einer Weile begriff ich, dass mir in jenen hektischen Tagen der Weg zu kindlicher Sorglosigkeit versperrt war. Nicht zur Kindlichkeit konnte ich zurückkehren, sondern lediglich zur Atmosphäre meiner Kindheitstage, in denen ich (wie in meinem Buch *Istanbul* geschildert) fortwährend malte und auch Maler werden wollte.

Als das Verfahren gegen mich eingestellt wurde, setzte ich die Arbeit an dem ursprünglichen Romanprojekt *Museum der Unschuld* wieder fort, nahm mir jedoch vor, auch einmal jenen Roman zu schreiben, dessen Szenen mir erschienen, als es mich zu den Antriebskräften meiner Kindheit zurückzog. Diese ganze Erfahrung aber hat mich etwas über die seelische Dimension des Romanschreibens gelehrt.

Erläutern kann ich das am besten, indem ich den von Wolfgang Iser geprägten Begriff des »impliziten Lesers« für meine Ziele leicht zweckentfremde. Der Literaturwissenschaftler Wolfgang Iser hat eine brillante leserorientierte Literaturtheorie entwickelt, der zufolge die Bedeutung eines Romans weder allein im Text noch auch in seiner Entstehungsgeschichte liegt, sondern irgendwo dazwischen. Seine Wirkung entfaltet ein Werk erst durch den Akt des Lesens, und dadurch kommt dem Leser eine ganz besondere Rolle zu.

Als mir damals statt der Elemente aus meinem eigentlichen Roman Szenen, Sätze und Details aus einem ganz anderen Buch zuwuchsen, fiel mir dieser Begriff des impliziten Lesers wieder ein, und ich fragte mich, ob etwa jedes bereits geplante, aber noch nicht ausgeführte Werk (wie eben der Roman, an dem ich gerade schrieb) auch so etwas wie einen impliziten Autor habe. Jenes Werk könnte dann eben auch nur von dem Autor geschrieben werden, den es selbst »impliziert« hatte. Wenn mich aber politischer Ärger plagt oder – wie dies in der Regel eher der Fall ist – ganz gewöhnlicher Verdruss wie telefonische oder familiäre Belästigungen, dann kann ich der von meinem geplanten Buch implizierte Autor nun mal nicht sein. In jenen von dem Prozess überschatteten Tagen war es so. Als diese Phase vorüber war, konnte ich mich meiner Arbeit an dem Roman wieder so widmen, wie ich dies wollte, und bald wird es mir wohl auch vergönnt sein, ihn fertigzustellen (er spielt zwischen 1975 und heute, und es geht darin um eine Liebesgeschichte im Milieu der Istanbuler High-Society). Mir ist aber nach alledem klargeworden, dass ich mich seit dreißig Jahren bemühe, der von meinen Büchern implizierte Autor zu werden. Da ich immer umfangreiche, anspruchsvolle Bücher schreiben will und ein langsamer Autor bin, spielt das wohl eine nicht unwichtige Rolle bei mir. Sich ein Buch auszudenken ist nicht schwer, so wie es auch leicht ist, sich vorzustellen, man sei jemand anders, was ich ja auch oft genug mache. Die Schwierigkeit besteht darin, dem geplanten Buch dann als impliziter Autor auch gerecht zu werden.

Ich will mich aber nicht beklagen. Da ich bereits sieben Romane verfasst und veröffentlicht habe, scheint es mir – wenngleich mit einigem Aufwand – doch zu gelingen, die einmal ins Auge gefassten Werke auch auszuführen. Und nun weiß ich auch, dass ich neben den Büchern, die hinter mir liegen, auch eine ganze Reihe von Autorengespenstern zurückgelassen habe, die jedes für sich eines dieser Bücher einmal schreiben konnten. Jeder dieser sieben impliziten Autoren, die mir alle irgendwie gleichen, hat in den letzten dreißig Jahren mit der Ernsthaftigkeit eines spielenden Kindes davon erzählt, wie seiner Meinung nach die Welt und das Leben aussehen, wenn man sie von Istanbul aus betrachtet, von einem Ort wie dem meinen.

Hoffentlich darf ich noch weitere dreißig Jahre lang Romane schreiben und unter diesem Vorwand in andere Persönlichkeiten schlüpfen.

Notizen zum 29. 4. 1994

(Unter diesem Datum bat die französische Wochenzeitschrift *Nouvel Observateur* Hunderte von Autoren in aller Welt um die Schilderung ihres Tagesablaufs an ihrem Wohnort. Meiner war Istanbul.)

Telefon. Wie immer in den Stunden, in denen ich den Stecker des Telefons herausziehe und schlecht und recht an meinem Roman schreibe, stellte ich mir plötzlich vor, dass irgend jemand vergeblich versuchte, mich genau in diesem Moment in einer dringenden, ja lebenswichtigen Angelegenheit anzurufen, schloss aber den Stecker nicht an. Als ich ihn lange danach wieder in die Buchse steckte, führte ich sofort einige Telefongespräche, die ich sonst vergessen hätte. Ein Journalist, der aus Deutschland anrief, wollte sich mit mir, wenn er nach Istanbul käme, über die Zunahme der »fundamentalistischen« Bewegung und den Erfolg der Refah-Partei in den Wahlen für das Stadtparlament sprechen. Ich fragte ihn nochmals, für welchen Fernsehsender er arbeitete. Und er nannte mir ein paar Buchstaben.

Buchstaben, Logos, Marken. Am häufigsten bin ich in den Zeitungen, im Fernsehen und auf den Straßenreklamen wieder den Buchstaben der Werbung für Bluejeans und Banken begegnet. Eine Freundin, Professorin an der Universität, die ich auf der Straße traf, holte eine Liste mit den Namen von Firmen und Marken, die ich alle beinahe täglich vor Augen habe, aus ihrer Tasche und drückte sie mir in die Hand. Die Besitzer sollen, wie sie sagte, die religiöse Refah-Partei unterstützen, und viele Leute würden jetzt die Kekse und den Joghurt dieser Marken nicht mehr kaufen und die Geschäfte und die Lokale jener Firmen nicht mehr betreten. Wie immer schaute ich im Fahrstuhl unseres Hauses aus Langeweile nicht in den Spiegel, sondern auf das Schild: Wertheim. Die einfache Mathematikaufgabe am

Ende dieses Artikels habe ich mit einem Casio-Rechner gelöst. Auf der Straße sah ich einen 60er Plymouth und einen 56er Chevrolet, die beide noch als Taxi in Gebrauch waren.

Straßen, große und kleine. Trotz der Wirtschaftskrise der letzten zwei Monate durch die plötzliche Abwertung des türkischen Geldes um die Hälfte waren alle Straßen voller Menschen. Wie immer machte ich mir Gedanken darüber, wohin wohl all die Menschen gingen, und es erinnerte mich daran, was für eine überflüssige Sache die Literatur war: Ich sah Frauen mit Kindern in die Schaufenster blikken, Lyzeumsschüler, die sich lachend schubsten, Verkäufer, die ihre Ware, geschmuggelte ausländische Zigaretten, Nescafé, chinesisches Porzellan, alte Liebesromane und ausrangierte ausländische Modemagazine, an den Moscheewänden aufgereiht hatten, einen Mann, der frische Gurken von seinem Dreiradwagen aus verkaufte, und bis zum Gehtnichtmehr vollgestopfte Busse. Vor den Wechselstuben standen Männer mit einem Sandwich, einer Zigarette oder auch Plastikbeuteln voller Banknoten in den Händen und verfolgten den Kursanstieg des Dollars auf der elektronischen Anzeigetafel. Ein Krämergehilfe hatte sich Korbflaschen mit Wasser auf die Schultern geladen und brachte sie fort. Ich sah einen Verrückten, der neu war im Viertel, und stellte fest, dass er als einziger in der Menge auf den Gehsteigen keinen Plastikbeutel bei sich trug. Er hielt ein echtes Lenkrad in den Händen, das er nach rechts und links drehte, während er sich durch das Gewühl schob. Als ich mittags nach einem Glas Orangensaft zu der kleinen Wohnung zurückging, die ich als Studio benutze, entdeckte ich in der sich nach dem Freitagsgebet zerstreuenden Menschenmenge einen alten Freund. Wir machten Witze und lachten.

Witze, gemeinsam lachen, Glück. Es waren einige bekannte reiche Leute, über die mein Freund, ein Maler, und ich lachten, Leute, die ihr Geld den vor zwei Wochen bankrott gegangenen Banken anvertraut und verloren hatten. Warum wir lachten? Weil sich herausgestellt hatte, dass sie nicht, wie angenommen, stets klug und erfolgreich waren. Ich lachte auch zusammen mit einem anderen Freund, meinem Übersetzer, der mich gegen Abend anrief und zum Trinken in die Kneipengasse einlud, um dort gegen den Bürgermeister zu

»protestieren«, der Mitglied der Refah-Partei ist. Hunderte von Intellektuellen würden in die Kneipengasse gehen und einfach so auf den Gehsteigen etwas trinken, weil auf Anordnung dieses neuen Bürgermeisters die Tische von den Gehsteigen entfernt worden waren, was man als Affront gegen die Kneipen ansah. Alkohol war früher von den Politikern häufig verboten worden, deshalb wurde das Trinken jetzt als eine positive politische Aktion betrachtet. Ich sah das Lachen meiner zweieinhalbjährigen Tochter Rüya, die ich vor dem Einschlafen kitzelte, und lachte selbst. Gemeinsam lachen war vielleicht kein Zeichen von Glück, doch es schien, als gäbe es damit in dem tagsüber ununterbrochen dröhnenden Lärm von Istanbul so etwas wie stille Momente, von denen man sich mehr wünschte.

Der dröhnende Lärm von Istanbul. Diesen Lärm habe ich auch dann, wenn ich mich äußerst einsam fühlte und er mich am wenigsten interessierte, zusammen mit den übrigen zehn Millionen Menschen den ganzen Tag über gehört: das Hupen der Autos, das Brummen der Busse, Motorengeräusche, Baustellenlärm, Kindergeschrei, die Lautsprecher auf den Kleinlastern der Straßenhändler und die der Moscheen, Schiffshörner, Polizei- und Ambulanzsirenen, ringsherum Kassettengedudel, laut schlagende Türen, Herunterlassen von Rolläden, Telefone, Türklingeln, Verkehrsstreit auf den Kreuzungen, Trillerpfeifen der Polizei, Schulbusse … Wie jeden Tag, wenn es gegen Abend langsam dämmrig wird, schien es für eine Weile stiller zu werden, und unten in dem Garten, auf den man vom hinteren Teil meines Studios heruntersieht, schrien die Schwalben wie toll und jagten in Schwärmen über Zypressen und Maulbeerbäume hinweg. Von dem Tisch aus, an dem ich saß, konnte ich erkennen, wie nach und nach in den Wohnungen zugleich mit den Lampen auch die Fernsehschirme aufleuchteten.

Fernsehen. Das hinter den Fenstern sichtbare, sich ständig verändernde synthetische Licht der Fernsehschirme sagte mir, dass viele Leute genau wie ich nach dem Abendbrot vor dem Fernseher saßen und rasch die Kanäle wechselten: eine Sängerin mit blondgefärbtem Haar, die »à la turca«-Weisen sang, ein Kind, das Schokolade aß, die Ministerpräsidentin, die sagte, alles werde gut, ein Fußballspiel auf grünem Rasen, eine türkische Popgruppe, Journalisten, die über die

Kurdenfrage debattierten, amerikanische Polizeiwagen, ein im Koran lesender Junge, ein Helikopter, der in der Luft explodierte, ein Herr, der unter Beifall auf die Bühne kam und einen Hut in die Hand nahm, noch einmal dieselbe Ministerpräsidentin, eine Hausfrau, die ins Mikrofon sprach, während sie Wäsche aufhängte, Zuhörer, die einer Frau nach der richtigen Antwort in einem Quiz applaudierten ... Für einen Augenblick schaute ich aus dem Fenster, und mir wurde bewusst, dass sich ganz Istanbul in der Nacht diese Bilder anschaute, außer den Fahrgästen der Bosporusdampfer, deren Lichter ich in der Ferne sah.

Nacht. Der Lärm der Stadt hat sich verändert, er ist zu einer Art Flüstern, einem schläfrigen Seufzer geworden. Als ich ziemlich spät noch einmal zu meinen Studio ging, um eventuell noch etwas zu schreiben, sah ich vier Hunde zusammen durch die leeren Straßen streunen. In einem Kaffeehaus, das tiefer lag als der Gehsteig, saßen noch immer Leute beim Kartenspiel oder vor dem Fernseher. Ich sah eine Familie, die sicherlich von einem Besuch bei Verwandten zurückkam: der kleine Junge schlafend auf dem Arm des Vaters, die Mutter schwanger; still und rasch eilten sie an mir vorbei, als ob sie sich vor etwas fürchteten. Als ich schon längst an meinem Tisch saß und plötzlich um Mitternacht das Telefon klingelte, erschrak ich sehr.

Angst, Paranoia, Phantasie. Es war mein »perverser Anrufer«, der mich jede Nacht anrief, nichts sagte und, wenn ich schwieg, ebenfalls stumm blieb. Ich zog den Telefonstecker heraus und arbeitete lange Zeit, doch in einem Winkel meines Verstandes hockte die Sorge, es könne etwas Schlimmes, Verhängnisvolles geschehen: Vielleicht würden die Menschen in Kürze wieder anfangen, in den Straßen aufeinander zu schießen, vielleicht ein Bürgerkrieg ausbrechen, vielleicht in dem vor uns liegenden Sommer, wie die Zeitungen voraussagten, eine außergewöhnliche Wasserknappheit eintreten, vielleicht auch das seit Jahren erwartete große Erdbeben Istanbul treffen und die Stadt dem Erdboden gleichmachen. Als nach Mitternacht alle Fernsehgeräte ausgeschaltet und in den meisten Wohnungen die Lampen gelöscht waren, fuhr laut lärmend der Müllwagen vorbei. Wie immer lief ein Mann dem Müllwagen acht bis zehn Schritte voraus, durchsuchte schnell und ohne Zögern die am Straßenrand stehenden Müllkästen, holte die für ihn nützlichen Flaschen, Metallgegenstände und Stapel von Papier heraus und stopfte alles in seinen Sack. Danach schepperte der Pferdewagen eines Trödlers mit alten Zeitungen und einer Waschmaschine auf der Ladefläche durch die leere Straße, in der ich seit vierzig Jahren lebe. Ich setzte mich an meinen Tisch und holte den Taschenrechner hervor.

Rechnung. Ich machte eine einfache Multiplikation und zählte zusammen. Wenn die Zahl auf dem Rechner stimmt, dann habe ich bis heute 15 300 solcher Tage erlebt. Und bevor ich einschlief, kam mir der Gedanke, ich könne mich glücklich schätzen, wenn ich noch einmal so viele erleben würde.

Meine schönste Uhr

Die Zeitung *Cumhuriyet* wollte einmal von Schriftstellern wissen, was für eine Uhr sie benutzen. Damals war Rüya noch nicht auf der Welt, und ich arbeitete nachts und schlief dann bis Mittag.

Meine erste Uhr habe ich 1965 bekommen, mit Zwölf. Ich habe sie bis 1970 getragen, dann war sie ziemlich abgenutzt. Es war keine Markenuhr, ein recht gewöhnliches Ding. 1970 habe ich eine Omega bekommen und sie bis 1983 getragen. Das hier ist meine dritte Uhr, wieder eine Omega. Sie ist noch nicht alt; meine Frau hat sie mir 1983 geschenkt, ein paar Monate nach dem Erscheinen des Romans *Das stille Haus.*

Ich bin fast verwachsen mit meiner Uhr. Wenn ich sie vor dem Schreiben abnehme und auf den Tisch lege, fühle ich mich wie jemand, der vor dem Fußballspielen das Hemd auszieht. Besonders wenn ich gerade von draußen komme, ist das eine rituelle Geste, wie die Vorbereitung auf einen Kampf. Umgekehrt lege ich nach fünf, sechs Stunden, wenn die Arbeit zufriedenstellend verlaufen ist, die Uhr voller Genugtuung wieder an. Das ist dann wie das Zeichen dafür, dass mir etwas gelungen ist. Wenn ich von diesem Tisch hier aufstehe, nehme ich die Uhr aber zunächst nur in die Hand, stecke Geld und Schlüssel ein, gehe aus dem Haus, und erst draußen, auf dem Gehsteig, lege ich die Uhr dann wieder an. Ein magischer Moment. Das Gefühl, einen Kampf bestanden zu haben.

Mein Tagesablauf ist sehr regelmäßig. Wenn mich nicht jemand um halb elf anruft und fragt: »Wie lang schlafen Sie jeden Tag?«, dann stehe ich etwa um halb zwölf auf.

Ich habe seit jeher ein gutes Verhältnis zu Uhren. Nie sehe ich darauf und sage dann: »Mein Gott, wie schnell die Zeit vergeht.«

Eine Uhr hat etwas Spielerisches, Visuelles an sich. Ich schaue auf das Zifferblatt; mir ist, als ob der kleine und der große Zeiger genau an der Stelle seien, an der sie sein müssen, aber das stelle ich mir nicht abstrakt vor, nicht als Zeitpartikelchen. Deshalb wollte ich auch nie eine Digitaluhr. Die zeigen nämlich jene Zeitpartikelchen als mathematische Einheiten an. Ich aber sehe vielmehr ein Bild vor mir. Die Zeit an sich, so metaphysisch wie sie sein mag, stellt sich mir im Kopf ganz einfach bildlich dar.

Als Statussymbol habe ich eine Uhr noch nie gesehen. Am schönsten ist eine Uhr, wenn man ihr das Alter schon ansieht.

Es gefällt mir, die Minuten zu messen.

Als ich Schüler war, habe ich dieses verzaubernde Gefühl erlebt, dass Metaphysisches sich messen lässt. Und jahrelang war damals der Blick auf die Uhr mit dem Läuten der Schulklingel verbunden.

Ich bin stets optimistisch im Hinblick auf die Zeit. Wenn ich etwas in zwölf Minuten erledige, denke ich mir immer, das schaffe ich auch in neun. Und dreiundzwanzig Minuten bringe ich auf siebzehn herunter. Wenn das nicht klappt, macht es mir aber auch nichts aus.

Wenn ich ins Bett gehe, nehme ich die Uhr ab und lege sie neben mich. Beim Aufwachen gilt ihr mein erster Blick. Sie ist mir ein enger Freund. Ich kaufe auch ungern ein neues Uhrarmband, wo doch das alte mit der Zeit nach meiner Haut riecht.

Etwa um zwölf fange ich mit der Arbeit an und schreibe dann bis zum Abend. Meine intensivste Arbeitszeit ist aber von 23 Uhr bis vier Uhr morgens. Dann lege ich mich schlafen.

Bemerkungen über Traum
und Schuldgefühl

Als ich neulich beschämt und reuig in einem der Tagebücher blätterte, die ich manchmal führe, stieß ich auf einen 1987 verfassten Text
über einen Traum. Ich hatte mich wohl am Morgen nach dem Traum
gleich an den Schreibtisch gesetzt und folgendes niedergeschrieben:

26. April, Sonntag
»Wieder so ein Alptraum! Mir tut darin die Nase weh. Ich sehe in den
Spiegel und greife mir an die Nase, um den Schmerz zu lindern und
die Ursache zu beheben. Als ich ein wenig daran herumfummele,
geht die Nase plötzlich ab, als sei sie nichts weiter als ein provisorisch
in meinem Gesicht angebrachtes Plättchen. Ein hauchdünner Mica-
Knochen! Dann sehe ich etwas Furchtbares. Wo meine Nase war,
klafft nun ein riesiges, metallenes schwarzes Loch. Weder Blut noch
Fleisch, noch Ader, noch Knochen. Absolut saubere Ränder, dahinter höhlenartiges Dunkel! Mit der gleichen Neugier, mit der ich schon
als Kind so gerne vor dem Spiegel saß und in meinem Gesicht herum-
fingerte, stecke ich nun vorsichtig einen Finger in die dunkle Leere
hinein. Ich weiß, da oben ist irgendwo das Gehirn, das darf ich nicht
berühren, weil das gefährlich wäre, aber ich kann meine neugierige
Hand nicht bezähmen und kratze schließlich mit den Fingern von
unten her am Gehirn herum. Mein Gott, warum habe ich das getan!
Das ist etwas Schreckliches und nicht wiedergutzumachen, ich mache mein Gehirn kaputt, ich muss unbedingt meine Hand zurückziehen; solches und ähnliches denke ich voll weinerlicher Reue, aber
mein Finger kratzt immer noch am unteren Teil des Gehirns herum,
zugleich furchtsam und neugierig. Und was ich da so unbeherrscht
treibe, führt schließlich zu dem, was ich erwartet und befürchtet
habe: Mir dreht sich der Kopf, die ganze Welt dreht sich, ich werde

behindert sein, werde sterben, werde gelähmt sein, irgendeinen schlimmen Schaden davontragen, und während mir das alles durch den Kopf schießt, wache ich unglücklich wimmernd auf!«

Zuerst möchte ich kurz darauf eingehen, was für Vorstellungen und Gegebenheiten diesem Traum zugrunde liegen und warum sie mir so vertraut sind.

Vor dem Spiegel im Gesicht herumfingern: Das machte ich eigentlich weniger in der Kindheit als vielmehr mit achtzehn bis zwanzig Jahren. Mal spielte ich dabei mit meinen Pickeln herum (ich hatte nicht viele), mal probte ich für eine existentialistische Krise à la Sartre. Beides vermengte sich in meinem Kopf zu einem Gefühl von Besudelung und Schuld. Zur Hälfte nährte sich die philosophische Krise aus angelesenem Ekel und Überdruss, zur anderen Hälfte aus Abscheu vor dem in Familie und Bekanntenkreis beobachteten bürgerlichen Leben mit all seinen Künstlichkeiten. Besudelt fühlte ich mich, weil ich einer damals weitverbreiteten Auffassung gemäß die Pickel im Gesicht mit dem Onanieren in Verbindung brachte. Beim Gedanken an dieses zu meiner Schulzeit vielberedete verwerfliche Tun kam mir immer die Schwäche und Gier von Süchtigen in den Sinn, die sich zu sehr einer Lust hingegeben hatten, also etwa Alkoholiker oder Heroinabhängige.

Eine Erinnerung: Wir sind in der siebten Klasse, die Schulklingel hat gerade geläutet, und wir machen uns auf den Heimweg. Auf der nach Schulkantine und Klassenzimmer riechenden Treppe des Şişli Terakki Lisesi gehen neben mir zwei Klassenkameraden hinunter, beide älter als ich, da sie »doppelt genäht« sind, also sitzengeblieben. Von diesen beiden, die in der hintersten Bank sitzen, sich überhaupt nicht um den Unterricht scheren und ständig miteinander herumalbern, ist der eine ungeheuer dick und permanent verschwitzt und der andere ein dünner, nervöser Stotterer mit riesigen grünen Augen. Als wir so die Treppe hinuntergehen, fragt mich der Stotterer etwas, zwar stotternd, aber eigentlich ohne ein Wort zu sagen, nur mit seinen Blicken, wie in einem Traum: Tust du es auch? Ich verneine ganz scheinheilig, und um überzeugender zu wirken, tue ich so, als wüsste ich nicht einmal, was er meint. Darauf wird der Stotterer ganz väterlich: »Fang lieber gar nicht damit an«, warnt er mich. »Ich bereue, dass ich es tue. Meine ganze Kraft geht dabei drauf. Jedesmal reut es mich wieder!« Der fast weiblich wirkende Dicke neben ihm nickt bestätigend und sieht dabei furchtbar schuldig drein, und gleich kommt mir in den Sinn, dass die beiden die Sache wohl gemeinsam machen und ihr Leben eigentlich jetzt schon verpfuscht ist. Zur Schreckensriege der Onanierer, die schwindsüchtig werden oder sich die Augen verderben, gesellen sich von da an bei mir auch Fettleibige, Stotterer und faule Sitzenbleiber.

Mein Gott, warum habe ich das nur getan! Wenn ich mir vorstelle, einen geliebten Menschen zu töten, einer alten, ehrwürdigen Dame, die mir viel Gutes getan hat, plötzlich einen Faustschlag zu versetzen oder einen Mann vor ein fahrendes Auto zu stoßen und daraufhin verhaftet zu werden, dann gehört immer dazu, dass ich gleich nach meiner Tat diesen Satz ausrufe. Und genauso, wenn ich in meiner Phantasie ein Kleinkind, das man mir zum Liebkosen in den Arm gelegt hat, an den Türrahmen schleudere oder einen furchtbaren Verkehrsunfall verursache.

Ich muss die Hand zurückziehen, sonst mache ich mein Gehirn kaputt. Mit unseren schmutzigen, schuldigen Händen besudeln wir immer so erhabene Dinge wie unseren Verstand und unsere Seele. Um zu begreifen, dass zwischen Körper und Seele nicht eine Beziehung wie zwischen Schmutz und Sauberkeit oder Himmel und Schlamm besteht, habe ich viele Jahre gebraucht! Als es mir schließlich gelang, meinen Körper nicht als etwas zu begreifen, das meine Seele beschmutzt, sondern meine Seele als harmonische Ergänzung meines Körpers, wurde mir das Leben gleich viel erträglicher. Das beste Beispiel für ein von der Hand ruiniertes Gehirn findet sich in Stanley Kubricks *2001: Odyssee im Weltraum*. Ein Protagonist des Films steigt in den großen, extrem leistungsfähigen Computer HAL und schaltet nach und nach seine Funktionen ab. Als ich erfuhr, dass der Name HAL eine Anspielung auf IBM ist (man muss von IBM jeweils einen Buchstaben zurückgehen), zuckte ich zusammen: Mein Vater, der sich mit mir immer einen spielerischen Intelligenzwettstreit lieferte, war nämlich damals Leiter der türkischen Vertretung von IBM. Auch bewegte mich die Frage, ob im Jahr 2001 tatsächlich eintreten würde, was Kubrick in seinem Film vorhersagte, und was dann mit mir geschähe. 2001 passierte dann nichts anderes, als dass ich mich erinnerte, wie ich mir seinerzeit das noch ungeheuer ferne 2001 erträumt und vorgestellt hatte. Wichtigstes Wort meines Traums: Reue.

Nun ein paar Worte zum Grundgefühl meines Traums. Neben ein, zwei Bildern, die mir von einem Traum im Gedächtnis haftenbleiben (mögen sie nun furchterregend oder von absurder Lächerlichkeit sein), stellt sich immer ein solches Grundgefühl bei mir ein, sozusagen das besondere Kolorit des Traums. In diesem Traum nun herrscht ein Schuldgefühl vor.

Mal dominiert in einem Traum eher Angst, mal helle Aufregung, ein dringender Wunsch, eine Enttäuschung, schieres Glück. Bisweilen nehme ich den Traum auch ganz unbeteiligt wahr wie ein langweiliges Fußballspiel. Am häufigsten aber werden meine Träume von einem Schuldgefühl bestimmt, so wie es mir ja auch im Alltagsleben ergeht. Früher war mir diese bange Qual noch nicht einmal als Schuldgefühl bewusst. Dann begann ich zu analysieren, was mich da so plagte, und um die Dreißig herum fragte ich mich oft nach den Gründen für das häufige Schuldgefühl. (Wenn ich etwas besaß, was andere nicht hatten, wenn ich mich irgendwie glücklich fühlte oder wenn ich mit einer Arbeit nicht rechtzeitig fertig wurde, löste das schon ein Schuldgefühl in mir aus.) Allmählich merkte ich, dass ich mich vor allem davor fürchtete, für diese Dinge bestraft zu werden, und ich begriff, dass das Schuldgefühl in mir gar kein so »nobles« Gefühl war. Schuldgefühl hat vielleicht damit zu tun, dass wir uns vor einer gerechten Strafe fürchten, ja diese sogar ersehnen. In diesem Zusammenhang mag interessant erscheinen, dass in meinem Kulturkreis viele Menschen kühn und mutig sind, aber nur wenige Schuldgefühle empfinden. Nur Kulturen und Völker, die sich mutig und im Recht fühlen, können nach großen Verbrechen, die sie begangen haben, auch Jahre später einfach weiterleben, als ob nichts gewesen wäre.

Mittlerweile bin ich zu der Überzeugung gekommen, dass es für Schuldgefühle gar keinen rechten Grund gibt. Manche kommen schon mit Schuldgefühlen auf die Welt, anderen wird davon überhaupt nichts zuteil. Wer ohne Schuldgefühle geboren wird, der kennt nur eine Furcht: außerhalb der Gemeinschaft zu stehen. Also braucht er nur so zu leben und zu denken wie alle anderen auch. Wem Schuldgefühle gegeben sind, der wird sich auch für das schuldig fühlen, was er gar nicht begangen hat, er wird einsam leben und sich für alles Untergründige und für Romane interessieren. Schuld ist er vor allem an seinen Schuldgefühlen. Wenn wir anfangen zu sagen: **Mein Gott, warum habe ich das nur getan!**, dann erwartet uns ein einsameres und reicheres Seelenleben. Wer sich etwas mit Sufismus und mit Dostojewski beschäftigt, der weiß, dass eine tiefe und reiche Persönlichkeit darauf aufbaut, dass man sagt: »Ich bin schuld.«

Poetische Gerechtigkeit

Als ich klein war, verletzte mich einmal ein gleichaltriger Junge namens Hasan mit seiner Schleuder unter dem Auge. Das fiel mir viele Jahre später wieder ein, als mich ein anderer Hasan fragte, warum in meinen Romanen alle Hasans immer böse seien. In der Mittelschule war ein furchtbar dicker Junge, der mich in der Pause ständig unter irgendeinem Vorwand piesackte. Als ich Jahre später einen Romanhelden möglichst unsympathisch gestalten wollte, ließ ich ihn genauso schwitzen, wie der dicke Junge damals schwitzte: Der war nämlich so fett, dass er auf der Stirn und über der Lippe immer kleine Tröpfchen stehen hatte, wie ein Wasserkrug, der direkt aus dem Kühlschrank kommt. Als ich klein war, nahm meine Mutter mich oft zum Einkaufen mit, und ich weiß noch, wie ewig mir das Warten in stinkenden Metzgereien vorkam, wo Männer in blutigen Schürzen mit langen Messern hantierten und uns fette Fleischstücke absäbelten, die ich sowieso nicht mochte. In meinen Büchern schlachten Metzger immer schwarz und sind in dunkle und blutige Machenschaften verwickelt. Da ich seit jeher das Gefühl habe, Hunde hätten es auf mich abgesehen, stelle ich auch sie immer als unangenehme, verdächtige Wesen dar, die meinen positiven Romanfiguren zusetzen. Aus dem gleichen Gerechtigkeitsgefühl heraus kommen verständlicherweise auch Bankangestellte, Lehrer, Soldaten und große Brüder bei mir nicht gut weg. Auch Friseure nicht. Als Kind ging ich stets weinend zum Friseur, und auch in späteren Jahren verbesserte sich das Verhältnis nicht grundsätzlich. Pferde dagegen und Kutschen bekommen in meinen Romanen gerne einen Ehrenplatz, da ich als Kind die Pferde auf der Insel Heybeliada über alles liebte. Ich stelle Pferde gerne als sensible, traurige und unschuldige Geschöpfe dar, die bösen Gestalten zum Opfer fallen. Da ich in der Kindheit auch von Menschen umgeben war, die es gut mit mir meinten, kommen in meinen Büchern auch positive Figuren vor, doch eher treiben mich bei meinem Ausgleichsbestreben die schlechten Erinnerungen an. Wer so einen Text liest, bei dem regt sich ein Gerechtigkeitsgefühl: Von Schriftstellern erwartet man, dass sie sich auf die eine oder andere Weise an bösen Menschen rächen. Wie bereits erläutert, tue ich das ja auch, doch versuche ich meist, meine Rache auf so persönliche Weise zu gestalten, dass sie der Leser gar nicht bemerkt und sie für eine literarische Pointe hält. Ein Höhepunkt poetischer Gerechtigkeit wäre es, wenn unser Held wie in einem Comic-Showdown den Bösewicht bestrafen und dabei ausrufen würde: »So, diese Ohrfeige hast du dir für das verdient! Und diesen Faustschlag für jenes!« Eine solche Szene schwebt mir schon lange für einen Roman vor: Da lese ich dem bösen Hasan oder dem Metzger Zeile für Zeile vor, wie schlecht er in einem meiner Bücher wegkommt. Daraufhin legt der Metzger sofort seine Messer weg, macht in seinem Laden gründlich sauber und klagt dabei mit weinerlicher Stimme: »Bitte machen Sie mich nicht gar so schlecht, ich flehe Sie an, ich habe Familie!« Allerdings kann so eine Rache auch wiederum Rache erzeugen: Als ich vor zwei Jahren im Maçka-Park von einem knappen Dutzend streunender Köter angefallen wurde, war mir so, als hätten sie meine Romane gelesen und festgestellt, dass ich sie darin für ihr gefährliches Herumstreifen in Rudeln bestraft hatte. Das ist eben das Risiko der poetischen Justiz: Man hetzt der Gerechtigkeit hinterher und läuft dabei Gefahr, sein Buch und sein Werk zu ruinieren, womöglich seine Existenz. Selbst wenn Sie es mit Ihrer Rache geschickt anstellen und Ihr Werk dadurch sogar bereichern, sind Sie doch nicht dagegen gefeit, eines Tages von Hunden in die Enge getrieben und herzhaft gebissen zu werden.

Hier war ich schon mal

Als ich eines Tages müde vor mich hin trottete, kam ich dort vorbei. Ich hatte nicht danach gesucht, ja nach gar nichts gesucht, sondern wie jemand, der einfach nur nach Hause möchte, wollte ich so schnell wie möglich meinen Weg hinter mich bringen. Gedankenversunken ging ich also dahin, und plötzlich schaute ich auf und sah Bäume vor mir, dazwischen ein Dach durchschimmern, eine schön gewundene Straße, Sträucher, frühes Herbstlaub.

Das war so schön, dass ich abrupt stehenblieb. Direkt vor mir sah ich Fahrradspuren. Unter einer Zypresse war es schattig-dunkel. Die Bäume links, die gewundene Straße, der strahlende Himmel, und wie sich das alles zusammenfügte … Es war unglaublich schön!

Mir kam es so vor, als hätte ich den Ort in angenehmer Erinnerung. Dabei kam ich zum erstenmal dort vorbei. Was also faszinierte mich so an der Szenerie? Was ich da vor mir sah, schien ich mir immer herbeigesehnt zu haben. Ich musste schon oft an die sanfte Schwingung dieser Straße gedacht haben, an die Abgeschiedenheit zwischen den Bäumen und vielleicht sogar daran, dass ich eines Tages freudig überrascht dort stehen würde. So oft mochte ich mir das vorgestellt haben, dass mir jener Anblick schließlich wie eine Erinnerung vorkam, wie etwas tatsächlich schon einmal Gesehenes und im Gedächtnis Abgelegtes.

Aber irgendwie wusste ich natürlich doch, dass ich zum erstenmal dort war. Und dass ich sogar weder die Absicht noch das Bedürfnis hatte, dorthin noch einmal zurückzukehren und dieser Straße besondere Aufmerksamkeit zu widmen. Sie war für mich nichts weiter als ein Durchgangsort und somit dazu bestimmt, im Gedächtnis nicht haftenzubleiben. Kein Gedanke daran, mich länger damit aufzuhalten. Ich hatte schließlich anderes vor.

So staunte ich zwar über soviel Schönheit, ging aber doch in der Absicht weiter, diesen Ort sogleich wieder zu vergessen. Das aber sollte mir nicht gelingen.

Als ich längst wieder im Trubel der Stadt zurück war, im geschäftigen Alltag, brachte sich der schöne Ort, den ich hatte vergessen wollen, plötzlich wieder in Erinnerung. Diesmal aber als echte Erinnerung. Ich war dort vorbeigekommen, hatte an dem Ort Gefallen gefunden, aber leider war ich zu sehr in Eile gewesen. Ich hatte dem Ort den Rücken zugewandt, er aber kam nunmehr zu mir. Er war nun Teil meiner Vergangenheit.

Was aber verband mich so sehr mit ihm? Die schiere Schönheit wohl. Dass es ein außergewöhnlich schöner Ort war, hatte ich beim gedankenlosen Vorbeigehen mit Auge und Herz begriffen; daran konnte es keinen Zweifel geben. Und da ich nicht daran zweifelte, war ich wohl, erschrocken über soviel Schönheit, einfach weitergeeilt. Wovor ich aber so rasch geflohen war, das holte mich nun in den verschiedensten Lebenslagen wieder ein.

1. Wenn ich bei einem größeren Essen plaudernd mit Freunden und Bekannten zusammensaß, konnte es passieren, dass ich mich über irgendeine Kleinigkeit ärgerte und daraufhin vor meinem inneren Auge jene Straße vor mir sah, die Zypressen und Platanen zu beiden Seiten, das geheimnisvolle Dach, das Laub auf dem Boden. Und dann wurde ich dieses Bild nicht mehr los.

2. Wenn ich nachts durch ein Gewitter wach wurde oder vor dem Fernseher saß und mir von der Frau darin erzählen ließ, wie am nächsten Tag das Wetter sein würde, dann stellte ich mir auf einmal vor, dass es an jenem Ort nun regnete und stürmte, dass der Donner grollte und Blitze den Himmel durchzuckten. Wer weiß, wie schön es dort erst war, wenn Himmel und Erde ineinander übergingen und wenn die Platanen, die ich so still hatte dastehen sehen, vom Sturm geschüttelt wurden. Ich aber war fern davon und vergeudete mein Leben.

3. Wenn ich dorthin zurückkehren würde, genau an die Stelle, an der ich jenen Anblick vor mir hatte, und wenn ich dort einfach nicht weitergehen und abwarten würde, dann würde mein Leben einen ganz anderen Fortgang nehmen. Wie das wohl wäre? Ich weiß es nicht. Ich denke, irgendwann würde ich doch wieder weitergehen, doch aus irgendeinem Instinkt heraus irgendwo anders hin. Und dort würde ich ein völlig anderes Leben führen.

Frühlingsnachmittage

Ich mag keine Frühlingsnachmittage. Wie die Stadt dann aussieht, die stechende Sonne, die vielen Leute, die Schaufenster, die Hitze. Ich will vor Hitze und Helligkeit fliehen. Aus den Toren von Stein- und Betonhäusern weht es kühl heraus. Dort drinnen ist es schön frisch und dunkel. Winter, Kälte und Dunkelheit haben sich dort irgendwo eingenistet.

Vielleicht sollte ich in eines dieser Häuser gehen, zurück in den Winter. Hätte ich doch einen Schlüssel in der Tasche und könnte eine vertraute Tür öffnen, in eine halbdunkle Wohnung gehen, ihren Geruch erkennen, ins hinterste Zimmer gehen, voller Freude, der Sonne und den lähmenden Massen entkommen zu sein.

Dort sollte ein Bett sein, eine Kommode mit Zeitungen und Büchern, mit den Zeitschriften, die ich mag, und ein Fernseher. Dann würde ich mich angezogen aufs Bett werfen und ganz allein bleiben mit meinem armseligen Leben, meiner Unzufriedenheit, meinem Elend. Das größte Glück ist es, wenn man mit seinem Schmutz und seinem Elend allein ist. Und sich niemandem zeigen muss.

Und ein Mädchen sollte da noch sein: sanft und liebevoll wie eine Mutter und klug wie eine Geschäftsfrau. Da sie genau weiß, was ich tun muss, vertraue ich ihr.

»Was hast du?« würde sie fragen.

»Na, du weißt schon. Diese Frühlingsnachmittage ...«

»Die bedrücken dich …«

»Viel mehr noch als das. Ich würde am liebsten gar nicht mehr sein. Ob ich nun lebe oder nicht, was macht das für einen Unterschied. Von mir aus kann die Welt zugrunde gehen. Je schneller, desto besser. Dann kann ich hier in diesem kühlen Zimmer bleiben. Und rauchen. Ich kann jahrelang rauchen, ohne etwas anderes zu tun.«

Dann aber höre ich diese innere Stimme nicht mehr. Das ist der schlimmste Moment. Dann bin ich ganz allein unter den vielen Menschen.

Ich weiß nicht, ob es anderen auch so geht, aber mir kommt an Frühlingsnachmittagen die Welt auf einmal viel schwerer vor. Alles wird zu Beton, so sinnlos wie Beton, und während ich unendlich schwitze, frage ich mich, wie die Leute einfach so weiterleben können.

Sie glotzen in die Schaufenster, gehen breitbeinig dahin, sehen mich aus dem Busfenster an. Und der Bus bläst mir seine Abgase ins Gesicht. Die sind ebenfalls heiß. Ich renne herum.

Da komme ich in eine Passage. Das Kühle und Dunkle tut mir gut. Die Menschen dort erscheinen mir harmloser, verständlicher. Und doch fürchte ich, sie könnten etwas Falsches tun. Auf dem Weg ins Kino sehe ich in die Läden.

Früher verarbeitete man manchmal Hundefleisch in den Hotdogs. Ich weiß nicht, ob sie das heute noch machen.

Es hieß auch, Leute seien dabei ertappt worden, wie sie Limonade in Eimern zubereiteten, in denen sie sich vorher die Füße gewaschen hatten.

Die leben hier, sehen sich gegenseitig an, mögen sich und heiraten dann schlechtgefärbte Blondinen.

Wir haben vor Feuchtigkeit zerbröselndes Papiergeld in der Tasche.

Guttun würde mir jetzt so ein amerikanischer Film: Held und Heldin sind ständig auf der Flucht, setzen sich ab in ein anderes Land.

Da sie sich so lieben, streiten sie andauernd, aber das schweißt sie noch mehr zusammen. Ich sitze im Kino ganz vorn. Der Film ist so sauber, dass man die Poren auf der Haut des Mädchens sieht, und das Mädchen und der Film und die Autos wirken dadurch noch echter. Dann wird ein Haufen Leute abgeknallt, und ich bin dort.

Abends todmüde

Abends gehe ich todmüde nach Hause. Auf dem Heimweg starre ich vor mich hin. Ich bin wütend, vergrämt, gereizt. Selbst die schönen Bilder, die ich mir vorstelle, ziehen zu schnell durch das Kino in meinem Kopf. Die Zeit vergeht. Und es gibt nichts. Es wird sogar schon Nacht. Wir sind geschlagen, besiegt. Was gibt es zum Abendessen?

Der Tisch mit der Lampe darüber: Salat, das Brot im immer glei-chen Korb, die karierte Tischdecke. Und sonst? Der Teller! Und sonst? Der Teller und die Bohnen. Ich stelle mir die Bohnen vor, das reicht nicht. Über dem Tisch brennt die immer gleiche Lampe. Vielleicht Joghurt. Vielleicht das Leben.

Was kommt im Fernsehen? Ach, ich will es gar nicht sehen, mir ist alles zuwider. Sehr wütend bin ich. Ich mag Frikadellen, also: Frikadellen? Alle Leben sind hier, am Tisch.

Die Engel fordern Rechenschaft.

Na, was hast du heute gemacht?

Ich habe das ganze Leben über ... gearbeitet. Abends bin ich nach Hause gekommen. Im Fernsehen ... Aber das sehe ich mir nicht an. Dann habe ich Telefonanrufe entgegengenommen, mich über Leute geärgert, gearbeitet, etwas geschrieben ... Ich bin zu einem Menschen geworden ... Und ein bisschen auch, nun ja, zu einem Tier.

Na, was hast du heute gemacht?

Weißt du das nicht, hier, ich habe Salat im Mund. Mir fallen die Zähne aus, zwischen den Kiefern. Vor lauter Missmut rutscht mir das Gehirn in die Kehle. Wo ist das Salz, wo ist das Salz, das Salz? Wir essen unser Leben. Und ein bisschen Joghurt. Das Leben ist eine Marke.

Dann habe ich langsam meine Hand ausgestreckt, den Vorhang zurückgeschoben, im Himmelsdunkel draußen den Mond entdeckt. Andere Welten sollen der beste Trost sein. Auf dem Mond haben sie ferngesehen. Ich habe daraufhin eine Orange gegessen, sie war sehr süß, da ging es mir gleich besser.

Nun hätte ich die ganze Welt umarmen können. Sie verstehen mich doch, oder? Ich war am Abend nach Hause gekommen. War allen Kriegen mit mehr oder weniger heiler Haut entkommen und in mein warmes Heim zurückgekehrt. Da stand ein gedeckter Tisch, ich aß mich satt, das Licht brannte, auch Obst gab es noch. Und ich dachte allmählich, dass sich eigentlich alles zum Guten wendete.

Dann habe ich auf den Knopf gedrückt und ferngesehen. Und war dann ganz und gar beruhigt.

Beim Aufstehen in stiller Nacht

Auf dem Tisch ist ein hässlicher kleiner Fisch. Sein Maul steht weit offen, die Stirn ist gerunzelt, die Augen sind aufgerissen. Es ist ein kleiner Aschenbecher in Fischform. In sein großes Maul schnippt man seine Zigarettenasche hinein. Vielleicht wirkt er deshalb so zappelig. Die Asche plumpst ihm einfach ins Maul hinein, und der Rauchende verschwendet keinen Gedanken daran.

Jemand hat einen fischförmigen Aschenbecher aus Porzellan gemacht, und der arme Fisch verbrennt sich nun jahrelang an glühenden Zigaretten und muss das Maul aufreißen, damit Asche, Zigarettenkippen und anderer Unrat hineinpassen.

Der Fisch ist nun auf dem Tisch, aber bis vorhin war niemand im Zimmer. Als ich hereinkam, sah ich das Maul des Fischs und begriff, dass das arme Aschenbechertier in der Stille der Nacht stundenlang verbittert gewartet hatte. Ich rauche nicht und werde ihn nicht berühren, und ich weiß sogar, dass ich gleich wieder barfuß durch das dunkle Haus davonschleichen und den armen Fisch vergessen werde.

Auf dem Teppich steht ein Dreirad; Sattel und Räder sind blau, Gepäckträger und Schutzblech rot. Das Schutzblech ist natürlich nur Dekoration; mit dem Dreirad sollen kleine Kinder in der Wohnung, auf dem Balkon oder sonstwo herumfahren, wo man kein Schutzblech braucht. Trotzdem wird das Dreirad durch das Schutzblech erst richtig vollständig. Das Schutzblech hilft dem Rad über seine Unzulänglichkeiten hinweg, macht es älter und reifer, bringt es näher an das erhabene Bild heran, das man sich von einem

Fahrrad gemeinhin macht. Aber als ich in der reglosen Stille noch genauer hinschaue, merke ich gleich: Eine Beziehung zwischen dem Dreirad und mir stellt doch viel eher der Lenker her. Seinetwegen kommt mir das Dreirad wie ein Lebewesen vor. Der Lenker ist der Kopf eines Fahrrads, die Stirn, die Hörner. So wie ich einem Menschen zuerst ins Gesicht schaue, so gibt mir über die Persönlichkeit eines Fahrrads ein erster Blick auf den Len-

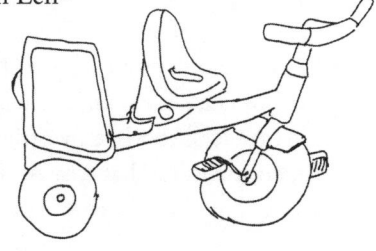

ker Auskunft. Dieses plumpe kleine Dreirad lässt wie alle bekümmerten Räder den Kopf hängen, und der Lenker ist nicht nach vorne, sondern leicht zur Seite gewandt. Seine Zukunftserwartungen sind wie bei allen Bekümmerten begrenzt. Und doch hat die Art, wie das Plastikrad da so allein auf dem Teppich steht, etwas Gelassenes an sich, über das man seinen Kummer vergessen kann.

Im Halbdunkel gehe ich leise in die Küche. Das Kühlschrankinnere ist leuchtend und voll wie die Boulevards ferner, glücklicher Städte.

Ich nehme ein Bier heraus, setze mich an den verwaisten Esstisch und trinke nachdenklich mein Bier. In der Stille der Nacht sieht mich die aus durchsichtigem Plastik geformte Pfeffermühle an.

Seit ich nicht mehr rauche

Seit 272 Tagen rauche ich nicht mehr. Ich denke, ich habe mich daran gewöhnt; ich leide nicht mehr so, habe nicht mehr das Gefühl, mir sei ein Körperteil entrissen worden. Ganz weg sind die Entzugserscheinungen nicht; ich habe mich nur an den Zustand gewöhnt oder genauer gesagt die bittere Wirklichkeit akzeptiert.

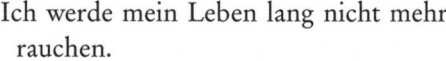

Ich werde mein Leben lang nicht mehr rauchen.

Das denke ich mir so, aber dann sehe ich mich in meiner Phantasie doch wieder rauchen. Wir haben alle so ganz geheime liederliche Vorstellungen, die wir uns selbst kaum eingestehen ... Mitten in so einer Szene, in der ich mit wer weiß was beschäftigt bin, im großartigsten Moment, in langsamster Zeitlupe, sehe ich mich doch glatt eine Zigarette anzünden und genüsslich rauchen.

Das war ja auch die grundlegende Aufgabe der Zigarette in meinem Leben: Sie sollte Lust und Schmerz, Wunsch und Niederlage, Glück und Eifer, Gegenwart und Zukunft in Zeitlupe aufnehmen und zwischen den einzelnen Zeitlupenbildern neue Wege und Abkürzungen finden. Wenn einem diese Möglichkeit genommen wird, fühlt man sich ziemlich nackt. Wehr- und hilflos.

Einmal stieg ich in ein Taxi, und der Fahrer hatte eine Zigarette im Mund, das ganze Auto war voll wunderbarem Rauch, den ich einzusaugen begann.

»Entschuldigung«, sagte der Fahrer und machte das Fenster auf.

»Nein, lassen Sie es nur zu«, erwiderte ich. »Ich habe mit dem Rauchen aufgehört.«

Diese Entzugserscheinungen kommen jetzt immer seltener, aber aus größerer Tiefe.

Manchmal fällt mir wieder ein, dass ich mal eine andere Persönlichkeit hatte, die mir mit Medikamenten, Lügen und Todesdrohungen ausgetrieben wurde. Dann will ich wieder dieser alte Orhan werden, dieser rauchende Mann, der sich viel leichter auf einen Streit mit dem Teufel einließ.

Wenn ich an diese alte Persönlichkeit denke, ist das Problem nicht, dass ich unbedingt gleich wieder rauchen will. Die rein chemische Abhängigkeit von der Zigarette empfinde ich nicht mehr so stark. Aber ich sehne mich nach meinem früheren Zustand wie nach einem guten Freund oder einem lieben Gesicht und möchte wieder so werden wie früher. Mir ist, als hätte man mich in fremde Kleider gezwängt und mit Gewalt einen anderen Menschen aus mir gemacht. Wenn ich eine Zigarette rauchte, würde ich zu meiner alten Persönlichkeit und den intensiven Nächten von einst zurückfinden.

Ich erinnere mich vage daran, dass ich mir damals unsterblich vorkam. Auch verging die Zeit nicht: Wenn ich rauchte, wurde ich manchmal so glücklich oder aber auch so unglücklich dabei, dass ich meinte, das würde für immer so bleiben. Wenn ich genussvoll rauchte, blieb die Welt, wie sie war.

Dann wurde ich von Todesangst ergriffen. Raucher konnten plötzlich sterben, hieß es immer wieder überzeugend in den Zeitungen. Um nicht zu sterben, musste ich mich von meiner Persönlichkeit lösen und ein anderer werden. Das schaffte ich auch. Doch die Persönlichkeit, die ich hinter mir gelassen habe, ruft mich zusammen mit dem Teufel in jene Tage der Unsterblichkeit zurück, in denen die Zeit nicht verging.

Ich fürchte mich nicht vor diesem Ruf.

Denn wie Sie sehen, kann das Schreiben, sofern man zufrieden damit ist, sämtliche Probleme lösen.

Die Möwe im Regen

Die Möwe sitzt im Regen auf dem Dach, als ob nichts wäre. Als würde es nicht regnen, verharrt sie reglos wie immer. Vielleicht ist sie eine große Philosophin und schert sich nicht um den Regen. Sitzt einfach da. Auf dem Dach. Im Regen. Und denkt sich: »Ich weiß, ich weiß, es regnet; aber da lässt sich eben nichts machen.« Oder: »Ja, es regnet, aber was hat das schon zu bedeuten?« Vielleicht aber auch: »Ich habe mich an den Regen gewöhnt, er macht mir nichts mehr aus.«

Ich möchte nicht behaupten, Möwen seien sehr gefühllos. Wenn ich beim Schreiben im Zimmer auf und ab gehe und zum Fenster hinaussehe, merke ich, dass selbst Möwen sich über Dinge erregen, die außerhalb ihres Lebens liegen.

Eine hat Junge ausgebrütet. Zwei aschfarbene, rührend unbeholfene, zitternde Wollknäuel. Auf Dachziegeln, kalkweiß von ihrem Kot und dem der Mutter, tapsen sie mal dahin, mal dorthin, bleiben dann wieder stehen und ruhen sich aus. Doch ein Ausruhen ist es eigentlich nicht: Sie stehen einfach da. Existieren. Wie zahlreiche Menschen und andere Geschöpfe verbringen auch Möwen einen Großteil ihrer Zeit mit reglosem Verharren. Man kann es warten nennen. Einfach existieren und auf das nächste Fressen warten, auf den Tod, den Schlaf. Wie sie sterben, weiß ich nicht.

Die Möwenjungen können nicht immer ganz aufrecht dasitzen.

Der Wind zaust an ihrem Flaum, bringt sie zum Schwanken. Dann sitzen sie wieder da, einfach so. Hinter ihnen wogt die Stadt, unten regen sich Schiffe, Autos, Bäume.

Die aufgeregte Möwenmutter findet für ihre Jungen immer wieder etwas zum Fressen. Dann hebt ein wuseliges Gedränge an: An den nudelartigen Eingeweiden eines toten Fisches wird gezupft und gezerrt, bis alles verteilt und gefressen ist. Danach kehrt wieder Stille ein. Dann sitzen die Möwen wieder auf dem Dach und tun nichts. Wir warten gemeinsam. Über uns bleigraue Wolken. Dennoch scheint mir etwas zu entgehen. Während ich vor dem Fenster auf und ab gehe, schwant mir: So einfach ist das Möwenleben gar nicht. Es sind so viele! Auf allen Dächern sitzen bedrohliche Möwen und denken stumm etwas, von dem ich nichts weiß. Heimtückisch, wie es mir vorkommt.

Wie ich darauf komme? Einmal sah ich sie alle plötzlich auf ein gelbliches Licht am Horizont starren. Dieses diffuse gelbe Licht wurde erst zu einem Wind und danach zu einem gelben Regen. Während dieser unerbittlich herniederging, reckten mir Hunderte von Möwen ihr Hinterteil zu und warteten untereinander gackernd ab. Unten versuchten die Menschen sich in Autos und Häuser zu flüchten, und oben warteten die Möwen, aufrecht und regungslos. Mir war, als würde ich sie verstehen.

Manchmal fliegen die Möwen alle zusammen gemächlich zum Himmel empor. Dann klingt ihr Flügelschlagen wie das Rauschen des Regens.

Eine Möwe stirbt am Ufer

Eine Möwe stirbt am Ufer. Allein. Ihr Schnabel liegt auf den Kieseln. Die Augen sind kummervoll und krank. An die Felsen daneben schlagen die Wellen. Der Wind zaust an den jetzt schon leblos wirkenden Federn. Die Augen der Möwe sehen mich kurz an. Es ist früh am Morgen, der Wind ist kühl. In der Luft wimmelt es vor quicklebendigen Möwen. Die sterbende Möwe ist noch jung.

Als sie mich sieht, will sie sich hochrappeln. Ohnmächtig strampelt sie mit den Füßchen. Der Leib reckt sich nach oben, doch der Schnabel kommt von den Kieseln nicht hoch. Ihr Blick wird ganz bedeutungsvoll, während sie sich so müht. Dann streckt der kleine Körper sich noch flacher auf die Kiesel, nimmt seine Todesstellung ein. Es ist gewiss, dass die Möwe sterben wird. Ich weiß nicht, woran sie stirbt. Ihre Federn sind grau und zerzaust. Wie jedes Jahr habe ich schon viele junge Möwen gesehen, gerade geschlüpfte und ältere, bei den ersten Flugversuchen. Gestern ist eine, Wind und Wellen trotzend, zwei Spann über dem Meer hinweggeflogen, jene unerschrockenen Bögen beschreibend, wie sie für gerade flügge gewordene Tiere so charakteristisch sind. Bei meiner Möwe hier, sehe ich nun, ist ein Flügel gebrochen. Vielleicht nicht nur das, der ganze Körper wirkt gebrochen.

So zu sterben, wenn am Sommermorgen über einem die anderen Möwen lebenshungrig schreien, muss schwer sein. Aber sie stirbt ja nicht, die junge Möwe, sie schützt sich vor dem Leben. Vielleicht hat sie etwas geahnt, etwas gewollt, nur wenig ist daraus geworden oder nichts. Was denkt, empfindet eine Möwe? Um ihre Augen herum ist Kummer, wie bei alten Leuten, die sich an den Tod gewöhnen. Sterben wie ein Verkriechen unter der Bettdecke. Als wollte man sagen, lasst mich nur, ich will nicht mehr.

Irgendwie bin ich froh, näher an ihr zu sein als an den frechen Möwen in der Luft. Ich bin zum Baden an diesen einsamen Strand gekommen, eilig, in Gedanken, mit dem Handtuch in der Hand. Nun stehe ich da und sehe die Möwe an. Stumm und voller Achtung. Unter meinen nackten Füßen die Kiesel, eine Riesenwelt. Vom baldigen Tod der Möwe künden, mehr noch als die gebrochenen Flügel, ihre Augen.

Sie mag so manches gesehen, auf vieles geachtet haben, nicht wahr? Jetzt ist sie müde, wie die Alten es einmal werden, und weil sie müde ist, ist sie auch voller Kummer. Langsam lässt sie los. Ich weiß nicht, ob die anderen Möwen da droben deshalb so schreien. Das Meeresrauschen scheint den Tod leichter zu machen.

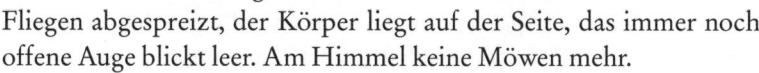

Als ich viel später, nach sechs Stunden, an den Strand zurückkomme, ist die Möwe tot. Ein Flügel ist wie zum Fliegen abgespreizt, der Körper liegt auf der Seite, das immer noch offene Auge blickt leer. Am Himmel keine Möwen mehr.

Als ob nichts wäre, stürze ich mich ins kühle Meer.

Das Haus des einsamen Mannes

Das ist das Haus des einsamen Mannes. Oben auf dem Berg, am Ende eines sich hinaufwindenden Weges. Der Weg, mal von kalkweißer Farbe, mal bleiern kiesig, dann wieder braun wie fruchtbarer Boden, verläuft sich dort irgendwie und hört auf. Man ist vom Anstieg müde, froh über den kühlen Wind. Geht man noch weiter, gelangt man an den Südhang des Berges, wo es warm und sonnig ist und der Wind nicht mehr weht. Dort ist dann ein Ameisenhaufen mitten auf dem Weg, der sich zwischen brachliegenden Äckern verliert. Man weiß nicht, wo der Weg aufhört und der brachliegende Acker beginnt.

Feigenbäume. Kaputte Bodenfliesen. Plastikflaschen. Verrottete Wachstuchfetzen. Mal ist es heiß, mal weht der Wind. Das sind die Sachen des einsamen Mannes. Da sonst niemand hier vorbeikommt, muss im Lauf der Jahre wohl er das alles hier angehäuft haben.

Früher war er nicht einsam. Als er hier ankam, hatte er seine Frau bei sich. Es soll eine gute Frau gewesen sein, die mit den Leuten in den unteren Häusern Umgang hatte. Aber auch sie, genauso wie der später vereinsamte Mann, war mit niemandem von diesen Menschen verwandt oder von früher her bekannt. Sie stammten aus einer Stadt am Schwarzen Meer. Mir wurde gesagt, der einsame Mann habe dort Grund und Boden besessen, sei wohlhabend gewesen, doch aller Wahrscheinlichkeit nach – und das wurde lächelnd erzählt – sei er wohl auch dort, so wie hier, unleidlich gewesen und habe sich daher nicht halten können. Nein, früher sei er nicht so gewesen. Eines Tages sei seine Frau ins Krankenhaus gekommen. Er habe sie oft dort besucht. Dann sei sie gestorben. Jahrelang sei die Frau immer krank gewesen. Jetzt sitzt der Mann nur noch vor dem Fernseher, raucht, ist widerspenstig, und im Sommer arbeitet er am Strand als Kellner.

Von seinem Haus hat er einen so überwältigenden Ausblick, dass das mit dem Fernseher mich wundert. Man kann hier jahrelang auf die anderen Hügel blicken, auf das sonnenbeglänzte, im Wind sich kräuselnde Meer, auf die von allen Seiten auf die Stadt zufahrenden Schiffe, auf die Inseln, auf die Dampfer, die dorthin fahren, auf die vielen Menschen, die weit genug weg sind, um harmlos zu sein, auf die wie Miniaturen wirkenden Moscheen, auf die im Morgennebel dampfenden Viertel, auf die ganze Stadt, und jahrelang kann einen das beschäftigen. Den Häuserbau hat die Stadtverwaltung hier schon lange gestoppt.

Eindringlich schreit eine Möwe. Der Wind weht von unten Radiolärm herauf.

Das Haus beweist eigentlich, dass der Mann aus seiner Heimat etwas Geld mitgebracht haben muss. So heißt es jedenfalls. Die Dach-

ziegel sind in gutem Zustand und ordentlich verlegt. Der Anbau ist mit einem anständigen Blechdach gedeckt, das mit Steinen beschwert ist. Wenn man den Weg heraufkommt, sieht man die Backsteintoilette hinter dem Haus und das neue Wasserreservoir, daneben eine Ansammlung von irgendwo gefundenen Truhen, Brettern und Schrotteilen, das Ganze umgeben von Dornengestrüpp und jungen Kiefern.

Als wir am Abend dort oben im Wind stehen und auf die Viertel auf den anderen Hügeln und die gleichfalls aus Ziegeln, Plastik und Steinen errichteten Häuser blicken, kommt der einsame Mann zur Tür heraus und starrt uns an. Er hat irgendwas in der Hand, ein Bügeleisen oder einen Topf. Da merke ich, dass er alle möglichen Drähte, Schnüre und Schläuche an sein Haus gebunden hat.

Er verschwindet wieder in seinem Haus.

Nach dem Sturm

Als ich nach dem Sturm frühmorgens aus dem Haus ging, sah ich all die Veränderungen. Nicht die abgebrochenen Äste, nicht die auf der verschlammten Straße klebenden Blätter meine ich. Es hat sich ein tiefergehender, nicht so leicht wahrnehmbarer Wandel vollzogen, und die im ersten Morgenlicht überall auftauchenden Schneckenherden, der ominöse Geruch des eingesickerten Wassers, der bedeckte Himmel waren lauter Anzeichen einer unumkehrbaren Veränderung.

An einer Pfütze blieb ich stehen und sah hinunter. Die Erde auf ihrem Grund schien, weich und schlammig, einer nahenden Bewegung zu harren. Um mich herum vergilbtes Gras, zerdrückter Farn, Wassertröpfchen auf dreieckigen Blättern, und während ich verwundert und entschlossen weiterging, kamen mir die Möwen, die rechter Hand über einem Abhang kreisten, gefährlicher und entschiedener vor denn je.

Mag sein, dass ich mich täuschen lasse von meiner allzu deutlichen Wahrnehmung, von der plötzlichen Abkühlung, dem Farbwechsel der Natur, dem blankgewischten Himmel nach dem Abflauen des Sturms, doch scheint es mir nun mal so, als hätten vor dem Sturm Vögel und Insekten, Bäume und Felsen, die alte Mülltonne und der schiefe Strommast sich gehenlassen und seien nur noch ziellos dahingetrieben, worauf der vor dem Morgengrauen losbrechende Sturm ihnen zu Willen und Bedeutung zurückverholfen habe.

71

Muss man mitten in der Nacht durch klappernde Fenster, sich blähende Vorhänge und Gewitterdonner aus dem Schlaf gerissen werden, um zu merken, dass das Leben tiefer und die Welt bedeutungsvoller ist, als wir gemeinhin denken? Wie ein Seemann, der bei nächtlichem Sturm instinktiv zu den Segeln rennt, sprang ich schlaftrunken aus dem Bett, schloss alle Fenster, löschte eine vergessene Tischlampe und trank danach unter der immer noch leicht schwankenden Küchenlampe ein Glas Wasser. Dann fiel nach einem besonders heftigen Windstoß der Strom aus. Ich stand barfuß im Dunkeln, auf den kalten Küchenfliesen.

Zwischen den Kiefern und Pappeln, die sich hin und her bogen, als zitterten sie, sah ich auf den Wellen immer größere weiße Schaumkronen. Krachend schlug irgendwo in der Nähe der Blitz ein, vielleicht ins Meer. Unentwegt blitzte es, dunkle Wolken fuhren in die rauschenden Baumwipfel, und Himmel und Erde wurden eins. Zufrieden stand ich mitten in der Nacht mit dem leeren Glas in der Hand am Küchenfenster und sah auf die Welt hinaus.

Als ich mir am Morgen die Spuren der Nacht besah, wie ein Schaulustiger nach einem Krieg, einem Aufruhr, einem Märchen, und versuchte, das Geschehene einzuordnen, da sagte ich mir: In solchem Sturm und solcher Gewalt begreifen wir, dass wir alle gemeinsam in einer einzigen Welt leben. Und beim Anblick umgefallener Fahrräder und abgebrochener Äste kam mir auch noch folgender Gedanke: In so stürmischen Zeiten erkennen wir nicht nur, dass wir uns in einer einzigen Welt befinden, sondern wir beginnen auch zu ahnen, dass wir alle das gleiche, einzige Leben führen.

Ein kleiner Vogel, ein Spatz, war bei dem Sturm irgendwie zu Tode gekommen und in den Schlamm gefallen. Als ich ihn gleichmütig forschend zeichnete, begann es auf mein offenes Heft und die anderen Zeichnungen zu tröpfeln.

Glücklich sein

Ist es eine Schande, glücklich zu sein? Oft habe ich das schon gedacht. Und auch jetzt kommt es mir nicht selten so vor. Wer glücklich sein kann, muss böse und dumm sein, denke ich dann sogar. Aber dann sage ich mir wieder: Nein, glücklich sein ist keine Schande, sondern ein Gebot der Vernunft.

Wenn ich mit meiner kleinen Tochter Rüya an den Strand gehe, bin ich der glücklichste Mensch der Welt. Und was will der glücklichste Mensch der Welt am allermeisten? Natürlich weiterhin der glücklichste Mensch der Welt sein. Dazu muss er immer wieder das gleiche tun. Also tun wir immer das gleiche.

1. Ich sage zu ihr: Heute gehen wir um die und die Zeit ans Meer. Da beginnt Rüya diese Stunde herbeizusehnen. Ihr Zeitbegriff ist allerdings etwas verworren. Sie kommt etwa zu mir und sagt: »Ist es nicht schon soweit?«

»Nein.«

»In fünf Minuten?«

»Nein, in zweieinhalb Stunden.«

Fünf Minuten später kann sie in aller Unschuld fragen: »Papa, gehen wir jetzt ans Meer?«

Oder noch ein bisschen später, in ganz verführerischem Ton: »Jetzt gehen wir aber, ja?«

2. Endlich ist es soweit. Rüya hat ihren Badeanzug an und setzt sich in den Kinderwagen. Ich lege ihr die Strohtasche mit dem Badezeug auf den Schoß, und routiniert setze ich das Gefährt in Bewegung.

3. Es geht die steile Pflasterstraße hinab, und Rüya ruft »Aaaaa«, was sich aber wegen des Gerüttels bald in ein »Aa-aa-aaaa« verwandelt. Die Pflastersteine und Rüya machen Musik! Lachend hören wir zu.

4. Der kleine menschenleere Strand ist am Ende der Straße. Vor der Treppe, die zum Strand hinunterführt, stelle ich den Kinderwagen am Straßenrand ab, und Rüya sagt dabei jedesmal: »Hier sind keine Diebe.«

5. Ich verteile unsere Sachen auf dem Steinstrand, dann ziehen wir uns aus und gehen bis zu den Knien ins Wasser. Dann sage ich: »Geh ja nicht weiter rein. Ich schwimme jetzt ein bisschen, und dann spielen wir. Okay?«

»Okay.«

6. Im Gedanken an Rüya schwimme ich hinaus. Irgendwann drehe ich mich um, nehme Rüya als badeanzugroten Fleck wahr und denke mir, wie sehr ich sie doch mag. Ich muss richtig lachen im Wasser. Sie steht am Strand und rührt sich ein wenig.

7. Ich schwimme zurück. Am Strand: a. herumstrampeln, b. nass spritzen, c. Papa, lass aus dem Mund eine Fontäne kommen, d. »Schwimmen«, e. Steine ins Wasser werfen, f. mit der Höhle reden, g. Hab keine Angst, schwimm! Das sind unsere üblichen Spiele und Zeremonien, und die wiederholen wir immer wieder.

8. »Du frierst, du hast schon ganz blaue Lippen.« »Nein, ich friere

gar nicht.« »Doch, wir gehen jetzt raus.« Nach dieser Standarddis-
kussion gehen wir aus dem Wasser, ich trockne Rüya ab, und mitten
beim Umziehen …

9. … macht sie sich plötzlich los und läuft splitternackt und fröh-
lich quietschend über den leeren Strand. Da ich meine Schuhe nicht
anhabe, komme ich ihr auf den Kieseln nicht schnell genug hinterher,
und über mein Gehampel lacht sie noch mehr. »Warte nur, wenn ich
meine Schuhe anhabe, krieg ich dich schon!« rufe ich, und während
sie weiterkreischt, mache ich meine Drohung wahr.

10. Ich schiebe Rüya die Straße hinauf, und beide sind wir müde
und glücklich. Ich denke an das Leben und an das zurückgelassene
Meer, und wir sagen beide keinen Ton.

Ich will nicht in die Schule

Ich will nicht in die Schule. Ich bin furchtbar müde. Mich friert. In der Schule mag mich keiner.

Ich will nicht in die Schule. Da sind zwei Jungs. Die sind älter als ich. Und stärker. Wenn ich an ihnen vorbeigehe, strecken sie die Arme aus und schneiden mir den Weg ab. Vor denen fürchte ich mich.

Ich fürchte mich, und ich will nicht in die Schule. In der Schule vergeht die Zeit nicht. Und alles bleibt draußen. Vor dem Schultor.

Mein Zimmer daheim zum Beispiel. Und meine Eltern, meine Spielsachen, die Vögel auf dem Balkon. Wenn ich in der Schule daran

denke, würde ich am liebsten weinen. Ich sehe zum Fenster hinaus. Am Himmel ist eine Wolke.

Ich will nicht in die Schule. Mir gefällt dort überhaupt nichts.

Neulich habe ich einen Baum gezeichnet. Die Lehrerin hat gesagt: »Schön, ein richtiger Baum.« Da habe ich noch einen gemacht. Auch ohne Blätter.

Dann ist einer der beiden Jungs gekommen und hat mich verspottet.

Ich will nicht in die Schule. Wenn ich abends ins Bett gehe, denke ich furchtbar ungern an den nächsten Schultag. Ich sage: Morgen gehe ich nicht hin. Da sagen sie: Von wegen! Alle gehen in die Schule.

Alle? Dann sollen sie doch alle hingehen. Aber ich kann zu Hause bleiben. Ich war gestern schon in der Schule. Ich gehe morgen nicht hin und dafür übermorgen wieder.

Ich kann im Bett bleiben. Oder wenigstens in meinem Zimmer. Für mich allein. Wenn ich nur nicht in die Schule muss, ist mir egal, wo ich bin.

Ich will nicht in die Schule, ich bin krank. Seht ihr das nicht, wenn ich das Wort Schule nur höre, wird mir schlecht, ich bekomme Bauchschmerzen, und nicht einmal diese Milch kann ich trinken.

Ich werde diese Milch nicht trinken und werde nichts essen und auch nicht in die Schule gehen. Es geht mir gar nicht gut. Keiner mag mich. Ich der Schule sind diese zwei Jungs. Die strecken die Arme aus und schneiden mir den Weg ab.

Ich bin zur Lehrerin gegangen. Sie hat gesagt: »Was läufst du mir nach?« Soll ich dir was sagen, du darfst aber nicht böse sein? Ich gehe immer der Lehrerin hinterher, und die sagt dann: »Jetzt lass mich doch mal in Frieden.«

Ich gehe ab jetzt nicht mehr in die Schule. Warum? Weil ich einfach nicht mehr will.

Ich will auch in der Pause nicht hinausgehen. Gerade wenn mich jeder vergessen hat, ist wieder Pause. Dann geht wieder alles durcheinander, alle laufen herum.

Die Lehrerin sieht mich böse an, und schön ist sie auch nicht. Ich will nicht mehr in die Schule. Da ist nur ein Junge, der mich mag und mich nett anschaut. Sag es niemandem, aber ich mag ihn nicht.

Ich sitze da und fühle mich ganz einsam. Mir fließen Tränen aus den Augen. Ich mag die Schule überhaupt nicht.

Ich will nicht in die Schule, sage ich. Dann wird es Morgen, und sie bringen mich zur Schule. Ich lache nicht, sehe nur vor mich hin und möchte weinen. Auf dem Rücken habe ich eine riesige Tasche, wie ein Soldat, ich gehe die steile Straße hinauf und sehe dabei auf meine kleinen Füße. Alles ist schwer, die Tasche auf dem Rücken und die warme Milch in meinem Magen. Ich möchte weinen.

Ich gehe in die Schule hinein. Das schwarze Eisentor geht zu. Schau, Mama, ich bin drinnen, ich weine.

Dann gehe ich in meine Klasse und setze mich. Ich möchte die Wolke da draußen sein.

Stift, Heft, Radiergummi; zum Teufel damit!

Rüya und ich

1. Jeden Tag fahren wir gemeinsam zur Schule. Mit einem Auge auf der Uhr und einem auf Ranzen, Tür, Straße ... Im Taxi machen wir immer das gleiche: 1. Die Hunde in dem kleinen Park grüßen. 2. In den Kurven so richtig mitgehen. 3. Immer an der gleichen Stelle »Da rechts runter!« rufen und uns lachend anschauen. 4. Obwohl der Fahrer den Weg kennt (weil wir immer am selben Taxistand einsteigen), trotzdem »Da rechts runter!« rufen und lachen. 5. Nach dem Aussteigen händchenhaltend bis zur Schule gehen.

2. Ich hänge ihr den Ranzen auf die Schulter, gebe ihr einen Abschiedskuss und sehe ihr nach. Rüya weiß, dass ich ihr nachsehe. Ich kenne ihren Gang auswendig und kann mich daran nicht satt sehen. Ich weiß, dass sie weiß, dass ich ihr nachsehe. Dass sie es weiß, verleiht uns beiden Sicherheit. Es gibt da die Welt, auf die sie jetzt zugeht und in der sie jeden Tag etwas Neues entdeckt, und es gibt die Welt, die uns beiden gemeinsam ist. Wenn ich ihr nachsehe und sie sich noch mal zu mir umdreht, ist das ein Fortsatz unserer gemeinsamen Welt. Sobald sie um die Ecke biegt, beginnen neue Welten, zu denen mein Blick nicht reicht.

3. Ein bisschen Vaterstolz muss sein: Meine Tochter ist intelligent, und sie hat Geschmack. Sie sagt geradeheraus, dass ich der beste Geschichtenerzähler bin, und so kommt sie an den Wochenenden morgens zu mir ins Bett und möchte ihre Geschichte. Und da es ihr nicht an Persönlichkeit mangelt, weiß sie genau, was sie will: »Wieder das mit der Hexe, sie soll aus dem Kerker rauskommen, aber nicht blind und alt werden, und am Schluss soll sie den kleinen Jungen nicht erwischen.« Die Stellen, die sie mag, sollen sich möglichst lang hinziehen. Und wenn sie eine Stelle nicht mag, sagt sie mir das sofort ins Gesicht, während ich an der Geschichte noch herumbastle. Ihr eine

Geschichte zu erzählen ist daher so, als würde ich etwas schreiben und gleichzeitig Kind werden und es lesen.

4. Wie alle echten Liebesbeziehungen ist auch die unsere zugleich ein Machtkampf. Wer bekommt recht? 1. Welches Fernsehprogramm wird angeschaut? 2. Wann wird ins Bett gegangen? 3. Welches Spiel wird gespielt? Beim Entscheiden über diese und ähnliche Fragen kommt es zu vielem Diskutieren und Streiten, zu Überredungsversuchen und Täuschungsmanövern, Schimpfereien und Tränen, zu Schmollerei, Zerknirschtheit und Versöhnung. Das alles ist zugleich ermüdend und beglückend, aber vor allem summiert es sich und wird zur Geschichte der Beziehung. Man rauft sich zusammen, weil man voneinander nicht lassen kann. Man denkt an den anderen, und wenn er nicht da ist, erinnert man sich an seinen Geruch. Wenn sie nicht da ist, sehne ich mich wahnsinnig nach dem Duft ihrer Haare. Und wenn ich nicht da bin, riecht sie an meinem Schlafanzug.

Wenn Rüya Kummer hat

Weißt du, Kleine, wenn du solchen Kummer hast, dann macht mich das traurig. Ich glaube, dass ich irgendwo im Körper oder in der Seele oder wo auch immer so einen Instinkt habe: Wenn ich sehe, dass du Kummer hast, habe ich sofort auch welchen. Als ob ein Computerprogramm in mir sagen würde: WENN RÜYA KUMMER HAT, DANN DU GEFÄLLIGST AUCH.

So werde ich aus heiterem Himmel plötzlich auch ganz betrübt. Dabei wollte ich gerade irgendeiner Alltagsbeschäftigung nachgehen und in meinem Kühlschrank herumwühlen oder in meinem Verstand oder meinen Haaren.

Das Leben aber dachte sich, warte nur, dir werde ich weiterhelfen, und da sah ich Rüya mit mürrischem Gesicht zusammengerollt auf der Couch liegen; wie unglücklich sie auf einmal ist und wie schief sie die Welt und ihren Vater ansieht, der wiederum ihre schiefe Weltsicht ansieht.

Sie hat ihren blauen Hasen in der Hand.

Ich gehe trotzdem in die Küche und durchwühle die Fächer des Kühlschranks in meinem Kopf. Was kann es sein? Ob sie Bauchweh hat? Vielleicht entdeckt sie gerade die Wonnen der Melancholie. Soll sie ruhig etwas bekümmert sein und sich in ihren Geruch und ihre Einsamkeit hüllen. Wer es schafft, unglücklich zu sein, wenn alle glücklich sind, erfüllt die erste Voraussetzung für Klugheit. Nicht Klugheit, Intelligenz. Dachte ich früher. Bei Borges heißt es einmal: »Wie alle jungen Leute versuche ich natürlich möglichst unglücklich zu werden.« Das gefällt mir. Aber sie ist ja noch ein Kind.

Es ist ganz still.

Ich mache den Kühlschrank auf, nehme einen riesigen, kugelrunden roten Apfel heraus und beiße krachend hinein. Ich komme

aus der Küche wieder zurück. Sie hängt noch immer so da. Was tun?

Sachte gehe ich zu ihr hin. »Sollen wir Würfel spielen? Wo ist denn die Schachtel?« Such die Schachtel, und fragt euch dann beim Aufmachen gegenseitig: Welche Farbe nimmst du? Ich nehme Grün. Dann nehme ich Rot. Wirf dann die Würfel, zähl die Augen und sorg dafür, dass sie gewinnt. Wenn sie einen hübschen Vorsprung beisammen hat, wird sie freudig sagen: »Ich bin ganz schön weit vorn!«

Sei ruhig vorn. Gewinn jedes Spiel. Aber manchmal denke ich verärgert, ich will jetzt auch mal gewinnen, und schließlich muss das Mädchen mal lernen, wie man verliert. Geht aber nicht. Sie wirft die Würfel in die Ecke. Spielverderberin. Schmollend setzt sie sich in eine Ecke.

Ich schlage vor, wir spielen »Über dem Boden«. Man darf dabei nicht auf den Boden treten und muss sich also von Stuhl zu Stuhl und über Sessel, Heizkörper, Tische und die Couch durchs Zimmer kämpfen. Wer mit einem Fuß auf dem Boden erwischt wird, hat verloren. Aber das ist zuviel Gehüpfe.

Am besten, wir spielen einfach Herumlaufen. Dabei laufen wir in der Wohnung von Zimmer zu Zimmer, um Tische und Stühle herum, während aus dem Fernseher über die neuesten Verbrechen, Staatsstreiche, Aufstände, Kursstürze und Schönheitswettbewerbe berichtet wird, und seht nur, wie wir laufen und uns um euch und euren ganzen Blödsinn gar nicht kümmern. Wir stoßen Tischchen um, bringen eine Lampe zu Fall, laufen über Zeitungen, Coupons und Pappburgen hinweg, sind schweißgebadet, plärren herum wie die Wilden, ohne zu wissen, was wir da eigentlich rufen, und werfen hin und wieder ein Kleidungsstück von uns. Wenn Sie nur wüssten, wie schnell wir über Schokoladetafeln, Malbücher, kaputtes Spielzeug, Wasserflaschen, alte Zeitungen, Plastiktüten, Pantoffeln und Schachteln hinwegrennen!

Aber das machen wir diesmal auch nicht.

Ich setze mich irgendwohin und sehe auf die schmutzige Farbe, die sich leise auf die rauschende Stadt herabsenkt. Der Fernseher läuft, aber ohne Ton. Auf dem Dach höre ich eine der unruhigen Möwen herumlaufen. Gemeinsam, ich im Sitzen, Rüya im Liegen, schauen wir lange schweigend zum Fenster hinaus, und beide, sie voller Kummer, ich voller Freude, begreifen wir, wie schön es ist, auf dieser Welt sein zu dürfen.

Der Ausblick

Von der Welt wollte ich reden, von dem, was so darin ist.

Ich weiß nicht, warum ich gerade damit anfange. An einem heißen Tag war ich mit meiner fünfjährigen Tochter Rüya auf einer der Prinzeninseln, und wir fuhren mit einer Kutsche spazieren. Ich saß entgegen der Fahrtrichtung, meine Tochter mir gegenüber. Wir kamen an Gärten mit vielen Blumen und Bäumen vorbei, an niedrigen Mauern, Holzhäusern, Gemüsegärten. Während die Kutsche so dahinzuckelte, schaute ich meiner Tochter ins Gesicht und damit auf das, was sie von der Welt so sah.

Dinge, Bäume, Mauern, Plakate, Schilder, Straßen, Katzen. Asphalt. Hitze. Und was für eine Hitze!

Dann begann die Straße anzusteigen, die Pferde schnaubten, der Kutscher ließ die Peitsche knallen. Die Kutsche wurde langsamer. Ich

sah auf ein Haus. Meine Tochter und ich schienen, als die Welt so an uns vorbeizog, jeweils auf die gleichen Stellen zu schauen. Auf Einzelheiten: ein Blatt, einen Mülleimer, einen Ball, ein Pferd, ein Kind, ein Haus, ein Fahrrad. Dabei aber: auf das Grüne an dem Blatt, das Rote des Mülleimers, das Hüpfen des Balles, den Blick des Pferdes, das Gesicht des Kindes. Das defilierte alles an uns vorbei, und so richtig sahen wir es auch gar nicht an; unsere Augen hielten nichts fest. Nichts auf der Welt sahen wir so richtig an an diesem heißen Nachmittag. In der Hitze schmolz alles dahin, wurde teigig, eine verdampfende Welt. Und wir in sie versunken. Wir sahen, ohne zu sehen. Die Welt war eine heiße Farbe geworden, die wir mit unserem Verstand wahrnahmen.

Wir kamen durch einen Wald, aber selbst dort war es nicht kühl. Es zogen heiße Schwaden hindurch. An der Steigung wurden die Pferde langsamer. Wir hörten die Zikaden. Die Kutsche kam nur noch langsam voran, durch die Kiefern links und rechts der Straße wurde der Blick verengt, aber plötzlich tat sich ein herrlicher Ausblick auf.

»Brrrr«, rief der Kutscher und hielt die Pferde an. »Die müssen sich jetzt ausruhen«, sagte er.

Wir genossen den Ausblick … Wir waren direkt an einem Abgrund. Unter uns Felsen, das Meer; im Dunst die anderen Inseln. Wie schön das blaue Meer war, mit der glitzernden Sonne darauf: Alles war so strahlend blank, so wie es sich gehörte. Der Ausblick: fast eine Welt für sich. Rüya und ich genossen ihn still.

Der Kutscher zündete sich eine Zigarette an, deren Rauch zu uns herüberwehte.

Warum war die Welt von hier aus so schön? Vielleicht, weil sie so bequem zu überblicken war. Oder weil man tot war, wenn man von hier hinunterfiel. Vielleicht auch, weil aus der Ferne nichts so richtig böse aussieht. Oder weil wir noch nie von so hoch oben hinuntergeschaut hatten. Was sollten wir jetzt hier machen? In dieser Welt?

»Schön, was?« sagte ich zu Rüya. »Und was meinst du, warum es so schön ist?«

»Wenn wir da runterfallen, sind wir dann tot?«

»Ja.«

Verschreckt sah sie hinunter. Aber bald hatte sie das Panorama satt. Abhang, Meer, Felsen: immer das gleiche, nichts rührte sich. Langweilig. Da kam ein Hund dahergelaufen. »Ein Hund!« riefen wir aus. Er wedelte mit dem Schwanz. Wir streichelten ihn und verschwendeten an das Panorama keinen Blick mehr.

Was ich über Hunde weiß

Ich habe bereits erzählt, dass ich mit meiner Tochter Rüya neulich auf einer der Prinzeninseln in einer Kutsche unterwegs war. Als wir an einem Abgrund hielten und die Aussicht genossen, war ein Hund herbeigekommen. Ein schmutziggrauer mit traurigen Augen. Er wedelte mit dem Schwanz und sah melancholisch drein. Er beschnüffelte uns nicht, wie neugierige Hunde das sonst tun, sondern versuchte uns mit seinen traurigen Augen kennenzulernen. Als er Vertrauen fasste, streckte er uns seine Schnauze entgegen.

Rüya sagte nichts, aber sie bekam es sichtlich mit der Angst zu tun. Sie zog ihre Füße zurück und sah mich an.

»Brauchst dich nicht zu fürchten«, sagte ich und setzte mich auf ihre Seite.

Der Hund zog ab. Wir sahen ihm aufmerksam nach. Ein vierbeiniges Geschöpf. Wie es wohl ist, ein Hund zu sein? Ich schloss die Augen. Doch anstatt über ein Hundedasein nachzudenken, rief ich mir in Erinnerung, was ich über Hunde so weiß.

1. Ein befreundeter Ingenieur erzählte mir neulich, er habe seinen Sivas-Kangal-Hund an Amerikaner verkauft. Er zeigte mir eine Werbebroschüre mit einem wunderschönen, ganz aufrecht sitzenden Kangal, und darunter stand:

»Hallo, ich bin der türkische Kangal-Hund. Ich werde im Durchschnitt soundso groß, soundso alt, bin sehr klug und von der und der Abstammung. Neulich ist einmal ein Kangal verlorengegangen, aber er hat, nur seinem Geruchssinn folgend, über sechshundert Kilometer hinweg zu seinem Herrchen heimgefunden. So klug und so treu sind wir also, etc. etc.«

2. In Comicheften bellen türkische Hunde oder ins Türkische übersetzte Hunde HAV. In englischen Heften bellen sie WOOF.

Das ist alles, was mir über Hunde einfiel, auch wenn ich mein Gedächtnis noch so bemühte. Da hatte ich also schon so lange gelebt und vielleicht schon Zehntausende von Hunden gesehen, aber nichts kam mir in den Sinn. Außer natürlich, dass sie spitze Zähne haben und beißen und solcher Kram.

»Papa, was tust du denn da? Mach deine Augen nicht zu, mir ist langweilig.«

Ich öffnete die Augen und fragte den Kutscher: »Wo gehört der Hund hin?«

»Welcher Hund?«

Ich zeigte ihn ihm.

»Die sind von der Müllhalde da drüben.«

Als habe der Hund begriffen, dass von ihm die Rede war, sah er zu Boden.

»Im Winter haben sie nicht genug zu fressen, dann gehen sie ein oder zerfleischen sich gegenseitig.«

Langes betroffenes Schweigen.

»Papa, mir ist langweilig.«

»Fahren wir weiter«, sagte ich zum Kutscher.

Rüya sah wieder auf die Bäume, das Meer, die Straße und vergaß mich bald. Da schloss ich wieder die Augen und versuchte krampfhaft, mich zu erinnern, was ich noch über Hunde weiß.

3. Einmal habe ich einen Hund gestreichelt, der später von jemandem vergiftet wurde. Wenn er mich nach langer Zeit wieder sah, freute er sich wie wahnsinnig, wälzte sich auf dem Boden, um gekrault zu werden, und pinkelte sich dabei an.

4. Hunde sind leicht zu zeichnen.

5. Ein Freund von mir hatte einen Hund, der nur arme Leute anbellte und bei Reichen keinen Ton von sich gab.

6. Wenn ein Hund klirrend eine abgerissene Kette hinter sich herschleift, dann macht mir das angst. Dahinter muss eine böse Erinnerung stecken.

7. Der Hund von vorhin war nun schon weit zurück.

EINE SCHLECHTE
ERINNERUNG

Dann machte ich die Augen wieder auf und dachte mir, dass sich der Mensch doch recht wenig merkt. Wenn die Zehntausende von Hunden, die ich schon gesehen hatte, vor mir waren, dann waren sie schön. Mit dem Verwirrenden an der Welt verhielt es sich auch so. Dass es hier vor einem lag. Dann geht alles dahin und ist auf einmal weg.

Istanbul

Brände und Abrisse

Das große steinerne Familienhaus, in dem erst meine Großmutter, meine Onkel und meine Eltern gemeinsam wohnten und das man später an eine private Grundschule vermietet hatte, ist noch vor meiner Zeit abgerissen worden. Der Konak, eine große Holzvilla, in dem ich meine ersten Grundschuljahre verbrachte, ist abgebrannt. Und auch die alte Villa, in deren Garten wir während der Mittelschulzeit Fußball spielten, ist, wie auch viele Ladengeschäfte und andere Gebäude, zuerst abgebrannt und wurde danach niedergerissen.

Die Geschichte Istanbuls ist eine Geschichte der Brände und Abrisse. Nachdem sich ab Mitte des 16. Jahrhunderts die Holzbauweise in der Stadt weitgehend durchgesetzt hatte und bis zum ersten Viertel des 20. Jahrhunderts bevorzugt wurde, waren es vor allem die Brände, die, abgesehen von den großen Moscheebauten, mehr als dreihundertfünfzig Jahre lang das Stadtbild gestalteten und für die Öffnung von breiteren Straßenzügen sorgten. »Brandstätten« waren ein häufiges Gesprächsthema in meinen Kindertagen und ein Wort, an dem böse Erinnerungen hafteten: einige Wandreste, die nicht verbrannt waren, da das Erdgeschoss aus Natur- und Ziegelsteinen bestand, die Treppenstufen, von denen die Marmorauflagen gestohlen worden waren, kleine Feigenbäumchen, die zwischen dem Geröll von Ziegel-, Blumentopf- und Glasscherben sprossen, und mittendrin spielende Kinder …

Dass ganze Viertel abbrannten und abgerissen wurden, habe ich nicht mehr erlebt, nur noch die letzten Brände der hölzernen Villen. In meiner Kinderzeit brachen die meisten Brände dieser großen Holzbauten auf geheimnisvolle Weise mitten in der Nacht aus. Bis zur Ankunft der Feuerwehr trafen sich alle Kinder und Jugendlichen aus dem Viertel im Garten der leeren Villa, in dem sie früher gespielt hatten, und schauten unter lebhaften Kommentaren dem Feuer zu.

»Sie haben die schöne Villa angezündet!« sagte mein Onkel dann später zu Hause.

Es war damals verboten, die alten Holzvillen abzureißen, um neue Wohnhäuser zu errichten, die als Zeichen für Reichtum und Modernität galten. Doch wenn man das Gebäude räumte und es langsam verfallen ließ, wenn das Holz verfaulte und das Innere unbewohnbar geworden war, dann holte man sich die Erlaubnis zum Abriss. Manche Leute lösten die Ziegel aus den Wänden, damit der Bau schneller zusammenbrach, und warteten darauf, dass Regen und Schnee der Ruine den Rest gaben. Noch schneller und radikaler aber war es, mitten in der Nacht, wenn niemand darauf achtete, das Gebäude einfach anzuzünden. Es hieß dann, es sei der Gärtner gewesen, der früher den Garten der Villa gepflegt hatte. Oder die Villa sei vorher an einen Bauunternehmer verkauft worden, der den Brand dann durch seine Leute legen ließ.

Man sprach voller Verachtung von diesen reichen Leuten, die irgendwann mitten in der Nacht wie Verbrecher ihre eigenen, mit den Erinnerungen von mehreren Generationen angefüllten Häuser anzündeten, in denen sie einst alle gemeinsam gelebt hatten. Doch trotz dieser Verachtung und der Kritik am vermeintlich so beschämenden Verhalten anderer Leute hat Jahre später auch meine Familie das große dreistöckige Haus im Art-déco-Stil, das langjährige Heim meines Vaters, meiner Onkel und meiner Großmutter, einem Bauunternehmer übergeben, mitleidlos abreißen und an seiner Stelle ein hässliches Apartmenthaus errichten lassen. Später versuchte mein Vater immer wieder, mich davon zu überzeugen, dass er mit der ganzen Sache nichts zu tun gehabt und »eigentlich« das schöne alte Haus nie dem Abriss habe überlassen wollen. Er habe sich geschäftlich in Ankara aufgehalten und bei seiner Rückkehr nach Istanbul von der Gartentür aus unter bitteren Tränen mit ansehen müssen, wie das alte Haus den schweren Hammerschlägen zum Opfer fiel.

Ich habe bei vielen alten Istanbuler Familien, die im Besitz einer dieser Holzvillen waren, die Streitigkeiten um den »Übergang zum Apartmenthaus« miterlebt. Nach außen hin möchte niemand das alte

Haus abreißen lassen. Doch am Ende der manchmal offenen, manchmal verdeckten Auseinandersetzungen und Eifersüchteleien in der Familie und der fast immer vor Gericht ausgefochtenen Verteilung der Eigentumsrechte fällt die alte Villa dem Abriss zum Opfer, und an ihrer Stelle wird ein neues, hässliches Apartmentgebäude errichtet, das von Anfang an niemand mag. Dann erzählt Ihnen jeder, er habe nie gewollt, dass man die Villa abreißt, doch man spürt, wie sehr es jeder heimlich gewünscht hat, das heißt, jeder hat sich vorgestellt, wie er mit dem Geld vom Verkauf der Wohnungen ein neues Leben anfangen könnte, und versucht bloß, die Verantwortung und die Gewissensbisse für diese ehrlose Tat den übrigen Familienmitgliedern zuzuschieben.

Wenn man die Stadt, die rasend schnell von einer Million auf zehn Millionen Einwohner angewachsen ist, aus der Luft betrachtet, begreift man sofort, wie nutzlos der ganze Familienstreit, die Abrechnungen mit dem Gewissen, die Geldgier und die Schuldgefühle sind. Die Armee der Wohnblocks aus Beton marschiert auf Ihr Viertel zu, in dem Sie ganz unzeitgemäß glauben, ein paradiesisches Leben zu führen, und treibt auf ihrem Weg, wie das von Tolstoi in *Krieg und Frieden* geschilderte unaufhaltsame Heer, sämtliche vor ihr auftauchende Gärten, Villen, Bäume und das Leben in den Gärten vor sich her und lässt eine Asphaltspur zurück. Nach einem Blick auf die Landkarte, die Statistiken und die Bewegung dieser unaufhaltsamen Maschinerie erinnern uns das innerfamiliäre Hin-und-her-Gezerre und die Diskussionen darüber, ob der Mensch seine eigenen Entscheidungen treffen kann, deutlich an Tolstois pessimistische Gedanken über die Rolle des Individuums in der Geschichte. Falls wir ein Teil der sich rücksichtslos ausbreitenden Stadt sein sollten, dann sind unsere Erinnerungen, Häuser, die Wände, die uns jahrelang Rückhalt gaben, und unsere ganze Umgebung, die wir in unseren Zimmern, Gärten und in unseren eigenen Moralvorstellungen bewahren wollten, zum Abriss verurteilt.

Wer sich dagegenstemmt, wer zu lange wartet, den trifft die Enteignung als letzter Schlag. Das Wort »Enteignung« war in meinen Kinderjahren gleichbedeutend mit dem Abriss enger, kleiner Gassen aus der osmanischen Zeit Istanbuls, und es hieß auch: auf die Straße gesetzt und unbehaust zu sein und Unrecht erlitten zu haben, während die breiten Alleen angelegt wurden. Ich war sechs oder sieben, als Istanbul die erste der zwei großen »Enteignungs«- und »Straßen-Plätze-Öffnungs«-Krisen der letzten fünfzig Jahre erlebte. Und ich erinnere mich daran, wie ich in den fünfziger Jahren während der Abrisse in der historischen Altstadt auf der anderen Seite des Goldenen Horns ängstlich und in Staubwolken gehüllt an der Hand meiner Mutter durch dieses Viertel ging. Die Abrisse schufen eine Nachkriegsatmosphäre, sie lösten stets Erwartungen auf ein neues Leben, aber auch nicht enden wollende Ängste und Klatschgeschichten aus. Wenn es um die Entschädigung für die Enteignungen ging, wurde in der Stadt viel darüber geredet, dass manche Enteignungen unnötig gewesen, manche Grundstücke begünstigt, Pläne für neue Abrisse angefertigt worden seien, dass diese oder jene Straße jedoch durch die »Protektion« eines mächtigen Politikers verschont geblieben oder auch der Plan geändert worden sei. Wenn während des Baus der Uferstraßen am Goldenen Horn oder auch am Bosporus sich ein am Ufer weiterzuführender Abschnitt plötzlich wieder in eine enge, im Markt des Viertels endende Gasse zurückverwandelte, dann hieß es, dort wohne ein berühmter Reicher oder ein der Regierung Nahestehender, vor dessen Haus man das Ufer unmöglich aufschütten könne. Solche Situationen wurden von einem Tantchen, das im Dolmuş fuhr, oder auch von einem Onkelchen während der Rasur beim Barbier kommentiert, oder ein Chauffeur, der die Abrisse enthusiastisch begrüßte, weil dadurch die Straßen erweitert wurden, erklärte, man müsse noch viel mehr abreißen. Hinter den großen Abrissaktionen stand nicht nur der Wille, in der Stadt breite Boulevards wie in Paris zu öffnen, sondern auch der Groll, den die Neuankömmlinge in Istanbul gegen die alte Stadt und ihre Kultur hegten, ihr Hass auf alles Vergangene, auf die christlich-kosmopolitische Struktur, und der Wunsch der Republik, die byzantinischen und sogar die osmanischen Hinterlassenschaften zu vergessen. Als die heimische Automobilindustrie von den siebziger Jahren an der Mittelklasse relativ billige Autos anbieten konnte, versiegelte der Wunsch nach breiten, für hohes Tempo geeigneten Straßen die Vergangenheit mit Beton und Asphalt.

Es gibt zwei Ansichten von Städten. Die Gebäude, Denkmäler, Straßen und Ausblicke, die jeder Tourist, jeder fremde Besucher der Stadt zu sehen bekommt, stellen ihre äußere Erscheinung dar. Die Innenansichten der Städte aber bestehen aus dem, was sich in den Zimmern, in denen wir uns zum Schlafen hinlegen, den Räumen, in denen wir unterrichtet werden, den Korridoren und den Kinos an ganz besonderen Erinnerungen, Gerüchen, Lichtern und Farben angesammelt hat. Mehr noch als die äußere Ansicht einer Stadt mit ihren Ähnlichkeiten von einem Viertel zum anderen, ist es diese Innenansicht, die eigentliche Seele der Stadt, die jeder viel stärker in seinen Erinnerungen birgt und die durch die Abrisse vernichtet wird.

Während der Abrissarbeiten in den achtziger Jahren führte mich mein Weg einmal zur Tarlabaşı-Straße, und ich sah zusammen mit wenigen anderen Zuschauern den Planierraupen zu. Man hatte sich bereits an die monatelang andauernden Arbeiten gewöhnt, so dass sich kaum noch Zorn oder Widerstand regte. Trotz des feinen Regens stiegen Staub- und Rauchwolken auf, als die Mauern eingerissen wurden, und ich denke, wir Zuschauer, die wir am Rande standen, sahen nicht dem Abbruch der Häuser und Erinnerungen anderer Menschen zu, sondern spürten, wie Istanbul sich regte, seine Gestalt veränderte und auch, wie fragil und flüchtig unser Leben war. Während sich Kinder über Türen, Fenster und andere Holzteile hermachten, die unter den heftigen Schlägen herausfielen, begriff ich, dass der Abriss einem menschlichen Gedächtnisverlust gleicht, an den man sich langsam gewöhnen wird.

Vor einigen Jahren bin ich durch das leere Şişli-Terakki-Lyzeum gewandert, wo ich zeitweise die Grundschule und später die Mittelschule besucht hatte, kurz bevor es demoliert wurde. Da ich seit fünfzig Jahren stets durch dieselben Straßen gehe, sehe ich rückblickend an der leeren Stelle, wo sich jetzt ein Parkplatz befindet, das einstige Gebäude, denke zurück an meine Schulzeit wie auch an meinen letzten Gang durch die leeren Klassenräume. Allmählich gewöhne ich mich an diesen Anblick, der einem zunächst das Herz so schwer macht. Städte verlieren ihr Gedächtnis durch Abrisse. Als erstes vergisst man eine Erinnerung, weiß aber wenigstens noch, dass man sie vergessen hat, und versucht, sich daran zu erinnern. Dann vergisst man, dass man sie vergessen hat, und die Stadt bringt sich nicht mehr in Erinnerung. Die Abrissstätten, die uns Schmerz bereiten oder uns gar das Gedächtnis rauben, sind schließlich für andere jene Orte, an denen ihre neuen Ideen entstehen.

Die Inseln

Eine Woche nach meiner Geburt im Jahr 1952 wurde ich in die Sommerfrische auf eine der Inseln gebracht. Meine Großmutter besaß auf Heybeliada, am Waldrand und nicht weit vom Meer entfernt, ein zweistöckiges, geräumiges Haus in einem großen Garten. Ein Jahr später fotografierte man mich auf dem Balkon dieses Hauses, der so breit wie eine Veranda war, während ich dort die ersten Schritte meines Lebens machte. Als ich im Frühjahr 2002 diesen Aufsatz auf der Insel Heybeliada verfasste, hatte ich mir in der Nähe des Hauses meiner Kindheit eine Wohnung gemietet. Sehr viele Sommer habe ich in den vergangenen fünfzig Jahren auf den Istanbuler Inseln verbracht, auf Burgaz, Büyükada und Sedefadası, und habe dort so manchen meiner Romane geschrieben. An der langen Balkonwand des siebzig Jahre alten Hauses auf Heybeliada ist eine Stelle zu erkennen, an der jedes Jahr markiert wurde, wieviel meine Cousins und ich gewachsen waren. Obwohl das Haus wegen Familienzwisten, Erbschaftsstreitigkeiten und Zahlungsunfähigkeit längst verkauft werden musste, gehe ich von Zeit zu Zeit wieder dorthin und schaue mir diesen magischen Maßstab an, der auf der Wand mein Finger um Finger zunehmendes Wachstum markierte.

Der Sommer in Istanbul beginnt für mich mit der Fahrt auf die Inseln. Deshalb aber müssen die Kinder Ferien haben, muss das Wetter warm genug sein zum Baden, was auch bedeutet, dass die Preise für Erdbeeren und Kirschen ordentlich gefallen sind. In meiner Kindheit dauerten die Vorbereitungen für den Inselaufenthalt wesentlich länger als heute: Weil es im Sommerhaus keinen Kühlschrank gab – damals ein teurer westlicher Luxus –, wurde Großmutters Kühlschrank abgetaut, von den Lastträgern, die ins Haus kamen, in Sackleinen eingeschlagen und geschultert, das Geschirr wurde in

Zeitungspapier gewickelt, die Teppiche mit Naphthalin bestreut und zusammengerollt, und während sich die Geräusche der Waschmaschine, des Staubsaugers, der Streitereien und des Arbeitslärms überall breitmachten, wurden an den Fenstern der Winterwohnung alte Zeitungen mit Reißnägeln angepinnt, um das Ausbleichen der Möbel, Sessel und Vorhänge durch die Sommersonne zu verhindern. Wenn ich am Ende voller Ungeduld in einen der städtischen Dampfer einstieg, die wir alle ihrer Bauart nach unterscheiden konnten, dann packte mich die Aufregung. Diese eineinhalb Stunden Schiffsreise zu Anfang des Sommers schienen nie ein Ende nehmen zu wollen. Mein Bruder und ich wanderten mehrmals durch das ganze Schiff, während wir die vom Meer wehende kühle Luft mit dem Duft von Algen und Frühsommer einsogen, wir bedrängten unsere Mutter oder Großmutter, für uns von den Verkäufern, die im weißen Hemd mit einem Tablett voller Getränke vorbeikamen, je eine Flasche *gazos* zu kaufen, plauderten mit dem Koch, der unten neben dem Tauwerk bei unserem Kühlschrank, den Koffern und Kisten wartete, und verfolgten sehr sachlich und aufmerksam das Festmachen der Taue und das Hinüberschieben der Stege, wenn das Schiff zuerst in Kınalı und Burgaz anlegte. (Jede Stadt hat ihre eigenen inneren Geräusche, die man nirgendwo anders hören könnte, die aber den Bewohnern dieser Stadt bekannt und ein von ihnen allen geteiltes Geheimnis sind: Wie das Tuten der Metro in Paris, das Knattern der Motorroller in Rom oder der merkwürdige Lärm von New York, so ist in Istanbul jenes metallische Geräusch, das die mit Eisenrädchen beschlagenen kleinen Holzstege beim Hinüberschieben auf das anlegende Schiff hervorbringen, unverwechselbar, seit sechzig Jahren gleich und jedem Istanbuler bekannt.) Nachdem der Dampfer schließlich in Heybeliada angelegt hatte und die Stege ausgelegt waren, liefen mein Bruder und ich glücklich hinaus auf die Landungsbrücke, ohne auf die warnenden Rufe »Langsam, sonst fallt ihr!« von Mutter und Großmutter zu achten.

Erst um die Mitte des 19. Jahrhunderts begannen die reichen Istanbuler und die obere Mittelklasse in größerem Umfang, die Inseln zur Erholung oder als Sommerfrische zu nutzen. Bis zum Ende des 18. Jahrhunderts war es nur möglich, mit dem sogenannten *pazar kayık,* einem großen, mit mehreren Ruderern besetzten Boot für den Transport von Waren und Personen, auf die Inseln fahren, was aber vom Kai in Tophane aus fast einen halben Tag dauerte. In noch früherer Zeit waren die Inseln ein Verbannungsort für die geächteten Staatsmänner und Kaiser von Byzanz, waren freies Gelände, auf dem sich nur gefängnisartige Klöster, Mönche, Weingärten und kleine Fischerdörfer befanden. Mit Beginn des 19. Jahrhunderts entwickelten sie sich zum Sommersitz für die christliche und levantinische Bevölkerung Istanbuls und die Angehörigen der diplomatischen Vertretungen. Als ab 1894 den Sommer hindurch täglich ein Dampfschiff englischer Bauart von und nach Istanbul eingesetzt wurde, hatte sich die Fahrzeit zwischen der Stadt und Büyükada auf rund eineinhalb bis zwei Stunden verringert. Was in alter Zeit für die entmachteten byzantinischen Kaiser, Prinzen, Kaiserinnen und im Kampf um den Thron unterlegenen und mit Blendung bestraften Staatsmänner eine Reise ohne Rückkehr von fast einem halben Tag war, die sie nur einmal im Leben zu ihrem Verbannungsort unternahmen, wo sie dann dem Vergessen und dem Tod anheimfielen, wurde schließlich in den fünfziger Jahren zu »Express«-Fahrten für viele reiche Istanbuler, die nun jeden Abend in nur fünfundvierzig Minuten aus der Stadt auf die Inseln zurückkehren konnten. In den sechziger und siebziger Jahren, als die einflussreichen Istanbuler den Süden, Antalya und Bodrum, noch nicht entdeckt hatten, war es an den Sommerabenden so schwer, auf den von Karaköy ablegenden Express-Schiffen einen Sitzplatz zu finden, dass die Gutbetuchten eine Stunde vor Abfahrt einen ihrer Leute, einen Diener, vorausschickten, der den begehrten Platz besetzen musste, und wenn die Herrschaft zur Abfahrtszeit erschien, überließ der Diener den Sitz seinem Arbeitgeber und verließ das Schiff. Bücherlesen gehörte nicht zu den Gewohnheiten des wohlhabenden erwachsenen Istanbulers, ob Jude, Christ oder Moslem, und so gingen in jenen Jahren private Betreiber daran, auf den Schiffen Kartenspiele und Lotterien zu organisieren, um die Menge der von der Arbeit heimfahrenden Männer zu unterhalten, die sich die Zeit mit Rauchen vertrieben, einander anschauten oder aufs Meer hinausblickten. Von den Ziehungen, bei denen der Gewinner als Luxus geltende Dinge wie eine große Ananas oder eine Flasche Whisky erhielt, brachte mein Onkel eines Abends, wie ich mich erinnere, lächelnd einen riesigen Hummer mit heim in das Haus auf Heybeliada.

Als das Marmarameer in den achtziger Jahren zunehmend verschmutzte, verloren nach und nach die Inseln, vor allem aber Büyükada, ihre Bedeutung als ein Ort, an dem die reichen Istanbuler klassenbewusst zusammenhielten, gegen Abend in ihrer aus Europa mitgebrachten Garderobe in der Öffentlichkeit erschienen und ihren Reichtum ohne Scheu zur Schau stellten. Im Sommer 1958 waren wir einmal mit den Eltern zusammen eingeladen worden, und man hatte uns zur Mittagszeit auf einer pompösen Yacht von Heybeliada aus an den Strand von Büyükada gebracht. Ich erinnere mich an schöne Frauen, die sich eingecremt am Ufer in der Sonne ausstreckten, reiche Männer, die sich lachend Scherze zuriefen und von Kellnern in weißen Hemden bedient wurden, die ihnen Kanapees und Getränke auf dem Tablett servierten. Da sich auf Heybeliada die Schule der Kriegsmarine befand und die Mehrzahl der Bewohner Militärs und Beamte waren, schien mir Büyükada immer die reichere Insel zu sein, und die aus Europa importierten Käsesorten, die ich in den Läden sah, die geschmuggelten Getränke, die Geräusche von Musik und Unterhaltung, die man aus dem »Großen Club« im Vorbeigehen auf den Straßen hörte – all das vereinte sich in meiner Phantasie zu der Vorstellung, dass sich hier die »eigentlichen Reichen« aufhielten. In diesen meinen Kinderjahren achtete ich schüchtern, begierig und äußerst genau auf die Pferdestärken der Heckmotoren an den schnellen Booten, auf die Distanz zwischen den Fußgängern und den feinen Herren, die aus dem Dampfer stiegen und sich in ihrer Kutsche in Positur setzten, und auf die Unterschiede zwischen den Frauen, die selbst zum Einkaufen gingen, und den feinen Damen, die diese Arbeit durch andere verrichten ließen.

Mehr noch als die reichen Villen, die Schönheit der Gärten, die Palmen und Zitronenbäume und die Lage der Inseln als Ferienort sind es die Pferdedroschken, die ihnen eine ganz andere Atmosphäre als Istanbul verleihen. Ich freute mich, wenn mir in meiner Kindheit erlaubt wurde, oben auf dem Kutschbock neben dem Fahrer zu sitzen, und im Haus oder im Garten spielte ich Kutscher, ahmte das Klingeln der Pferdewagen, das Klacken der Hufe und die Bewegungen der Fahrer nach. Vierzig Jahre später habe ich auf den Inseln das gleiche Spiel noch einmal mit meiner Tochter gespielt. Diese Droschken existieren auf ganz natürliche Art weiter, nicht, weil sie touristisch reizvoll, sondern weil sie praktisch, billig und leise sind, und sie zu lieben setzt unbedingt voraus, dass man keine Abneigung gegen den intensiven Duft von Pferdemist empfindet, der überall auf dem Markt und in den von Menschen überfüllten Straßen gegenwärtig ist, dass man im Gegenteil diesen Geruch wirklich mag und mit kindlicher Neugier lächelnd zuschauen kann, wenn das müde Pferd (das manchmal grausam gepeitscht wird) während der Fahrt plötzlich auf elegante Weise seinen buschigen Schwanz hebt und anfängt, seine warme, feuchte Ladung auf die Straße zu entleeren.

Bis zum Anfang des 19. Jahrhunderts waren die Inseln im Winter der Wohnort von Geistlichen, Schülern der Priesterseminare und griechischen Fischern. Als sich nach der Oktoberrevolution von 1917 einige der nach Istanbul emigrierten Weißrussen auf den Inseln niederließen, wurden in diesen stetig größer werdenden Dörfern glanzvolle Esslokale und Vergnügungsstätten eröffnet. Als auf Heybeliada die Schule der Kriegsmarine gegründet und die Lungenheilstätte eingerichtet wurde, als sich im Lauf des letzten Jahrhunderts auf Büyükada die Juden und auf Kınalı die Armenier als Gemeinden niederließen und sich auch ein Teil der Bewohner den Sommer über zur Versorgung der Touristen auf den Inseln aufhielt, wurden die Inseln zwar menschenreicher, doch es hat sie nicht verändert. Da das große Erdbeben von Izmit 1999 dort sehr stark zu spüren war und man genau weiß, dass ein großes, irgendwann zu erwartendes Erdbeben in Istanbul ganz aus der Nähe zuschlägt, ist die Einwohnerzahl auf den Inseln in den letzten Jahren etwas zurückgegangen.

Wenn im Herbst die Schulen wieder beginnen und die Saison zu Ende geht, gefällt es mir, der Wehmut des Herbstes in den leeren Gärten nachzuspüren und mir vorzustellen, ich würde die kürzer werdenden Abende und den Winter auf den Inseln verbringen. Im letzten Jahr bin ich an so einem Herbsttag auf Heybeliada durch die leeren Gärten und über die Veranden gestreift, habe die Feigen und Weintrauben, die von den nach Istanbul zurückgekehrten Familien nicht aufgelesen worden waren, in den Mund gesteckt und mich an meine Kindheit erinnert. Es war ein trauriges Vergnügen, die leeren Gärten jener Menschen zu betreten, die wir nur beiläufig gekannt hatten und auch niemals näher kennenlernen konnten, ihre Treppen hochzusteigen, auf ihren Schaukeln zu schaukeln und die Welt von ihren Balkons aus zu betrachten. Nach diesem Streifzug, den ich so manchesmal in meiner Kindheit über die Mauern springend unternommen hatte, ging ich zum Haus Ismet Paschas, das ich nur einmal in fünfzig Jahren hatte betreten können. Ich erinnerte mich dunkel an den Besuch mit meinem Vater hier vor fünfundvierzig Jahren, bei dem mich der alte Präsident unserer Republik auf den Arm gehoben und geküsst hatte, und sah die Fotos an den Wänden aus dem politischen Leben des Paschas, aus seiner Regierungszeit und aus seinen Urlaubstagen, an denen er in einem schwarzen Badeanzug mit nur einem Träger schwimmen ging. Was mich schaudern machte, war die große Leere und tiefe Stille, die das Haus einhüllte, so wie die Insel Heybeliada am Ende des Sommers. In den Bädern des Hauses, an den Waschbecken, der Kücheneinrichtung, dem Brunnen, der Zisterne, den Bodenbelägen, den alten Schränken und den Fensterrahmen erinnerten mich viele Einzelheiten an den vagen Schimmel-, Staub- und Tannengeruch in dem alten Haus unserer Familie, das nicht mehr das unsere war.

Wenn die Störche Ende August bis Anfang September aus dem Nordwesten vom Balkan her nach Süden fliegen, um dort den Winter zu verbringen, überqueren sie die Inseln in großen Schwärmen. Wie in meiner Kindheit gehe ich auch jetzt in den Garten hinaus, wenn sie vorüberziehen, und beobachte voller Bewunderung die entschlossene, mysteriöse Reise dieser »Pilger«, deren Flügelrauschen durch die Stille dringt. In meiner Kinderzeit kehrten wir, zwei Wochen nachdem die letzten Störche durchgezogen waren, wehmütig mit dem Dampfer nach Istanbul zurück. Wenn ich dann zu Hause die drei Monate alten Nachrichten auf den von der Sonne vergilbten Zeitungen las, die an den Fenstern hingen, dann spürte ich auf magische Weise, wie langsam die Zeit dahingeflossen war.

Bosporusdampfer

Auf einer Dampferfahrt in Istanbul habe ich stets das Gefühl, mitten in der Stadt zu sein und mein Leben inmitten des Lebens der anderen zu spüren. Denn was ihr die Gestalt verleiht, sind die weiten Wasserflächen des Bosporus, des Goldenen Horns und des Marmarameers, deren Ufer sie umrandet. Die Bedeutung all jener Gebäude, Fenster und Türen, die eine Stadt zur Stadt machen, liegt in deren Nähe, deren Höhe und deren Blickwinkel zum Wasser, zum Meer. Alle Bewohner der Stadt, die durch ihre Straßen gehen, wissen in einem Winkel ihres Verstandes, wie nah das Wasser ist oder wie weit entfernt. Wer von seinem Fenster auf das Meer blicken und den hin- und herfahrenden städtischen Liniendampfern zusehen kann (früher nicht nur eine glückliche Minderheit!), begreift die Stadt als ein Zentrum, einen Ausgangspunkt, eine Gesamtheit und spürt zugleich, dass alles mehr oder weniger auf dem richtigen Weg ist.

Gehen wir an Bord eines der Dampfer, die wir von morgens bis abends von weitem sehen, um von einer Seite Istanbuls auf die andere zu fahren oder auch einen Ausflug zu machen, dann ist es ein Vergnügen, unsere Lebenswelt innerhalb der Stadt auf diese Weise von außen zu betrachten. Mein Bruder und ich versuchten stets sehr aufgeregt herauszufinden, wenn wir uns vor nunmehr vierzig Jahren auf einem der Schiffe von den Inseln nach Karaköy der Anlegestelle näherten, wer von uns beiden zuerst die hohen Apartmenthäuser unseres Viertels entdecken und die Fenster unserer Wohnung erkennen würde. Doch wenn wir vom oberen Deck irgendwo neben der Kommandobrücke Ausschau hielten, um die bekannten Straßen, »hohen Gebäude« und großen Reklametafeln besser sehen zu können, dann war der erste Blick immer eine Enttäuschung. Die Straßen, in denen sich unser ganzes Leben abspielte, die hohen Gebäude, deren Konturen unauslöschlich in unser Gedächtnis eingeprägt waren, und die Reklametafeln, die wir tagsüber immer wieder mit halbem Verstand gelesen hatten, schienen aus diesem beweglichen Blickwinkel vom Meer her gesehen nicht nur weit weniger bedeutend, sondern auch viel gewöhnlicher zu sein. Auf die kindliche Freude, die eigene Straße, das eigene Haus von weitem sehen zu können (eine Freude, die ich mir noch immer bei jeder Dampferfahrt in Istanbul erhoffe!), fiel unerwartet der dunkle Schatten einer Erkenntnis auf unser Gemüt: Wie Millionen von Fenstern und Hunderttausende von Gebäuden in der Stadt einander gleich waren, so glich auch unser Leben dem all der anderen Menschen hier.

Und wie wir durch den Blick vom Schiff auf die Stadt unsere Ähnlichkeit mit den anderen Menschen zu spüren bekamen, so spürten wir durch den Blick aus einem der sich durchweg ähnelnden Fenster der Stadt hinaus auf die Schiffe das Umgekehrte: den Wunsch, anders als die anderen und unvergleichlich zu sein. Es waren die auf den Wasserwegen mitten in der Stadt fahrenden Liniendampfer, die uns fühlen ließen, was Unabhängigkeit ist. Meine Onkel und mein Vater wussten die Namen und die Nummern von jedem dieser rund vierzig Schiffe, die einander sehr ähnlich waren, und erkannten sie an ihren Silhouetten, auch wenn sie noch weit entfernt waren. Bei einigen war der Schornstein etwas länger als bei anderen oder etwas mehr geneigt, bei einigen war die Kommandobrücke etwas höher, bei anderen etwas kürzer und gedrungener, einige hatten einen höheren Bug, oder aber das Heck war etwas breiter. Wenn mein Vater einen noch weit entfernten Bosporusdampfer sofort an seiner Silhouette erkannte und dessen Namen und Nummer nannte, dann fragten wir ihn einmal mehr nach dem Geheimnis dieser Fähigkeit und begriffen auch, wie schwer es war, all diese kleinen Unterschiede zwischen den Schiffen lernen zu können. Mein Vater und meine Onkel betrachteten jeweils eins der Schiffe sozusagen als ihr eigenes, freuten sich jedesmal, als hätten sie eine Glückszahl gezogen, wenn sie es auf dem Bosporus sahen, erklärten uns Kindern seine Geschichte, seine Besonderheiten und die Gründe für seine elegante Erscheinung. Konnten wir die feine Linie des Schornsteins und die Eleganz seines Neigungswinkels erkennen? Verstanden wir, warum es zum Ausgleich ein wenig

Schlagseite hatte, wenn es sich von der Strömung treiben ließ? Wenn das Schiff um Akıntıburnu herumfuhr und dabei sehr nahe an das Ufer kam, wo wir standen, dann winkten wir von dort dem Kapitän zu. Damals stand auf dem Felsvorsprung von Akıntıburnu ein Mann auf Posten, der den städtischen Liniendampfern mit roten und grünen Flaggen Signale gab.

Die Schornsteine der mit Kohle betriebenen Schiffe stießen dicke schwarze Rauchwolken aus. Dieser schwere, dunkle Rauch blieb an windstillen Tagen als langer Strich am Himmel hängen, der die vom Dampfer auf dem Bosporus gezogenen krummen Linien nachzeichnete. Als ich mir in meinen Kinder- und Jugendjahren noch wünschte, Maler zu werden, hatte ich großen Spaß daran, auf meinen bereits fertigen Bosporusaquarellen noch die sich über den ganzen Himmel hinziehenden Rauchschwaden hinzuzufügen.

Mein Bruder und ich nahmen uns Vater und Onkel zum Vorbild und ernannten je einen der Bosporusdampfer zu unserem eigenen. Diese Schiffe, über die wir Kinder uns freuten, wenn wir sie sahen, und über die wir uns gegenseitig berichteten, sind ungefähr so alt wie wir und fahren seit den fünfziger Jahren immer noch zwischen dem Bosporus und den Inseln hin und her. »Mein Schiff«, die *Paşabahçe*, war mit zwei Schwestern aus Liverpool gekommen und unterschied sich von ihnen durch einen flacheren Schornstein, und an einem Sommerabend 1958 ließ der Kapitän auf Bitten meines Onkels nur ganz allein für mich zweimal das Signalhorn tuten, während der Dampfer an unserem Haus auf Heybeliada vorbeifuhr. Der Onkel hatte einen Tag zuvor mit dem Kapitän gesprochen, dessen Zusage erhalten und mir dann Bescheid gegeben, und so wartete ich den ganzen Tag sehnsüchtig darauf, dass der Abend kommen und die *Paşabahçe* vor unserem Haus vorbeigleiten würde. Als ich nun gegen Ende des Sommers in der frühen Dunkelheit sah, wie das hellbeleuchtete Schiff hinter den Pinien und der gegenüberliegenden Insel hervorkam, wurde ich ganz ungeduldig, rannte in Richtung Meer und wartete zitternd auf dem höchsten Punkt der Gartentreppe. Ich werde den Augenblick, in dem der Dampfer zweimal für mich das Horn tuten ließ, als er genau auf der von mir erwarteten Stelle zwischen den beiden Inseln war, niemals mehr vergessen. Ich horchte in der windstillen Nacht auf den tiefen Ton aus dem Innern des Schiffes, der von den Inseln, den Hügeln widerhallte, horchte auf die folgende Lautlosigkeit, spürte auf einmal traumhaft in mir die ganze Natur und alle Welt und hörte dann die lauten Zurufe und den Beifall, mit dem mich meine ganze Familie (Großmutter, Onkel, Mutter, Vater u. a.), die etwa zwanzig Meter entfernt unter den Bäumen vor der Küche beim Abendessen versammelt war, zu dem Gruß vom Schiff her beglückwünschte.

Obwohl die *Paşabahçe* seit fünfzig Jahren immer noch zwischen den beiden Ufern der Stadt und den Inseln hin- und herfährt, schwindet langsam das Gefühl von der Beständigkeit und der Eleganz der Bosporusdampfer. Viele der Anlegestellen am Bosporus wurden geschlossen, manche in Restaurants verwandelt, andere mitleidlos abgerissen. Fast alle der Schiffe aus den vierziger Jahren, die Vater und Onkel sofort erkannt hatten, sind, abgesehen von ganz wenigen, die als Touristenlokale weiterleben, abgewrackt, verschrottet und verschwunden. Doch immer noch sind einige der alten Schiffe auf dem Bosporus zu sehen, immer noch sitzen die Reisenden draußen und betrachten die einzelnen Häuser von Istanbul, oder sie steigen hoch aufs Deck, um die würzige Bosporusluft zu schnuppern, und immer noch gibt es Hunderttausende von Menschen, die auf dem Schiff ihren Tee trinken und ihre Zeitung lesen, während sie zur Arbeit fahren. Vor dem Fenster meines Büros, in dem ich diesen Aufsatz schreibe, ziehen die Bosporusdampfer vorbei, und hinter ihrem Heck wird das Gewirr weißer Tupfen sichtbar, die ich besonders an den Wintertagen liebe. Es sind Möwen, die auf meisterliche Weise die ihnen zugeworfenen Brot- oder Sesamkringelbrocken mitten im Flug schnappen. Und im Winter wirft immer irgend jemand auf den Dampfern den Möwen Brot zu. Was verlorengeht, ist die Beziehung der Schiffe zu einzelnen Menschen; die Fähigkeit der Menschen, sich mit den Schiffen zu identifizieren, sie mit Namen und Nummer zu kennen und sie nicht wie irgendeine Sache, sondern wie einen Charakter zu behandeln. Wenn früher einer der drei Deck hohen städtischen Dampfer an den Ufervillen vorbeifuhr, dann gab es einen Moment, in dem sich der Kapitän einer träumerischen Hausfrau, die im dritten Stock ihres Hauses den Tisch deckte, Auge in Auge gegenübersah. Heute aber schauen die Reisenden in den aus Norwegen eingeführten und im Innern einem laut- und luftarmen Kinosaal gleichenden Katamaranen nicht zum Fenster hinaus, sondern drinnen auf den Fernseher.

Ich liebe die Bosporusdampfer am meisten, wenn sie nachts an einem Steg anlegen und ruhen. Falls wir dann in einem Lokal nahe der Anlegestelle sitzen, steckt das Schiff seine lange, hohe Nase wie ein neugieriger, autoritärer Vater in die Gespräche an unserem gedeckten Tisch, und hin und wieder werfen wir einen Blick aus dem Augenwinkel zu ihm hin und denken daran. Unterdessen raucht der Kapitän eine Zigarette in seiner Kajüte, und die Matrosen schrubben das Deck. Wenn es sehr spät und das Wetter sehr warm ist, schläft ein Matrose im Pyjama auf einer der Bänke am Rand des Anlegesteges, über den tagsüber Tausende von Menschen gelaufen sind, ein anderer sitzt auf der Bank gegenüber, schaut hinaus auf den dunklen Bosporus und raucht vor sich hin. Das an dem Steg vertäute Schiff gleicht in der Stille dieser Nachtstunde einem schönen Menschen, der sich ausruht.

Amerika

Meine ersten Begegnungen mit Amerikanern

Meine ersten Begegnungen mit Amerikanern waren voll kindlicher Unschuld und trugen doch schon den Keim zwiespältiger Gefühle und Eifersüchteleien in sich.

Als wir 1961 wegen der Arbeit meines Vaters für eine Weile nach Ankara zogen, lebten wir in einer teuren Wohnung gegenüber vom schönsten Park der Stadt, in dessen künstlichem See sich zwei Schwäne langweilten. In der Etage über uns hörten wir die Amerikaner, die in der Garage einen blauen Chevrolet stehen hatten. Denen galt unser Augenmerk.

Ihnen selbst allerdings, nicht der amerikanischen Kultur als solcher. Ob die Filme, die wir sonntags zusammen mit vielen anderen Kindern in der billigen Mittagsvorstellung sahen, nun amerikanisch oder etwa französisch waren, merkten wir nicht einmal. Wir ließen einfach die westliche Zivilisation untertitelt auf uns einwirken.

Die vielen Amerikaner, die damals in jenem neuen, wohlhabenden Viertel Ankaras wohnten, machten uns allein schon durch das neugierig, was sie auf der Straße so alles konsumierten und wegwarfen. Das Interessanteste daran, also das interessanteste Amerikanische überhaupt, waren leere Coca-Cola-Dosen, »Kuka«, wie wir sie nannten. Die sammelten wir, fischten sie auch aus Mülleimern heraus, und manchmal traten wir sie wütend platt. Vielleicht waren auch Dosen anderer Marken dabei oder sogar Bierdosen. Wir spielten damit Spiele wie Kuka-Verstecken, schnitten aus den Dosen kleine Blechschilder aus und benutzten die Dosenverschlüsse als Geldersatz, aber dass ich einmal eine Cola oder sonst irgend etwas aus so einer Dose getrunken hätte, das kam nie vor.

In einem der modernen Hochhäuser, in deren Mülltonnen wir unsere Kukas fanden, wohnte eine junge Amerikanerin, die es uns allen wegen ihrer Schönheit angetan hatte. Ihr Mann holte eines Tages sein Auto aus der Garage und unterbrach damit unser Fußballspiel. Er fuhr langsam an uns vorbei und sandte dabei zu seiner im Nachthemd auf dem Balkon stehenden wunderschönen Frau, die ihm nachwinkte, einen Luftkuss hinauf, wie man ihn sonst nur in Filmen zu sehen bekam. Wir bekamen den Mund gar nicht mehr zu. Die Erwachsenen, die wir kannten, hätten nie und nimmer – auch wenn sie sich noch so liebten – ihr Glück und ihre Intimität so freizügig zur Schau gestellt.

An all die besonderen Dinge, die die Amerikaner besaßen, kam nur heran, wer Beziehungen zu ihnen hatte. Sie stammten aus einem großen Laden namens Afex, den Türken nicht betreten durften. Bluejeans, Kaugummi, All-Star-Sportschuhe, die neuesten LPs aus den USA, die seltsame halb süße, halb salzige Schokolade, von der einem schlecht wurde, bunte Haarspangen, Babymilch, Spielzeug. In manchen Geschäften Ankaras wurden zu überhöhten Preisen Sachen verkauft, die irgend jemand aus dem Afex herausgeschmuggelt hatte. Mein Bruder und ich sparten immer so lange, bis wir in einem Laden amerikanische Murmeln aus weißem Porzellan kaufen konnten, die sich neben unseren einheimischen Glas- und Micamurmeln wie Juwelen ausnahmen.

Der Junge im Stockwerk über uns, der jeden Tag mit genau so einem orangefarbenen Schulbus zur Schule fuhr, wie ich ihn später in einem Film über das Leben in Amerika sehen sollte, hatte auch solche Porzellanmurmeln, wie wir eines Tages bemerkten. Es war ein einsamer Junge in unserem Alter, mit amerikanisch kurzgeschorenen Haaren. Höchstwahrscheinlich hatte er uns und unsere Freunde im Hof mit Murmeln spielen sehen und sich daraufhin im Afex Hunderte davon gekauft. Während jeder von uns vielleicht vier oder fünf amerikanische Murmeln besaß, kam es uns so vor, als hätte der Junge Tausende, denn wenn er sie oben in seiner Wohnung auf den Boden schüttete, hörte sich das bei uns unten so dröhnend an, als würde ein ganzer Sack ausgeleert, und mein Bruder und ich wurden grün vor Neid.

Die Nachricht von dieser unglaublichen Fülle sprach sich unter unseren Freunden schnell herum. Immer wieder stellten sich ein paar

Jungen unter sein Fenster und riefen »Hey, boy!« zu ihm hinauf. Wenn sie nur lange genug plärrten, trat irgendwann einmal der Junge auf den Balkon hinaus, warf in einer wütenden Geste eine Handvoll Murmeln hinunter, sah dann noch kurz zu, wie die Kinder drunten sich darum prügelten, und verschwand wieder. Ein einsamer, zorniger König, der Gold unters Volk wirft! Manchmal zeigte er sich den ganzen Tag nicht auf dem Balkon, dann hieß es wieder, der königliche Bus habe ihn gerade von der Schule heimgebracht oder er sei mit seinen Eltern irgendwohin gefahren. Hin und wieder warf er nicht eine ganze Handvoll, sondern lediglich einzelne Murmeln herunter, um die meine Freunde sich dann balgten.

Eines Nachmittags ließ der König Murmeln auf unseren Balkon herunterregnen. Einige sprangen nur auf unserem Balkon auf und flogen in den Hof hinab. Mein Bruder und ich konnten uns nicht beherrschen, wir stürzten auf den Balkon hinaus und sammelten die Murmeln auf. Der Murmelregen wurde noch heftiger, und mein Bruder und ich schubsten und stritten uns.

»Was ist denn da los?!« Meine Mutter stand in der Balkontür. »Macht, dass ihr reinkommt!«

Wir schlossen die Balkontür und sahen uns von drinnen traurig und beschämt den allmählich nachlassenden Murmelregen an. Als dem König klar wurde, dass wir nicht mehr auf den Balkon herauskommen würden, schüttete er in seinem Zimmer Hunderte von Murmeln auf den Boden; ein Geräusch, das uns schier wahnsinnig machte. In einem unbemerkten Augenblick schlichen wir uns schuldbewusst auf den Balkon hinaus, klaubten die liegengebliebenen Murmeln auf und teilten sie freudlos unter uns auf.

Als am nächsten Tag der König wieder auf seinem Balkon erschien, riefen wir zu ihm hinauf, was unsere Mutter uns geraten hatte: »Hey, boy, do you want to exchange?«

Wir hielten ihm unsere Glas- und Micamurmeln hin. Fünf Minuten später klingelte er bei uns. Wir gaben ihm ein paar von unseren Murmeln und er uns eine Handvoll seiner wertvollen amerikanischen. Schweigend vollzogen wir den Tausch. Dann nannte er seinen Namen und wir die unseren.

Noch mehr als der Gewinn, den uns dieser Tausch brachte, beeindruckte uns, dass der Junge Bobby hieß, dass er schmale blaue Augen hatte und dass seine Knie vom Spielen genauso dreckig waren wie unsere. Aufgeregt eilte er wieder hinauf in seine Wohnung.

Ansichten aus der Hauptstadt der Welt

Ankunft in New York

Ein Freund holte mich mit seinem Wagen vom Flughafen Kennedy ab. Auf dem Weg nach Brooklyn verloren wir uns in den Umgehungsstraßen: Armenviertel, Lagerhäuser, Backsteinbauten, alte Tankstellen, seelenlose Apartmenthäuser ... Dazwischen tauchte zwar immer wieder die Silhouette von Manhattan auf, doch dies alles entsprach nicht dem Bild, das ich mir von New York gemacht hatte. So stand es für mich sehr rasch fest – Brooklyn war nicht New York. Ich stellte meinen Koffer in der Wohnung meines Freundes ab, die in einem Brooklyner Brownstone lag, wir tranken einen Tee und rauchten eine Zigarette. Und auch während ich durch die kleine Wohnung wanderte, dachte ich, dies hier könne noch nicht New York sein. Das Wesentliche, der eigentliche Ort, der Traum, der lag ein wenig weiter entfernt auf der anderen Seite der Brücke.

Eine Stunde später ging am Ende eines langen Tages die Sonne unter. Wir fuhren über die Brücke, die Brooklyn und Manhattan verbindet. Wenn es schablonenhafte Silhouetten von Städten gibt, die trotz allem höchst lebendig sind, so war es die von New York, wie ich sie jetzt hier vor mir sah ... Ich hatte in Istanbul gerade einen neuen Roman abgeschlossen, es gab viel zu erledigen, ich war erschöpft, hatte vierzig Stunden nicht geschlafen, doch meine Augen waren hellwach, weit offen. Mir war, als würde plötzlich ein Schlüssel erscheinen in einem Winkel zwischen den Schatten der Megasilhouette, in die wir eingetaucht waren, ein Schlüssel nicht nur zu allem, was auf der Welt geschah, sondern auch zu dem eigentlichen Wesen meiner seit Jahren gehegten Traumvorstellungen. Vielleicht erwecken alle großen Städte eine solche Illusion in uns Menschen.

Zu Anfang unserer Fahrt durch Manhattans große und kleinere Straßen versuchte ich, meine Vorstellungen mit dem zu vergleichen, was ich sah. Ich wollte wissen, was hinter den vollen Straßen, hinter den Gehsteigen steckte, auf denen die Menschen ruhig wie in einem friedlichen Traum entlanggingen, hinter den ganz gewöhnlichen Lichtern eines Sommerabends ... Als mein Freund, müde von der Fahrerei kreuz und quer durch die Stadt, meinte, wir sollten uns irgendwo hinsetzen, musste ich ihm recht geben: Meine Augen wollten nicht satt werden, weil sie einfach nicht fähig waren, dem Mysterium, dem eigentlichen Wesen hinter all dem Erblickten nahezukommen, von dem Menschen mit zuviel Phantasie glauben, sie könnten es eines Tages entschlüsseln. Ich beschloss, bescheiden zu sein: Nur mit Geduld und Ergebenheit konnte ich dem Mysterium von New York auf die Spur kommen, über die normalen Gehsteige, die bekannten Straßenlampen an den Ecken, die kleinen Läden in den Außenvierteln, die einfachen Hamburgerbuden. Wenn sie existierte, diese große und allgemeine, in meinen Träumen ersonnene Bedeutung, dann würde ich sie nicht aus einem Winkel zwischen den Schatten der Wolkenkratzer, sondern nur aus den geduldig zu sammelnden kleinen Beobachtungen erfahren.

So begannen meine seit Stunden mit Schauen beschäftigten Augen zu sehen. Ich erkannte die Farben der Schläuche und Messanzeiger an den Zapfsäulen der Tankstellen; sah die schmutzigen Lappen in den Händen der Kinder, die beim Anhalten der Autos vor den Verkehrsampeln auf die Straße stürzten, um die Scheiben zu putzen; sah die Laufschuhe der Männer in Shorts und die von einem metallischen Blau erleuchteten Kästen in den Telefonzellen, Mauern, Ziegel, riesige Glasflächen, Hydranten, Barbeleuchtungen, Zebrastreifen, Coca-Cola- und Marlboro-Reklamen, beschriftete Mauern, Bäume, Hunde, gelbe Taxis, Delikatessengeschäfte ... Als ob, was ich sah, ein mit feiner Sorgfalt zusammengestelltes Panorama aus Hydranten, Müllcontainern, Ziegelmauern und zerquetschten Bierdosen sei. Ich spürte, dass auch die Straßen, die Viertel, die Lokale, in denen wir saßen und Bier oder Kaffee tranken, in liebevoller Absicht demselben Traum dienten.

Den Gedanken an die Menschen vergaß ich dabei keineswegs. Der Halbwüchsige in der Lederjacke mit dem kahlgeschorenen Kopf, auf dem verloren ein lila Haarbüschel stand, das Mädchen und die außerordentlich dicke Frau, jener Mann im feinen Anzug, der mit raschen Schritten auf mich zukam, der Schwarze mit einem riesengroßen Transistorradio in der Hand, die blasse, langbeinige Frau, die von Kassettenrekorder, Kopfhörer und Hund begleitet joggte – auch sie belebten die Gehsteige in dieser traumhaften Absicht.

Als sich die Frau meines Freundes, die erst spät von der Arbeit kam, zu uns gesellte, ließen wir uns an einem der bis auf den Gehsteig hinausdrängenden, dichtbesetzten Tische eines Cafés nieder. Da sie mich nach der Türkei fragten, murmelte ich zuerst etwas vor mich hin, doch sie waren neugierig, also erzählte ich. Und so wollte ich glauben, an diesem heißen Sommerabend nicht an einer schemenhaften Vorstellung voller Stimmen und Bewegungen teilzunehmen, sondern unter Menschen aus Fleisch und Blut an dem eigenständigen Dasein einer sich bis an ihre Grenzen dehnenden Stadt. Die Straßen, deren Kreuzungen ich wenig später an einem bestimmten Merkmal, einer bestimmten Beleuchtung sehr gut erkennen sollte, wandelten sich, wie ich spürte, ganz allmählich von einem Traumdekor in wirkliche Asphaltstraßen. Welches das wirkliche New York war, konnte niemand sagen.

Einige traumhafte Eindrücke blieben mir dennoch unvergessen: Die Platte des dreibeinigen Tisches, an dem wir auf dem Gehsteig saßen, war aus weißem Resopal. Darauf standen eine grünliche Bierflasche und unsere cremefarbenen Kaffeetassen. Der breite Rücken einer Frau im grünen Pullover am Tisch neben uns versperrte den Ausblick auf den sich lang hinziehenden Bürgersteig. Das blasse, rötlichgelbe Licht aus den Fenstern der Brownstones ließ ihre von der Dunkelheit aufgesogenen Fassaden tiefblau erscheinen. Da die Straße schmal war, blieb das Licht der Lampe vom gegenüberliegenden Gehsteig in den Blättern des Baumes auf unserer Seite hängen. Hin und wieder sah ich die Reflexion dieses weißlichen Lichtscheins über die riesigen stillen Wagen huschen, die entlang des Bordsteins parkten.

Als das Café zu später Stunde schloss und die Tische auf dem Gehsteig verlassen waren, fragte mich mein Freund gähnend, ob ich meine Uhr auf New Yorker Zeit umgestellt hätte. Ich sagte ihm, meine fünfzehn Jahre alte Uhr sei im Flugzeug kaputtgegangen, nahm sie vom Handgelenk, zeigte sie ihm und trug sie nie wieder.

TV-Krimiserien verfolgende Polizisten

»Seht mal, Leute, meine neue Uhr«, sagte einer der Polizisten. Er hielt sein Handgelenk hoch. Wir waren drei Personen auf dem Rücksitz des Wagens. Ich saß am rechten Fenster, neben mir saßen zwei weitere Beamte in Zivil.

»Wo hast du sie gekauft?« fragte der neben mir Sitzende.

»Für acht Dollar am Straßenrand«, antwortete der vordere Polizist.

»In vierundzwanzig Stunden bleibt sie stehen«, sagte der andere.

»Ist schon zwei Tage her«, meinte der auf dem Vordersitz.

Wir fuhren in Richtung Süden über den Westside Highway am Hudson entlang zum Gerichtsgebäude. Ich war vor einem Monat bestohlen worden. Die Diebe hatten sich auf stümperhafte Weise erwischen lassen. Ich hatte sie identifiziert, und nachdem sie auch noch andere Diebstähle gestanden hatten, war ich als Zeuge vor Gericht geladen worden. Da die Staatsanwältin bei unserem Telefongespräch am Vortag begriffen hatte, dass ich wenig geneigt war, als Zeuge aufzutreten, und mich davor zu drücken versuchte, hatte sie erklärt, ein Polizeiwagen würde am Morgen kommen und mich zur Gerichtsverhandlung bringen. Auch diese Beamten würden als Zeugen aussagen. Die jungen Amateurdiebe waren von ihnen erwischt worden, als sie nach der Tat zwei Straßen weiter auf das nächste Opfer warteten.

Während wir uns in den Stadtverkehr einreihten, sprachen die Polizisten über eine Krimiserie im Fernsehen. Aus ihrem Gespräch erfuhr ich, dass die Helden der Serie wie sie selbst Polizeibeamte in New York waren, in den gleichen blauweißen Autos mit Sirenen herumfuhren wie wir jetzt, und ins Schwitzen gerieten, während sie Gangster und Drogendealer fertigmachten. Genau wie die Provinzmädchen und verträumten Hausfrauen des 19. Jahrhunderts, die sich mit den Protagonistinnen ihrer Romanlektüre identifizierten, so versetzten sich diese Polizisten in die Rolle ihrer Kollegen in der Krimiserie und diskutierten das Geschehen. Ihre Sprache ähnelte allerdings kaum jener der Serienpolizisten: Die meisten ihrer wüsten Flüche hörte ich zum erstenmal.

Als wir nach der Fahrt durch Chinatown das Gerichtsgebäude erreichten, gingen wir auf eine weitere jener langen Fahrstuhlreisen. Dann führten sie mich zum Büro der Staatsanwältin. Sie ähnelte weniger einer Staatsanwältin als vielmehr einer lieben, netten Kameradin aus dem Lyzeum, mit der man Geheimnisse teilen konnte. Nach einigen hastigen Erklärungen für mich sprang sie auf, lief weg und sagte: »Ich komme sofort wieder!«

Auf ihrem Tisch lagen Papiere, vertreib dir die Zeit und lies sie, sagte ich mir – es war das Geständnis der Schwarzen, die mich bestohlen hatten. Dass ihre auf mich gerichtete Pistole nicht echt gewesen war, hatte ich ohnehin verstanden. Trotzdem, etwas verärgert war ich schon. Ihre Bezeichnung für mich war so etwas wie »weißer Kerl«. Meine zwanzig Dollars hatten sie für Kokain ausgegeben, hatten sofort Crack gekauft. Es war wohl nicht ganz korrekt, die Papiere zu lesen, dachte ich und legte sie zurück auf den Tisch, dann blätterte ich in einem dicken Buch, das daneben lag, und las: *Handbuch des Staatsanwalts zur Befragung*. Es wurde erklärt, dass ein Verteidiger nicht schuldig wurde, wenn er mit einem Mörder gemeinsame Sache machte und der Polizei den Ort vorenthielt, an dem die Leiche vergraben war. Die junge Staatsanwältin kam zurück.

»Sie möchten wohl nicht gerne als Zeuge auftreten«, sagte sie.

Wir hatten ihr Zimmer verlassen und gingen den Gang entlang.

»Die armen Jungen«, bemerkte ich.

»Wer?«

»Die mich bestohlen haben. Wie viele Jahre können sie bekommen?«

»Die haben Ihnen doch zwanzig Dollar abgeknöpft«, meinte sie.

»Und wissen Sie, wofür sie das Geld ausgegeben haben?«

Wir fuhren mit dem Fahrstuhl hinunter, der Gerichtssaal befand sich in dem Wolkenkratzer auf der anderen Straßenseite. Die Staatsanwältin hielt ihre Akten an die Brust gepresst wie eine Collegestudentin ihre Lehrbücher, grüßte im Vorbeigehen andere junge Staatsanwälte und erzählte nebenher in nettem Plauderton: Sie komme aus Nevada, habe in Arkansas Meeresbiologie studiert, später jedoch begriffen, dass ihr dieser Beruf besser gefiel.

Als ich fragte: »Welcher Beruf?«, erklärte sie: »Jura«, den Mund zum Kreis gerundet.

Wir gingen auf eine weitere Fahrstuhlreise. Niemand sprach mit dem anderen, jeder blickte wartend auf die Zahlen an der Stirnseite der Kabine. Nach dem Aussteigen hielt mich die Staatsanwältin vor einer Bank auf dem Korridor zurück.

»Wenn der Richter Sie aufrufen lässt, schildern Sie ihm den Vorgang so, wie Sie ihn mir das letztemal geschildert haben«, sagte sie.

»Hoffentlich bin ich zum letztenmal hier!« meinte ich.

Sie ging. Ich dürfe den Gerichtssaal zunächst nicht betreten. So setzte ich mich auf die Bank und wartete. Kurz darauf kamen die Polizisten, die mich hergebracht hatten, betraten den Saal, kamen aber sehr bald wieder heraus und blieben ebenfalls wartend auf dem Gang stehen. Neugierig trat ich zu ihnen.

»Die Angeklagten sollen das Gebäude betreten haben, doch der Fahrstuhl scheint kaputt zu sein«, erklärte einer der Beamten.

»Ich würde gern wissen, warum sie alles zugegeben haben«, bemerkte ich.

»Weil sie anständig behandelt wurden von uns«, sagte einer der Polizisten, ein Mann mit einem dünnen Bärtchen.

»Trotzdem versteht man nicht, warum sie auch die anderen Delikte gestanden haben«, erklärte ich. »Bringt ihnen das nicht höhere Strafen ein? Wie viele Jahre bekommen sie?«

»Vier Jahre für jeden Diebstahl, achtundzwanzig zusammen.«

»Warum verteidigt so ein Mensch sich nicht?«

»Sieh mal, Bruder«, meinte, etwas nervös geworden, der Polizist mit der neuen Uhr, »wir haben ihnen nicht ein Härchen gekrümmt in der Nacht damals. Ich habe nichts gegessen an dem Abend, sie schon. Hast du verstanden?«

»Sie glauben, ich würde dem Richter ihre guten Vorsätze erklären, wenn sie alles zugeben, und der gibt ihnen dann eine mildere Strafe«, sagte er zu dem Blonden. »Sie meinen, der Richter sei mein Klassenkamerad.«

Sie lachten.

Der Besitzer der neuen Uhr wies auf den Blonden: »Er macht die Vernehmungen. Er weiß, wie man jemanden mit guter Behandlung zum Reden bringt.«

»Ich bin ein Freund für sie«, erklärte der blonde Polizist.

Und wieder lachten sie. Ich wandte mich ab und setzte mich auf die Bank. Die Polizisten betraten den Gerichtssaal. Es musste viel Zeit vergangen sein, die Sonne beschien die Bank am Rand, ich war verschwitzt. So stand ich auf und ging den unglaublich leeren und langen Korridor auf und ab. Dann blieb ich stehen und betrachtete die Silhouette von New York. Mir war, als ob alles, was ich sah, alle Wolkenkratzer, alle Reklamen, auf einmal in sich zusammenfallen könnten. Lange danach kam die Staatsanwältin.

»Sie sind hiergeblieben, nicht wahr?« meinte sie. »Der Fahrstuhl soll kaputt sein, die Angeklagten kommen über die Treppen hoch. Wir warten.«

Kurz darauf erschienen die Polizisten wieder. Sie unterhielten sich. Unfreiwillig hörte ich von weitem zu. Einer ihrer Kollegen war an seinem freien Tag vor seinem Haus Zeuge eines Überfalls geworden, hatte seine Waffe gezogen und auf den flüchtenden Täter geschossen. Da man wusste, wo er wohnte, bekam er Drohanrufe und war schließlich in ein anderes Viertel gezogen. Während sie noch über andere Dinge sprachen und dabei lachten, gingen sie an mir vorbei in den Gerichtssaal. Lange Zeit kam niemand heraus. Und weil es vollkommen still war auf dem Gang, dachte ich, man habe mich vergessen. Der Marmorboden reflektierte das Bild der Deckenlampen, leeren Stühle und Bänke des Korridors. Allmählich begann ich wieder zu schwitzen. Etwas später kam die Staatsanwältin zurück.

»Sie sind ins Gerichtsgebäude gekommen, aber nicht aufzufinden.«

»Kommen sie nicht über die Treppen hoch?«

»Wir warten.«

Sie ging. Ich schaute auf ihre Stöckelschuhe, die im Gehen auf dem Marmor klapperten. Ihr Gang hatte Ähnlichkeit mit der Bewegung einer Hand, deren Finger die Schritte einer Person imitierten. Sie verschwand im Gerichtssaal. Während des Wartens wollte ich, warum auch immer, nicht mehr auf die Uhr schauen und blieb schwitzend und ohne mich zu rühren auf der Bank sitzen – wie lange, würde ich niemals herausbekommen. Ich glaubte, die neue Uhr des Polizeibeamten müsse kaputt sein, stand auf und blickte auf die Silhouette von New York, von der Rauch aufzusteigen schien, und ich wünschte, aus den Wolken einen Sinn herauslesen zu können. Die Staatsanwältin kam lange danach zurück, nachdem ich alles vergessen hatte.

Sie sagte: »Die Angeklagten sind im Gebäude verlorengegangen. Der Richter hat die Verhandlung vertagt, da sie nirgends zu finden sind. Sie können gehen.«

Als ich nach der langen Fahrstuhlreise auf die Straße kam, beschloss ich, mir das Gesicht zu waschen. Der Kellner in dem Lokal, das ich betrat, erklärte: »Das Klo ist für Gäste. Sie müssen schon Platz nehmen.«

»Einen Hamburger«, sagte ich, ohne mich zu setzen.

»Einfach?«

»Ja.«

Ich ging ins Klo und wusch mir das Gesicht.

Schöne Aussichten und Gebäck ohne Duft

Als ich sagte, das Gebäck und die verschiedenen Kuchensorten, die man kauft, hätten zu Hause kein Aroma mehr, lachten sie mich aus. Wir tranken Tee an einem dunklen, verregneten Samstag nachmittag und überlegten, ob wir abends an einer Party für Professoren und Studenten der Columbia University teilnehmen sollten oder nicht. Sie klärten mich auf: Was die Bäckereien so duften ließ, dass wir das ganze Backwerk beim Betreten des Ladens sofort kaufen wollten, dieser wunderbar weiche, lauwarme, appetitanregende Backduft sei künstlich und werde über spezielle Anlagen in den Laden gepumpt. Die meisten dieser Gebäck verkaufenden Geschäfte, nach deren Ware man, vom Aroma verführt, nur allzugern die Finger ausstrecken wolle, hätten nicht einmal einen eigenen Backofen. Man könnte es mit einem älteren Ausdruck »Ernüchterung« nennen, überdies verstärkt durch ein Gefühl der Geschmacklosigkeit. Es könnte einem, offen gesagt, höchstens ein leichtes Lächeln entlocken.

Wie sehr dieser lächerliche, fehlende Geschmack dem täglichen Leben in New York anhaftet, wird man so lange spüren, bis man sich ganz eingelebt hat. Besteht der Hamburger in meiner Hand aus richtigem Hackfleisch oder aus Sojabohnen, sind diese Nelken in den Marmorgefäßen, die von prächtigen Springbrunnen besprüht werden, eigentlich nur aus Plastik, ist dieser Fotoapparat, der im Zeitungsinserat so billig angepriesen wird, derselbe, den ich mir kaufen möchte? Wenn man eine Betonwand rot anstreicht und Ziegel daraufmalt, dann werden wir das vielleicht nicht so tragisch nehmen: Da wir uns noch gut an echte Backsteinmauern erinnern und die meisten von uns wissen, wie Ziegelsteine aufgeschichtet werden, ist die eine Backsteinmauer imitierende Betonwand nur ein Scherz, der uns nicht weiter beunruhigt. Doch was, wenn man feststellt, dass nun auch die unmöglichsten Dinge an riesigen Bauten imitiert werden? Jene Architektur, die derzeit in New York wie Pilze aus der Erde schießt und auf prätentiöse Weise »postmodern« genannt wird, ist von dieser Art. Und in den Entwürfen dieser Gebäude betonen die Architekten den Eindruck der Imitation: Mir scheint, diese Bauten mit Glasfronten von unglaublichen Ausmaßen und mittelalterlich anmutenden Windungen und Bögen erheben keinerlei Anspruch darauf, irgend etwas darzustellen. Oder sie wollen uns mit ihrem Aussehen zu der Annahme verleiten, sie könnten etwas anderes sein, als sie sind.

Merkwürdig an der Sache ist nur, dass all die Reklamen, Radiosprüche, Riesenposter und schönen TV-Mannequins sich scheinbar keinerlei Mühe geben, ihre Täuschungsmanöver zu verbergen, während sie täuschen. Man weiß, dass die Röte in der Eiscreme keine Erdbeeren sind, sondern nur rote Farbe, weiß, dass selbst die Autoren nicht an das Lob glauben, das die Rückseiten ihrer Bücher schmückt, dass die berühmte, seit vierzig Jahren im Rampenlicht stehende Schauspielerin längst nicht mehr jung und ihr Gesicht geliftet ist und dass Ronald Reagan seine Reden von anderen schreiben ließ. Doch ich glaube nicht, dass sich die große Mehrheit für diese kleinen Geheimnisse besonders interessiert. Der müde Bürger, der sorgenvoll die 5th Avenue entlangläuft, scheint zu denken: »Was kümmert's mich, ob diese Blume, die mir angenehm auffällt, aus Kunststoff oder echt ist? Ich mag ihren Anblick, er heitert mich auf, und das genügt.«

Jemand, der neu ist in New York, könnte daraus noch minder gute Schlüsse ziehen. Die Menschen werden mich doch nicht mit ihrem

Lächeln, ihren kurzen Fragen, ihren Gesten und ihrem Gehabe zu täuschen versuchen, so wie das Gebäck einen täuscht? Wollte der Mann, der mich plötzlich während einer der langen, für die New Yorker so gewohnten Fahrstuhlfahrten nach meinem Ergehen fragte, das wirklich wissen? Interessierte sich das Mädchen im Reisebüro nach der Erledigung meiner Buchung wahrhaftig für die Einzelheiten meines privaten Zeitvertreibs oder meinte sie, so tun zu müssen, als ob? Stellt man mir diese komischen Fragen über die Türkei nur so nebenbei, oder will man wirklich etwas darüber wissen? Warum lächeln sie mir so oft zu, warum entschuldigen sie sich so oft, warum verhalten sie sich so emotional?

Meine Freunde gaben mir nicht unbedingt recht, als ich ihnen an jenem verregneten Nachmittag dieses schale Gefühl schilderte, während wir das frisch im Laden erworbene Gebäck ohne Duft verzehrten. Ich käme aus einem Land, in dem man Richtig und Falsch, Gut und Böse, Echt und Unecht unnötigerweise und viel zu stark betont vergleiche. Und die Erwartungen, die ich an Freunde und Bekannte in einem kleinen Stadtviertel stellen könne, die stellte ich auch an irgendwelche unbekannte Unternehmen, an ferne, anonyme Einrichtungen, an Stimmen aus dem Fernsehen und an die sich in den Straßen grenzenlos ausbreitenden Werbeflächen. Dann kamen wir auf einen gemeinsamen Freund zu sprechen, über den wir unbarmherzig lachend herzogen.

Er hatte einen Doktortitel, war Fachmann auf seinem Gebiet, ein Bücherwurm, konnte sich gut äußern, hatte alle Bücher verschlungen und sich heißhungrig von hier nach da springend die neuesten Strömungen in Soziologie, Psychologie, Ästhetik und Philosophie einverleibt. Dass er besser war als so mancher der durchschnittlichen Dummköpfe, die in den umliegenden Universitäten unterrichteten, räumten wir ein, wenn auch mit einem schiefen Lächeln, doch er konnte einfach keine Arbeit finden. Dann erwähnten wir noch einmal, was seine Frau kummervoll erklärt hatte: Wer ihm riet, er müsse, um eine Anstellung zu finden, von Tür zu Tür gehen, sich bekannt machen, Bewerbungsbriefe schicken, dem antwortete er: »Ich gehe nicht zu denen, die sollen zu mir kommen.« Niemand besuchte ihn nun zu Hause, außer jenen Freunden, die ihm beizubringen versuchten, dass er seine Meinung ändern müsse. Auch die gaben schließlich auf und hüllten sich in ein achtungsvolles Schweigen, was ihm durchaus recht war.

Und so kamen wir wieder zurück auf das Thema, ob wir zu der Party in der Uni gehen sollten oder nicht. Wir wussten, dass wir sofort beim Eintreten in den hellerleuchteten Saal alle denselben faden Geschmack empfinden würden. Um uns der Menge anzupassen, würden auch wir am Eingang unsere Vor- und Zunamen auf ein übergroßes Namensschild schreiben und es uns an den Kragen heften. Das Licht im Saal würde so gelb wie Pommes frites leuchten. Ich sah die Gesichter von Menschen vor mir, die mit dem Getränk in der Hand die anderen im Saal hoffnungslos und doch verlangend musterten. Wir würden versuchen, uns selbst wie die in den Regalen eines Supermarkts aufgereihten Waren vorzustellen und zu diesem Zweck kurze Unterhaltungen führen: mit ausgetauschten offenen und verdeckten Hinweisen auf unsere Qualitäten, besonderen Eigenschaften, Interessengebiete, unsere Ausdrucksweise, Intelligenz, unseren Humor, unsere Flexibilität und unsere Allgemeinbildung. Und wie wir eine Flasche Shampoo danach einstufen, ob sie mit Ei oder Apfel versetzt ist, so würden wir einander zulächeln und beginnen, uns auf unsere Plätze innerhalb der Gesellschaftspyramide von New York zu begeben.

Auch die Mienen meiner Freunde, Mann und Frau, waren säuerlich verzogen, als ob sie so dächten wie ich. Doch andererseits hatten wir vorher lachend darüber gesprochen, dass die Supermärkte, die jede nur denkbare Ware feilboten, auch etwas Attraktives an sich hatten. Zehntausende von Etiketten, Zehntausende von Farben, Schachteln, Bildern, Buchstaben und Zahlen warten dort in den hellerleuchteten, fein duftenden, weiten Räumen darauf, von euren Augen erfasst zu werden.

Während man den Blick über Farben und Oberflächen wandern lässt, denkt man kaum daran, dass man betrogen werden könnte oder gerade getäuscht wird – man scheint jene alte Weisheit aus den Philosophiebüchern, den Unterschied zwischen Erscheinung und Wesen, vergessen zu haben. Man lässt sich von dem attraktiven Anblick des Einkaufsparadieses fesseln und sieht sich satt. Man lernt im Lauf der

Zeit, dass es nicht so wichtig ist, ob das Gebäck so duftet wie in der Bäckerei oder auch nicht.

Schließlich sagte die Frau meines Freundes: »Nun lasst uns schon hingehen. Dann treffen wir Leute.«

So beschlossen wir zu gehen.

Man kann vielleicht mit leeren Händen von den Partys oder aus den Supermärkten kommen, doch dass sich eure Augen in New York nicht satt sehen, ist einfach unmöglich.

Begegnung in der U-Bahn oder Der Verschollene

Ich rannte durch die Sperre und hastete die Treppen hinunter, doch umsonst. Die Türen waren schon geschlossen, die Waggons beschleunigten und fuhren davon. Da die U-Bahn in diesen Mittagsstunden nicht so häufig fuhr, setzte ich mich auf eine Bank, um auf den nächsten Zug zu warten. Es tat gut, auf dem leeren, kühlen Bahnsteig zu sitzen, denn draußen war es viel zu heiß und gleißend hell gewesen. Durch das breite, zum Bürgersteig auf dem Broadway hin offene Gitter sickerte ein angenehmes, mit Stäubchen durchsetztes Licht herunter. Ich begann, die auf dem Bahnsteig entlanggehenden Leute zu beobachten, die geistergleich durch dieses Dreieck glitten, das an die Sonnenbeleuchtung einer prähistorischen Höhle erinnerte. Inzwischen war ich der Unterhaltung eines Paares gefolgt, das neben mir Platz genommen hatte.

»Aber sie sind doch noch so klein«, sagte die Frau.

»Und wennschon«, meinte der Mann füßewippend. »Es ist Zeit, sie zuzudecken.«

»Es sind doch noch so winzige Babys«, erklärte sie in sanftem Ton.

Wahrscheinlich sah ich in diesem Moment das Gesicht, das sich durch das herabsickernde Sonnenlicht bewegte, nahm es aber nicht wahr. Als sich jedoch die Silhouette des Körpers unruhig an den Gleisen auf und ab bewegte, erkannte ich ihn. Er war mein Klassenkamerad aus dem Lyzeum, hatte zwei Jahre lang die Universität in Istanbul besucht, war ein bisschen ins Fahrwasser der Politik geraten und danach plötzlich verschwunden. Wir erfuhren später, dass er nach Amerika gegangen war. Es hieß, die reiche Familie habe den Sohn aus Angst vor den Folgen seiner politischen Tätigkeit dorthin geschickt, doch ich wusste, dass er nicht besonders reich war. Danach hörten wir – ich weiß nicht mehr, woher –, er sei umgekommen, bei einem Verkehrsunfall, einem Flugzeugunglück oder etwas dieser Art. Während ich sein Gesicht nicht besonders aufgeregt von der Seite her betrachtete, erinnerte ich mich daran, dass ein Bekannter in New York von einem Istanbuler gesprochen, seinen Namen genannt und gesagt hatte, er arbeitete in einem Elektrizitätswerk. Das war erst vor kurzem gewesen. Wobei mir, warum auch immer, nicht eingefallen war, dass ich von seinem Tod gehört hatte. Wäre es mir eingefallen, hätte ich mich vielleicht nicht darüber gewundert, sondern nur wie jetzt überlegt, welches der beiden Gerüchte wohl zutraf.

Als er sich zurückzog und an einen der riesigen Stahlträger lehnte, die den breiten Boulevard über uns trugen, stand ich auf und ging zu ihm hin.

Er war nicht erstaunt, als ich seinen Namen nannte.

»Yes?«

Er trug einen Schnurrbart nach türkischer Art, der jedoch in New York viel mehr dem eines Mexikaners ähnlich sieht.

»Kennst du mich noch?« fragte ich auf türkisch, sah aber sofort an seinem leeren Blick, dass er mich nicht erkannt hatte. Für ihn war ich dort zurückgeblieben, wo das Leben vor vierzehn Jahren unterbrochen worden war, sagte mir dieser leere Blick.

Erst als ich meinen Namen nannte, erinnerte er sich an mich. Und für einen Augenblick schien er in mir den zu sehen, der ich vor vierzehn Jahren gewesen war. Dann berichtete jeder von uns beiden, was inzwischen geschehen war, so als müssten wir einander erklären, warum wir uns ausgerechnet auf einer U-Bahn-Station unter der 116. Straße getroffen hatten. Er sei verheiratet, arbeite nicht in einem Elektrizitätswerk, sondern bei einer Telefongesellschaft, sei Ingenieur, seine Frau sei Amerikanerin, seine Wohnung liege etwas entfernt, in Brooklyn, gehöre aber ihm, erzählte er.

»Du schreibst also Romane, so ganz richtige, normale?« fragte er mich.

In diesem Moment fuhr – mit einer mich immer noch verblüffenden Lautstärke – ein Zug ein. Als sich die Türen öffneten und vorübergehend Stille herrschte, stellte er noch eine Frage.

»Ist die Bosporus-Brücke tatsächlich fertig geworden?«

Während wir den Wagen betraten, gab ich ihm lächelnd Antwort. Drinnen war es heiß und voll. Halbwüchsige, die aus Harlem, aus Queens kamen, Lateinamerikaner, Jugendliche mit leichten Sportschuhen, Arbeitslose ... Unsere Hände klammerten sich brüderlich Seite an Seite an einer der eisernen Stangen fest, die von der Decke bis zum Boden reichten, doch wir schauten einander wie Fremde an, während die Waggons lärmend rüttelten und wir hin und her geschüttelt wurden. In jener Zeit, in der ich ihn gekannt hatte, war nichts besonders auffällig gewesen an ihm, abgesehen davon, dass er keinen Knoblauch aß und die Fingernägel recht selten schnitt, was nur kleine Eigentümlichkeiten waren. Er sagte etwas zu mir, was ich durch den Lärm der Waggons nicht hören konnte. Als der Zug im Bahnhof der 109. Straße zum Stehen kam, verstand ich, was er gefragt hatte.

»Fahren auch Pferdewagen über die Bosporus-Brücke?«

Ich sagte wieder irgend etwas, doch diesmal ohne zu lächeln. Im Grunde genommen wunderte ich mich nicht über die Frage, die er gestellt hatte, sondern über die große Aufmerksamkeit, mit der er mir zuhörte: Durch das Dröhnen der Waggons kurz darauf musste es für ihn unmöglich sein, mich zu verstehen, doch er schaute mich an mit einem Ausdruck im Gesicht, als ob er mich immer noch hören und verstehen könnte. Als der Zug an der 103. Straße hielt, entstand ein nervöses Schweigen. Dann fragte er plötzlich zornig: »Hören sie immer noch die Telefone ab?« Danach stieß er ein wildes Lachen aus, das mich frösteln ließ, und er schrie: »Dumme Kerle!«

Anschließend begann er aufgeregt, etwas zu erzählen, doch das erbarmungslose Dröhnen des Zuges hatte wieder eingesetzt, und ich konnte ihn nicht verstehen. Sehen zu müssen, dass sich unsere an der Eisenstange nebeneinanderliegenden Hände und Finger ähnlich waren, gefiel mir nicht mehr. Er trug eine Uhr am Handgelenk, auf der man die verschiedenen Uhrzeiten von New York, London, Moskau, Dubai und Tokio auf einen Blick ablesen konnte.

Beim Halt an der 96. Straße wurde geschoben und gedrängelt. Auf dem Gleis gegenüber gab es einen Expresszug. Er fragte in aller Eile nach meiner Telefonnummer und verschwand dann in der Menschenmenge, die sich dicht an dicht hastig aneinander vorbeischob, um die Züge zu wechseln. Als der Express gleichzeitig mit meinem Zug abfuhr, erkannte ich im Licht des langsam an uns vorbeifahrenden Wagens seinen neugierig-misstrauischen, herablassenden Blick.

Ich dachte schon, er habe meine Telefonnummer vergessen, und war zufrieden, dass er mich nicht anrief, als er sich einen Monat darauf um Mitternacht meldete. Er überschüttete mich mit irritierenden Fragen: Ob ich Amerikaner werden wolle, was ich denn in New York verloren hätte, ob ich den Anlass für den letzten Mafia-Mord kennte, ob ich wüsste, warum an der Wall Street die Aktien der Telefon- und Elektrizitätsgesellschaften gefallen waren. Meinen Antworten auf diesen Platzregen von Fragen hörte er aufmerksam zu und beschuldigte mich hin und wieder der Inkonsequenz, wie ein Polizist, der in der Aussage des Verdächtigen nach Widersprüchen fahndet.

Als er nach zehn Tagen wieder anrief, war es noch später, und er war noch betrunkener. Er erzählte mir lang und breit die Geschichte des KGB-Agenten Antoni Zurlinsky, der in Amerika um Asyl gebeten hatte: Er habe später aus den Zeitungen erfahren, in welchen Gebäuden der 42. Straße sich der KGB-Mann mit den CIA-Agenten gtroffen hatte, habe selbst an Ort und Stelle Nachforschungen angestellt, habe sich deswegen sogar bei einem Friseur den Bart abrasieren lassen und sei dem Spion bei kleinen Lügen auf die Schliche gekommen. Als ich, wie er es bei mir getan hatte, in seiner Geschichte nach Widersprüchen zu suchen begann, wurde er wütend. Er fragte, was ich in New York suchte, machte sich lustig über die Bosporus-Brücke, lachte schrill und nervös und legte auf.

Als er mich kurz darauf wieder anrief, stritt er sich, während er mit mir sprach, gleichzeitig mit seiner Frau, die ihm vorhielt, wie spät es schon sei. Er erwähnte, dass er von seiner Telefongesellschaft aus sämtliche Telefone in der Welt abhören könne und seines auch abgehört werde. Dann fragte er unerwartet nach einigen Mädchen, die wir von der Universität her kannten. Wer mit wem und wie eine Beziehung hatte oder auch haben könnte. Er hörte aufmerksam zu, während ich einige fade kleine Geschichten erzählte, die in einer Ehe mündeten, und äußerte sich dann abfällig darüber.

»In jenem Land dort ändert sich nichts mehr«, sagte er. »Absolut nichts!« Ich muss wohl für einen Augenblick verblüfft gewesen sein. Als ich schwieg, wiederholte er siegessicher: »Hast du verstanden, Bruder? Dort ändert sich nichts mehr. Wird sich nichts ändern.«

Diesen Satz wiederholte er mit Vergnügen bei zwei weiteren Anrufen und wollte mich überreden, ihm zuzustimmen. Er redete über Spione, die Machenschaften der Mafia, abgehörte Telefone und die modernsten elektronischen Erfindungen. Hin und wieder war die leise Stimme seiner Frau zu hören, die er tadelte. Einmal versuchte sie anscheinend, ihrem Mann das Glas oder den Hörer aus der Hand zu nehmen. Vor meinen Augen tauchten die kleinen Wohnungen in den hohen Apartmentblocks im entferntesten Teil von Brooklyn auf: Nach zwanzig Jahren Ratenzahlung gehört einem die Wohnung. Ein Freund hatte mir erzählt, wenn man dort im Klo die Wasserspülung zog, sei nicht nur in der angrenzenden Wohnung, sondern in allen acht darunter- und darüberliegenden symmetrisch angeordneten Wohnungen plötzlich ein schmerzlich-wehmütiges Rohrgejammer und ein Kaskadengeräusch zu hören und sämtliche Kakerlaken würden aus ihren Winkeln rennen. Nachher bereute ich, ihn nicht danach gefragt zu haben. Er aber stellte mir gegen drei Uhr morgens noch folgende Frage: »Gibt es jetzt Cornflakes in der Türkei?«

»Sind als Maisflocken auf den Markt gekommen, konnten sich aber nicht durchsetzen«, antwortete ich. »Die Verbraucher haben heiße Milch darübergeschüttet.«

Er stieß wieder sein wildes Lachen aus. »In Dubai ist es jetzt elf Uhr vormittags«, schrie er. »In Dubai, in Istanbul …« Dann war er zufrieden und legte auf.

Ich glaubte, er würde wieder anrufen. Als er es nicht tat, war mir irgendwie nicht ganz wohl. Nachdem ein Monat vergangen war und ich wieder einmal mittags das geisterhafte Licht sah, das aus demselben Gitter auf den Bahnsteig heruntersickerte, beschloss ich, ihn anzurufen. Ich wollte ihn ein wenig irritieren, ihn ein wenig aus der Ruhe bringen, ein wenig war ich auch neugierig geworden. Die Nummer fand ich im Telefonbuch von Brooklyn. Eine Frau beantwortete meinen Anruf, es war jedoch nicht seine Frau. Sie bat mich, diese Nummer nicht mehr anzurufen. Der Mann, dem sie vorher gehört habe, sei bei einem Verkehrsunfall ums Leben gekommen.

Zigarettenangst

Ich war in jenen Momenten vermutlich tief in die Phantasien meines Romans eingetaucht, saß in einem Zimmer, rauchte wie ein Schlot und habe es nicht gesehen. Man erzählte es mir: Auf dem Fernsehschirm sei kurz vor seinem Tod das Bild des Schauspielers Yul Brynner erschienen. Der kahlköpfige Darsteller, den ich wie auch seine Filme nicht besonders mochte, habe völlig gebrochen auf seinem Bett im Krankenhaus gelegen, dem Zuschauer keuchend direkt ins Auge gesehen und dabei folgendes gesagt:

»Diese Sendung sehen Sie nach meinem Tod. Ich sterbe an Lungenkrebs. Alles ist mein Fehler. Ich habe es trotz aller Versuche einfach nicht geschafft, mit dem Rauchen aufzuhören. Ich bereue es tief. Und jetzt sterbe ich unter Schmerzen. Dabei war ich doch wohlhabend, hatte Erfolg im Leben, hätte noch weiterleben, das Leben genießen können, aber das Rauchen hat es verhindert. Tun Sie nicht, was ich getan habe, lassen Sie so schnell wie möglich das Rauchen sein. Sonst werden Sie so elend wie ich sterben, ohne das Leben genießen zu können.«

Lächelnd hielt ich meinem Freund, der mir brühwarm erzählte, was er – wenn auch nur auf Video – gesehen hatte, ein Päckchen Marlboro entgegen, und wir steckten uns beide eine Zigarette an. Danach schauten wir einander an, doch lächeln konnten wir nicht mehr so richtig. Dass ich mit den Zigaretten, die ich in der Türkei ohne viel nachzudenken rauchte, in New York Ärger haben würde, hatte ich gewusst, aber so viel Ärger hatte ich nicht erwartet.

Was mir die Zigaretten in New York zum Ärgernis machte, war nicht das, was ich im Radio hörte, im Fernsehen sah, in den Zeitschriften und Zeitungen las. Daran hatte ich mich bereits gewöhnt. Die erschreckenden Bilder von pechschwarzen Atemwegen, die Lungenmodelle von Rauchern, die an gelbe, in Teer getauchte Schwämme erinnerten, die graphischen Darstellungen von Nikotinablagerungen, die hinterhältig Adern verstopfen und das Herz zum Stillstand bringen, die Farbbilder von rauchbelasteten, elenden, unregelmäßig schlagenden Herzen – das alles hatte ich längst zur Genüge gesehen. Während ich meine Zigarette rauchte, schaute ich mir vollkommen gleichgültig, resigniert und friedlich zigarettenrauchende Totenköpfe, schwangere Frauen, die ihr Ungeborenes mit dem verfluchten Rauch vergifteten, und in Rauchwolken gehüllte Gräber auf den Seiten der Magazine an. Der durch Zigaretten verursachte Tod war für mich genausowenig beachtenswert wie die glückverheißenden Marlboro- und Pan Am-Reklamen an den Fronten und den Seitenwänden alter Mietshäuser oder die auf den Fernsehschirmen flimmernden Coca-Cola- und Hawaii-Bilder. Das Auge sah sich satt an diesen gut ausgeleuchteten Ansichten von Tod und Leben, doch sie blieben nicht im Gedächtnis haften. Ich hatte in New York ganz andere Schwierigkeiten wegen der Zigaretten: Als ich auf einer jener amerikanischen Partys mit Bier, Pommes frites und mexikanischer Sauce gedankenlos den Rauch meiner Zigarette in die Gegend blies, musste ich sehen und begreifen, dass die Menschen vor mir flüchteten, als würde ich Aids-Viren um mich verstreuen.

Sie flüchteten nicht vor dem krebserregenden Rauch, sondern vor der Zigarette, vor einem, der Zigaretten rauchte. Sehr viel später erst sollte ich begreifen, dass meine Zigarette sie an Willensschwäche, Mangel an Kultur, ein unordentliches Leben, Nachlässigkeit, Gleichgültigkeit, kurz gesagt, an den größten Alptraum der Amerikaner, die Erfolglosigkeit, erinnerte. Ein Bekannter, der stolz behauptete, sich während der fünf Jahre in Amerika von Kopf bis Fuß geändert zu haben, sich aber dennoch nicht enthalten konnte, auf türkische Art alles sofort zu klassifizieren und recht taktlos irgendwelche Theorien aufzustellen, hat mir später erzählt, es gebe zwei Klassen in New York: Raucher und Nichtraucher. Abgesehen davon, dass die ersteren mit Messer oder Revolver und ihren Zigarettenpackungen bewaffnet die letzteren, die besorgt durch die Gegend eilen, in irgendeinem dunklen Winkel oder manchmal auch auf offener Straße überfallen und ausrauben, ist man doch bisher niemals Zeuge eines ernsthaften Klassenkampfes zwischen den beiden Gruppen geworden.

Ganz im Gegenteil: Presse und Fernsehen waren durch ihre Werbung mit Hilfe der Zigaretten, die in jedem Viertel, bei jedem Krämer zu anderen Preisen verkauft wurden, sehr um die erneute Zusammenführung dieser beiden Klassen bemüht. Die zigarettenrauchenden Models der Werbung ähnelten kaum den wirklich passionierten Rauchern, viel mehr aber den tüchtigen, klugen, kultivierten und willensstarken Nichtrauchern. Man konnte sich die netten Geschichten vom Glück derer anhören, die aus der Klasse der Raucher in die der Nichtraucher aufgestiegen waren.

Jener von Kopf bis Fuß verwandelte Bekannte sagte mir, er habe sich einmal mit einer Organisation in Verbindung gesetzt, um sich das Rauchen abzugewöhnen. Als ihm die Entzugserscheinungen in den ersten Tagen so zusetzten, dass er meinte, sie nicht mehr ertragen zu können, habe er dort angerufen und um Hilfe gebeten. Er lächelte kein bisschen, während er mir erzählte, wie ihm die gütige, sanfte Stimme am Telefon zugeredet habe, dass er nach dem Verzicht auf die Zigaretten sehr glücklich sein werde, er müsse nur die Zähne noch ein Weilchen zusammenbeißen, und die Schmerzen seien sinnvoll, ja, geradezu segensreich. Ich aber zündete mir eine Zigarette an, was ihn in Panik stürzte und seine Achtung für mich wesentlich minderte. Nun war mir klar, dass der auf der Madison Avenue Zigaretten schnorrende Schwarze nicht zu bemitleiden war, weil er kein Geld für Zigaretten hatte, sondern weil er sie rauchte: Das hieß, dieser Schwarze war willensschwach und ohne Kultur, hieß, er hatte nicht viel vom Leben zu erwarten. Man sollte sich nicht wundern, dass einer bettelte, der zum Rauchen veranlagt war. Mitleid war ein Gefühl, das in New York allmählich aus der Mode kam.

Im Mittelalter war der Glaube verbreitet, Gott sende die Pest auf die Erde, um die Schuldigen von den Schuldlosen, die Sünder von den Sündenlosen zu trennen. Wenn man sich vorstellen kann, ein Teil der Pestkranken würde sich gegen diese Idee auflehnen, dann kann man auch verstehen, warum die zigarettenrauchenden Amerikaner so häufig beweisen möchten, wie gute Staatsbürger sie im Grunde genommen sind. All die fluchbeladenen, leidenschaftlichen Raucher, die sich auf einer Veranstaltung oder an ihrer Arbeitsstätte um den in einen Winkel verbannten Aschenbecher scharen oder sich, falls vorhanden, in einem Raucherzimmer treffen, versichern einem ständig, dass sie dabei sind, das Rauchen aufzugeben. Auch sie sind eigentlich gute Staatsbürger und haben sich natürlich nur vorübergehend von dieser Sucht einfangen lassen, weil es ja eine Schwäche ist, die sich in Mangel an Willen, Kultur und Erfolg äußert. Alle haben einen Zeitpunkt im Kopf, an dem sie die Reihen der Schuldigen und Sünder verlassen werden: Wenn sie die Probleme mit Freund oder Freundin gelöst, ihre endlosen Doktorarbeiten geschrieben oder auch eine Arbeit gefunden haben, dann werden sie diese verfluchte Gewohnheit abschütteln und sich unter die klugen, glücklichen Amerikaner einreihen. Andere wiederum sind sogar von der Solidarität der rund um die Aschenbecher Versammelten beunruhigt und versuchen rasch zu beweisen, dass das von ihnen begangene Vergehen keines ist: Sie erklären einem, dass sie eigentlich niemals rauchten, jetzt aber sehr nervös seien, dass der Teer- und Nikotingehalt ihrer Zigaretten sehr niedrig liege, sie täglich nur drei Stück rauchten und außerdem, wie man ja sehe, weder Streichhölzer noch Feuerzeug besäßen.

Es gibt jedoch stets auch einige Personen unter den Schuldigen, die dieses schmutzige Geschäft betreiben und sich in ihren eigenen vier Wänden stolz zu ihren Sünden bekennen. Ich habe gutsituierte, kultivierte und glückliche ältere Leute voller Willensstärke getroffen, die trotzdem und schon so lange rauchten, dass sie nicht ans Aufgeben dachten und den Tod als Folge des Rauchens gelassen in Kauf nahmen. Einige von ihnen beugten sich keineswegs diesen jungen, erfolgreichen Geschäftsleuten, die das Rauchen am Arbeitsplatz verboten, und ließen sich nicht einschränken in ihrer eigenen freien Entscheidung. Ich erinnere mich daran, wie ich eines Tages mit einem alten Autor zusammen vor dem Fenster eines ganz gewöhnlichen Lokals gesessen habe, von wo wir die vorbeifahrenden gelben Taxis mit ihren Zigarettenreklamen beobachteten und uns lang und breit über den Geschmack verschiedener Sorten unterhielten. Auch er »rauchte wie ein Türke«, wie die Italiener sagen. Während wir aristokratischen Müßiggängern gleich, die von seltenen Weinen sprechen, uns über das strenge Aroma der langen Camel oder die raffinierte Note der kurzen Kent unterhielten, genossen wir im Grunde genommen skrupellos unser schuldhaftes Verhalten: Wie jeder Gedanke, in dem die Liebe zum Leben und die Furcht vor dem Tod eng miteinander verbunden sind, hat auch die Zigarettenideologie von New York einen religiösen Aspekt.

42. Straße

Als der Regen einsetzte, zogen sich die schwarzen Verkäufer der Mobiltelefone und Radios von den Gehsteigen der 5th Avenue zurück.

Sie hatten sich an der Ecke der 42. Straße getroffen, liefen ohne zu sprechen rasch in südliche Richtung und betraten das erstbeste der billigen Lokale dort. Drinnen roch es nach Dampf und Bratfett. Parallel zur Theke stand eine Reihe von Tischen mit rotbezogenen Bänken dahinter. Der Mann zog seinen alten Mantel aus und legte ihn ordentlich neben sich auf die Rücklehne der Bank. Auch die Frau setzte sich hin und zog ihren Mantel aus. Auf einem der Hocker vor der Theke war ein alter Mann schläfrig in die Sportseiten einer Zeitung vertieft.

»Häng deine Tasche nicht dort auf«, sagte der Mann zu der Frau. »Wenn die sich jemand schnappt und wegrennt, kann ihn niemand einholen bis zur Tür.«

Die Frau blickte abwesend auf die Speisekarte. Beide waren um die Dreißig. Während der Mann nervös nach seiner Zigarettenpakkung fingerte, holte die Frau ihre Handtasche hinter der Bank hervor und legte sie neben sich auf ihren Mantel. Dann sagte sie: »Schlecht. Sie wollen keine Knöpfe mehr.«

»Wieso wollen sie keine?«

»Weil sie die, die ich angefertigt habe, noch nicht verkaufen konnten.«

»Haben sie dich bezahlt?«

»Zur Hälfte.«

»Und Ohrringe?«

»Sie wollen weder Ohrringe noch Knöpfe«, erklärte die Frau.

Was sie Knöpfe nannte, waren eigentlich Armreifen. Sie schmückte Armreifen und Ohrringe aus Holz mit Ornamenten und verkaufte sie an ein altes Weibsbild, das sie auf Bestellung anfertigen ließ, für zwei Dollar das Paar. Warum sie die Armreifen »Knöpfe« nannte, wusste sie jetzt nicht mehr, was dagegen Ähnlichkeit mit Knöpfen hatte, waren die Ohrringe.

»Soll ich mir eine Arbeit suchen?« fragte die Frau.

»Du weißt, das geht nicht«, meinte der Mann, »dann kannst du keine Bilder mehr malen.«

»Niemand kauft meine Bilder.«

»Man wird sie kaufen«, erwiderte der Mann. »Sollen wir Barış anrufen? Er möchte dein Atelier sehen.«

Barış war ein alter Freund, mit dem er in Istanbul gemeinsam die Universität besucht hatte. Er war jetzt zu Gesprächen mit einer Computerfirma nach New York gekommen.

»Wird er etwas kaufen?«

»Er hat doch gesagt, er möchte Bilder sehen. Warum will er sie wohl sehen?«

»Weil er neugierig ist, deswegen.«

»Wenn's ihm gefällt, wird er etwas kaufen«, erklärte der Mann.

Der Kellner kam.

»Zwei Kaffee«, sagte der Mann. Dann wandte er sich der Frau zu und fragte auf türkisch: »Kaffee, nicht wahr?«

»Ich möchte auch etwas essen«, sagte die Frau, doch der Kellner war schon gegangen. Sie schwiegen eine Weile.

»In welchem Hotel wohnt Barış eigentlich?« fragte der Mann.

»Er wollte nichts kaufen«, meinte die Frau, »er wollte sich nur etwas anschauen. Ich will ihn nicht anrufen, damit er von mir etwas kauft.«

»Warum möchte er etwas sehen, wenn er nichts kaufen wollte?« fragte der Mann. »Ich glaube nicht, dass er sich besonders für den Neoexpressionismus begeistert, während er in Istanbul Geschäfte macht.«

»Er interessiert sich eben für das, was ich mache, das ist es!« erklärte die Frau. »Er möchte sehen, wo ich arbeite.«

»Er hat das sowieso schon längst vergessen.«

»Was?«

»Was er gesagt hat … dass er deine Bilder sehen möchte.«

»Er hat nicht davon gesprochen, dass er meine Bilder sehen möchte, sondern mein Atelier«, widersprach die Frau. »Er ist ein guter Kerl. Warum sollte ich ihn mit meinen Bildern, die niemand sonst in New York kaufen will, übers Ohr hauen?«

»Wenn du glaubst, einen, der dir ein Bild abkauft, übers Ohr zu hauen, dann kannst du nie etwas loswerden«, meinte der Mann.

»Wenn ich etwas auf diese Weise loswerden soll, dann ist es besser, überhaupt nichts zu verkaufen.«

Schweigen.

Schließlich sagte der Mann: »Aber jeder verkauft auf diese Art. Jeder verkauft zuerst an seine Freunde.«

»Ich lebe nicht in New York, um meinen alten türkischen Freunden Bilder zu verkaufen«, erklärte die Frau. »Deswegen bin ich nicht hierhergekommen. Ohnehin glaube ich nicht, dass er etwas kaufen wird.«

»Weswegen bist du dann nach New York gekommen?« fragte der Mann pikiert.

Der Kellner hatte ihnen den Kaffee gebracht. Die Frau antwortete nicht.

»Weswegen bist du dann nach New York gekommen?« wiederholte der Mann ärgerlich.

»Bitte, ja, fang nicht damit an!«

»Ich weiß, warum du gekommen bist. Nicht meinetwegen. Auch nicht, um hier zu leben und zu malen, das ist klar. Du bist anscheinend gekommen, um Toilettenwände und Ringe mit Ornamenten zu schmücken.«

Er wusste, wie sehr er die Frau damit verletzen würde. Sie hatte einmal für eine Firma, die »Damen«- und »Herren«-Hinweise für Klotüren anfertigte, Hunderte von Motiven gezeichnet und bemalt: Schirme, Zigarren, hochhackige Schuhe, Silhouetten von Frauen und Männern, Melonenhüte, Handtaschen, pinkelnde kleine Kinder … Sie erinnerte sich an diese Arbeit, über die sie zuerst gelacht hatte, nur noch voller Hass.

»Na gut, Barış wohnt im Plaza«, sagte die Frau.

»Wer im Plaza wohnt, ist ein anständiger Mensch«, meinte der Mann.

»Wirst du ihn nicht anrufen?«

Der Mann stand auf, ging zur anderen Seite des Lokals und beobachtete die Frau von weitem, nachdem er die Nummer im Telefonbuch gefunden und gewählt hatte: Ihr Gesicht war blass, doch sie war kräftig gebaut, und ihre aufrechte Haltung bewies, dass sie noch bei guter Gesundheit war. Hinter ihr hingen die in solchen Lokalen üblichen Poster, die für Griechenland und die Ägäis warben: Fliegen Sie mit Pan Am nach Rhodos ins Urlaubsparadies. Zimmer Nr. 712 antwortete nicht. Er ging zurück an den Tisch.

»Der anständige Mann ist nicht da.«

»Ich hatte guter Kerl gesagt«, betonte die Frau.

»Wieso wohnt er im Plaza, wenn er nur ein guter Kerl ist, wieso verdient er soviel Geld?«

»Er ist ein guter Kerl«, erklärte die Frau störrisch.

»Wir haben bis zum Montag kein Geld. Er stopft sich im Plaza mit Austern und Hummer voll und ist dabei ein guter Kerl.«

»Weißt du was?« fragte die Frau rachsüchtig. »Du wartest umsonst, ich werde niemals in die Türkei zurückkehren …«

»Ich weiß …«

»Du weißt auch, warum ich nicht zurückgehen werde, nicht wahr? Weil ich die türkischen Männer nicht ertragen kann, deshalb …«

»Aber du bist auch ein türkisches Mädchen«, sagte der Mann voller Wut. »Ein türkisches Mädchen, das es nicht fertigbringt, seine Bilder zu verkaufen. Wenn man das Bilder nennen kann.«

Sie schwiegen. Jemand warf im hinteren Winkel des Lokals einen Vierteldollar in die Musikbox, und der Raum füllte sich mit angenehm weichen Klängen; dann war die müde, sorgenvolle Stimme eines schwarzen Sängers zu hören. Sie lauschten. Als die Frau ihre bebende Hand vom Tisch nahm und fahrig die Taschen ihres Mantels und ihre Handtasche zu durchwühlen begann, begriff der Mann: Sie suchte vergebens nach ihrem Taschentuch, um ihre Tränen zu trocknen.

»Ich gehe«, sagte der Mann und erhob sich. Er nahm seinen Mantel und ging hinaus.

Es regnete stärker, und es war dunkler geworden. Der zwischen den Lichtern der Wolkenkratzer über den Straßen hängende Himmel war pechschwarz. Er ging bis zur 42. Straße und wandte sich nach links. Die Straßenverkäufer, vor kurzem noch mit Mobiltelefonen im Angebot, verkauften jetzt im Regen Schirme, die sie sich am Körper übergehängt hatten. Als er zur 6th Avenue kam, war die Straße hell. Es schien, als ob die vor den Eingängen der grellbeleuchteten Läden postierten Männer all jene, die auf dem nassen Gehsteig vorübergingen, in einem monotonen, einst gemeinsam erlernten Singsang ansprachen: »Böse Girls, unglaubliche Girls, Häschen, Girls, Girls, Girlies. Kommen Sie her, sehen Sie selbst, kommen Sie, sehen Sie: separate Zimmer, Einwegspiegel, Live-Shows, echte Busen, Girls, Girls, Girls, kommen Sie, schauen Sie herein …« Vor den Türen standen Unentschlossene und schauten sich die aufreizenden Poster und die Filmplakate an: Die Träume des wilden Mädchens, Feuchte Lippen, Unersättlich … In der Nähe der 7th Avenue wehte ihm von einem leeren Grundstück her der Duft vom Rauch geweihter Aloe in die Nase: In einem dunklen Winkel verkauften in lange Gewänder gehüllte Pakistani den Koran auf englisch, Ketten aus dicken Gebetsperlen, in Fläschchen gefüllte Düfte und religiöse Flugschriften. Nachdem er lange Zeit mit leerem Blick auf den Omnibusbahnhof gestarrt hatte, kehrte er durch die dunkle 41. Straße zur 5th Avenue zurück. Der Name des Lokals war »Bei Tom«. Die Frau war nicht mehr dort. Er fragte den Kellner:

»Ist die Frau, die hier saß, fortgegangen?«

Und der Kellner antwortete: »Die Frau, die hier gesessen hat? Die ist fortgegangen.«

Lesen und Bücher

Neun Notizen zu Buchumschlägen

- Ein Romanautor, der sich in seiner Phantasie kein Bild macht vom dem Umschlag des Buchs, an dem er gerade schreibt, ist Herr seiner Gefühle und reif geworden, doch die Unberührtheit, die ihn zum Schriftsteller machte, hat er verloren.
- Jedes große Lesevergnügen, das wir erfahren haben, vermischen wir später mit den Erinnerungen an den Umschlag der jeweiligen Bücher.
- Wir brauchen viel mehr Leser, die ihre Bücher nach dem Umschlag auswählen, und Kritiker, die diese für jene Leser geschriebenen Bücher weniger abwertend beurteilen.
- Auf dem Umschlag eines Romans die Gesichter der handelnden Personen detailliert wiederzugeben, ist ein Affront gegen die Vorstellungskraft des Autors wie des Lesers und inakzeptabel.
- Ein Designer, der den Umschlag von *Rot und Schwarz* in Rot und Schwarz gestaltet, *Das blaue Haus* mit dem Bild eines blauen Hauses und *Le Château* mit dem eines Schlosses versieht, demonstriert damit weniger seine Treue zum Text als vielmehr seine Unkenntnis des Inhalts der Bücher.
- Wenn uns der Umschlag eines Buchs ins Auge fällt, das wir vor Jahren gelesen haben, wird er sofort zum Sinnbild für die Welt des Buchs und versetzt uns zurück in jenen Lebensabschnitt, als wir in einem Winkel hockend Zugang fanden zu dieser Welt.
- Buchumschläge erfüllen die Aufgabe eines Signals zum Übergang aus unserem gewöhnlichen Dasein in die Welt des Buchs.
- Was einen Buchladen lebendig, reich und anziehend macht, sind nicht die Bücher, sondern ihre Umschläge.
- Buchtitel sind wie die Namen der Menschen: Sie dienen der Unterscheidung von Millionen ihresgleichen. Buchumschläge aber

sind wie menschliche Gesichter: Entweder erinnern sie uns intensiv an ein glückliches Erlebnis, oder sie versprechen uns eine unbekannte, glückliche Welt. Aus diesem Grund sind wir bei einem Blick auf Bucheinbände so gefesselt wie beim Anblick menschlicher Gesichter.

Lesen oder nicht lesen:
Die *Märchen aus Tausendundeiner Nacht*

Ich war sieben, als ich vor mehr als vierzig Jahren das erstemal eine Auswahl der *Märchen aus Tausendundeiner Nacht* gelesen habe. Es waren Sommerferien, ich hatte die erste Klasse der Grundschule abgeschlossen, und ich war zusammen mit meinem Bruder zu den Eltern in die Schweiz nach Genf gefahren, wo mein Vater arbeitete. Um mich mit dem gerade neuerlernten Lesen besser vertraut zu machen, hatte uns meine Tante einige Kinderbücher auf die Reise mitgegeben, zu denen auch eine Auswahl der *Märchen aus Tausendundeiner Nacht* gehörte. Ich erinnere mich daran, dass ich dieses auf gutem Papier gedruckte Buch im festen Einband den ganzen Sommer hindurch vier- bis fünfmal gelesen habe. Lang ausgestreckt auf dem Bett in meinem Zimmer, las ich in der Sommerhitze nach dem Mittagessen immer wieder dieselben Geschichten. Unsere Wohnung lag nur eine Straße entfernt vom Ufer des Genfer Sees, durch das offene Fenster wehte vom See her ein leichtes Lüftchen herein, und während aus dem Hof unter dem Fenster die Akkordeonmusik der Bettler zu hören war, tauchte ich einmal mehr in die Erzählungen von Ali Baba und den vierzig Räubern und von Aladdins Wunderlampe ein.

Wo lag das Land, das ich besuchte? Der erste Eindruck sagte mir, dass diese Geschichten zu fernen, fremden Ländern gehörten, zu einer Welt, die primitiver als die unsere, doch voller Zauber war. Dass die Helden Namen wie die Menschen auf den Straßen Istanbuls trugen, brachte sie mir zwar etwas näher, doch ich konnte meine Welt genausowenig wie irgendwelche weit abgelegenen anatolischen Dörfer mit jenem Reich in Übereinstimmung bringen, von dem die Märchen erzählten. Beim erstenmal habe ich die geheimnisvollen *Märchen aus Tausendundeiner Nacht*, die aus dem Osten kamen, wie ein Junge aus dem Westen gelesen. Und ich habe dieses erste Mal noch nicht erfasst, dass diese Geschichten über Indien, Iran und Arabien in meine Kultur eingedrungen waren, dass sich sehr vieles von der Textur und der Atmosphäre dieses großartigen und erstaunlichen Buchs in der Vielfalt und dem Geheimnis von Istanbul, der Stadt meiner Kindheit, widerspiegelte und dass im Geist der Erzählungen, deren Geflecht aus Lüge, Betrug, Hinterlist, Liebe, Verrat, Verkleidung, Täuschung und verblüffenden Wendungen bestand, so manches auf den Straßen von Istanbul wiederzufinden war. Der Franzose Antoine Galland, der als erster das Werk bewertete und übersetzte, gab vor, er habe diese Geschichten aus einem in Syrien entdeckten Manuskript übertragen. Doch *Ali Baba und die vierzig Räuber* und *Aladdin und die Wunderlampe*, die ersten Erzählungen, die ich las, stammten nicht aus einem Manuskript, wie ich später aus anderen Büchern erfahren sollte, sondern von einem christlichen Araber namens Hanna Diyab, der sie Galland erzählt hatte, und der schrieb sie später aus dem Gedächtnis nieder, als er das Buch verfasste.

Und das führt uns zu dem eigentlichen Thema: Die *Märchen aus Tausendundeiner Nacht* sind ein Wunderwerk der östlichen Literatur. Doch es war der Westen, der ihr durch den Einfluss seiner Literatur neue Impulse gab und sie wieder zu uns zurückbrachte, denn wir hatten die Verbindung zu unserer eigenen literarischen Tradition und auch zu dem, was uns von der iranischen und der indischen Kultur weitergegeben wurde, längst abgebrochen. Dieses berühmte Buch ist in viele westliche Sprachen übertragen worden, manchmal auf absurde, manchmal auf pedantische Art, die bekannteste aber ist die französische Übersetzung des oben genannten Antoine Galland. 1704 erschien die erste Ausgabe, die auch die eindrucksvollste ist und am häufigsten gelesen wurde. Man kann sagen, dass die *Märchen aus Tausendundeiner Nacht* eigentlich durch diese Übersetzung vollendet wurden und dieser schier endlose Märchenwald durch sie in der ganzen Welt berühmt geworden ist. Die größten Schriftsteller jener Zeit und des folgenden Jahrhunderts, die eigentlichen Begründer der westlichen Literatur, haben sich von Gallands Übersetzung schöpferisch inspirieren lassen. In den Werken von Stendhal, Coleridge, De Quincey und Poe ist der Windhauch aus den *Märchen aus Tausendundeiner Nacht* zu spüren. Wenn wir aber das ganze Buch durchlesen, merken wir, dass sein Einfluss trotz allem begrenzt bleibt. Begrenzt auf etwas, das wir den »mystischen Osten« nennen können; auf Wunder, Seltsames, übernatürliche Begebenheiten, einige furchterregende Szenen und manche Geschichten, die aus diesem Stoff gemacht sind ... Aber da ist mehr in den *Märchen aus Tausendundeiner Nacht*.

Das habe ich besser nach meinem zwanzigsten Lebensjahr verstanden, als ich das Buch zum zweitenmal las. Diesmal war es die türkische Übersetzung von Raif Karadağ, die in den fünfziger Jahren herauskam. Natürlich las ich – wie die meisten klugen Leser – das Buch wieder nicht ganz durch, sondern schlug die Seiten um und sprang von einem Abschnitt zu irgendeinem anderen, wie's mir gerade einfiel. Doch jetzt enthielten die *Märchen aus Tausendundeiner Nacht* etwas, was mich abstieß und unruhig machte. Zwar verschlang ich die Geschichten voller Neugier, war aber gleichzeitig gereizt und wütend auf das Buch. Ich las nicht aus Pflichtgefühl, wie wir es bei manchen Klassikern tun, sondern aus Wissbegier und war gleichzeitig wütend darauf.

Heute, dreißig Jahre nach diesem zweitenmal, weiß ich endlich, was mich damals so unruhig machte: Es sind die in vielen der Märchen auf erschreckende Weise makabren Beziehungen zwischen den Geschlechtern. Es hatte mich erschreckt, dass Männer und Frauen einander ständig betrügen, überlisten, belügen und unsauberes Spiel miteinander treiben. In der Welt der *Märchen aus Tausendundeiner Nacht* ist den Frauen nicht zu trauen, sie sind niemals ehrlich und überrumpeln die Männer stets mit kleinen Spielchen und Tricks. Die Märchen beginnen ohnehin mit der List einer Frau, mit den Geschichten, die Scheherezade einem ungeliebten Mann erzählt, um ihr eigenes Leben zu retten. Diese dem ganzen Buch zugrundeliegende Auffassung von den Frauen spiegelt natürlich die abgrundtiefen Ängste der Männer wider, die mit ihnen in derselben Kultur und Vorstellungswelt leben. Und dass die Frauen ihre Sexualität als wichtigste Waffe einsetzen, um ihre listenreichen Intrigen zu spinnen, intensiviert diese Ängste. So gesehen reflektieren die *Märchen aus Tausendundeiner Nacht* die tiefsten Ängste der Männer aus dem geographischen Bereich der Erzählungen; sie fürchten, verlassen und betrogen zu werden und einsam zu bleiben. Die grausamste dieser Geschichten ist die des Sultans, der zuschaut, wie sein ganzer Harem ihn mit schwarzen Sklaven betrügt, und daran Geschmack zu finden setzt einen masochistischen Zug voraus. Dass auch populäre Romanautoren der modernen Periode wie Kemal Tahir jene tiefverwurzelten Vorurteile und Ängste hinsichtlich der weiblichen Unglaubwürdigkeit empfunden und voller Enthusiasmus in ihre Werke eingebracht haben und dass Tahir als engagierter »sozialer Realist« sogar eine hervorragende Adaption dieser Geschichte geschrieben hat, ist kein Zufall. Diese mit männlichen Ängsten und weiblicher Unaufrichtigkeit überladene Welt kam mir, als ich zwanzig war, zu beklemmend, zu »orientalisch« und auch etwas zu ordinär vor. Für mein Gefühl waren die *Märchen aus Tausendundeiner Nacht* viel zu tief in die Empfindungen und den Geschmack eines Armenviertels eingetaucht. In den meisten dieser Geschichten wurden das Böse, die Zwielichtigkeit und das Ordinäre nicht als etwas Hässliches dramatisiert, das die Menschen zu Fall brachte, sondern sie wurden uns wieder und wieder vor Augen geführt, um ihre schockierenden und abstoßenden Seiten zu zeigen und die Lust am Lesen aufrechtzuerhalten.

Das Unbehagen, das ich dieses zweitemal beim Lesen der Märchen spürte, könnte darauf zurückgehen, dass ich die Ausrichtung nach Europa und dem Westen als eine Art »Puritanisierung« empfand, und ich stand nicht allein da mit meiner Verständnislosigkeit. Damals sahen wir jungen, der Modernisierung gegenüber offenen Menschen in den meisten der östlichen Klassiker einen finsteren Urwald, der kaum zu durchdringen war. Heute denke ich, uns fehlte der Schlüssel – ein Weg zu dieser Literatur, der uns innerhalb der modernen Auffassung dennoch erlaubte, ihre Arabesken, Heiterkeit und große Schönheit zu würdigen.

Am stärksten konnte ich mich für die *Märchen aus Tausendundeiner Nacht* erwärmen, als ich sie zum drittenmal las. Ich näherte mich ihnen diesmal von jener Seite, welche die westliche Literatur der letzten Zeit darin entdeckt und legendär gemacht hat: Ich las das Buch jetzt als ein weites Meer von Geschichten, folgte der schieren Endlosigkeit des Buchs, ging auf seinen Anspruch ein und auf die geheime Geometrie in seinem Innern. Doch wieder sprang ich, wie es mir gerade gefiel, von einer Geschichte zur anderen und ging, wenn mir eine zu langweilig wurde, zur nächsten über. Als ich merkte, dass mir weniger die Thematik des Werkes als vielmehr seine Struktur, seine Proportionen und seine Leidenschaftlichkeit gefielen, musste ich nicht weiter über die bösartigen Armenvierteldetails nachdenken, die mich früher so gestört hatten. Außerdem war mir wohl durch meine eigenen Lebenserfahrungen inzwischen klargeworden, dass eigentlich das ganze Leben aus solchen bösen Momenten und Unsicherheiten besteht. Auf diese Weise achtete ich mehr auf das literarische Element in den *Märchen aus Tausendundeiner Nacht*, als ich sie nun zum drittenmal las, auf die zeitlosen Verstandesspiele, auf die Verkleidungen, auf das Verwechsel- und das Versteckspiel, und fand Geschmack daran. Die frappierende Geschichte, in der Harun Al-Raschid die Kleider wechselt und heimlich in der Nacht einen Hochstapler beobachtet, der sich als Harun Al-Raschid ausgibt, habe ich in meinem eigenen Roman *Das schwarze Buch* in eine Atmosphäre getaucht, die den Istanbuler Schwarzweißfilmen der vierziger Jahre entspricht. Als Mittdreißiger lernte ich die Unbegrenztheit, die geheime Logik, die inneren Scherze, den Reichtum, die Seltsamkeiten, die Schönheit und die seltsame Schönheit, das Hässliche, das Unverschämte, das Ordinäre und das Unsinnige als einen Schatz zu sehen, den ich mit Hilfe von allgemein bekannten und kommentierten Ausgaben beim Lesen der *Märchen aus Tausendundeiner Nacht* heben konnte. Meine vorher empfundene Hassliebe zu dem Buch hatte sich zwischen den Phantasien eines Kindes, das beim ersten Lesen der Märchen das Leben noch nicht akzeptieren konnte, wie es war, und dem Ärger des Heranwachsenden abgespielt. Jetzt aber habe ich allmählich begriffen, dass uns die *Märchen aus Tausendundeiner Nacht* unglücklich machen, wenn wir sie nicht akzeptieren, wie sie sind – und genauso ist es mit dem Leben. Ich meine, der Leser sollte sich diesem Buch widmen, ohne irgend etwas zu erwarten oder zu erhoffen, so wie's ihm gerade gefällt und den eigenen Launen folgend. Doch es ist wohl etwas vermessen, dem möglichen Leser Ratschläge zu geben!

Trotzdem soll mir dieses Buch helfen, noch etwas über das Lesen und das Sterben zu sagen. Zwei Dinge sagt man über die *Märchen aus Tausendundeiner Nacht*: Erstens heißt es, dass bisher noch niemand dieses Buch von Anfang bis Ende gelesen habe. Und zweitens, wer es von Anfang bis Ende liest, der wird sterben. Diese beiden auf mysteriöse Weise miteinander verbundenen Warnungen werden den Leser natürlich zur Vorsicht mahnen. Doch muss man sich nicht besonders fürchten – denn sterben werden wir alle, ob wir die *Märchen aus Tausendundeiner Nacht* nun lesen oder nicht.

Tristram Shandy: Jeder sollte so einen Onkel haben

Jeder von uns hätte wohl gern einen solchen Onkel wie Tristram Shandy, der ständig erzählt und dabei ins Fabulieren gerät, der das Talent besitzt, uns durch seine Scherze, Wortspiele und Schwätzereien zum Staunen zu bringen, uns mit seinen Seltsamkeiten, Absurditäten, Kindereien, Besessenheiten und Zierereien stets ein Lächeln zu entlocken, der klug, gebildet und weltgewandt und trotzdem ein zu Streichen aufgelegtes Kind geblieben ist. Wenn das Geplauder des Onkels ausufert und die Erzählung ihr Maß verliert, dann würden unser Vater oder unsere Tante sagen: »Das reicht jetzt! Du machst den Kindern angst, das stößt sie ab.« Obwohl doch nicht nur die Kinder, sondern auch die Erwachsenen längst von dieser unendlichen Geschichte des Onkels besessen sind. Nachdem wir einmal daran gewöhnt sind, möchten wir ständig der Stimme dieses Onkels lauschen.

Oft fassen wir im Leben eine ähnlich starke Zuneigung zu einer Stimme, einem Erzähler: in vollen Büros, beim Militär, in der Schule und dort, wo alte Freunde Wiedersehen feiern, da hören wir diese außergewöhnlichen Menschen am Ton ihrer Stimme heraus. Manchmal gewöhnen wir uns so sehr daran, dass wir dieser Stimme einfach nur lauschen möchten, ohne Interesse an dem, was sie erzählt. Der Onkel gleicht einem Schauspieler, der, ohne auch nur den Mund aufzumachen, die Zuschauer zum Lachen bringt, sowie er die Bühne betritt – oder auch dem übereifrigen Nachbarn, der über alles Bescheid weiß. Mit seiner Fähigkeit, aus allem, was ihm durch den Kopf geht, eine Geschichte zu machen oder etwas darüber zu schreiben, erinnert er uns an die Kolumnisten der türkischen Zeitungen. Ist man erst einmal mit einem solchen Erzähler, einer solchen Stimme vertraut, dann möchte man seine eigenen Erlebnisse, die einem nur allzugut bekannt sind, noch einmal mit seiner Stimme hören, mit seinem einzigartigen Blick sehen. Man gewöhnt sich so an seine Stimme wie an die eines Verwandten, der über uns wohnt und den wir mindestens einmal täglich treffen, oder wie an die eines Militärkameraden, dass man manchmal sogar anzunehmen bereit ist, die ganze Welt, das ganze Leben existiere nur, solange er davon erzählt. Einen solchen Onkel sollte jeder haben.

Doch einem Onkel wie Sterne begegnet man höchst selten. Mein Onkel zum Beispiel ließ uns Kinder keine literarischen Rätsel, sondern Mathematikaufgaben lösen. Wie unerträglich mir diese Prüfungen auch erschienen, so wollte ich doch beweisen, dass ich klug war, und bemühte mich um die Lösungen. Jetzt aber möchte ich die Aufmerksamkeit auf etwas anderes lenken: Die Frau meines Onkels war sehr schön. Nicht einmal die düstere Atmosphäre in der Wohnung meiner Großmutter, angefüllt mit alten Möbeln, Tüllgardinen und verstaubtem Krimskrams, konnte diese Schönheit zum Verblassen bringen, und manchmal besuchte ich dort als Fünfjähriger meine Tante, um sie zu bewundern. Meine Tante erinnert mich nach vierzig Jahren noch immer daran. Ihre beiden Söhne sind inzwischen, Gott segne sie, Zahnärzte geworden, und jeder hat eine Praxis in Nişantaşı. Als ich neulich aus der Praxis des Älteren kam, stellte ich fest, dass die Eingangstür zum Gebäude von außen abgeschlossen war. Und während eine getigerte Katze von drinnen durch die Eisenstäbe schlüpfte und zum gegenüberliegenden Krämerladen lief, schaute ich ihr, mit Nelkengeschmack im Mund, hilflos nach. Der Krämerladen, zu dem die Katze auf der anderen Straßenseite lief, verkauft immer noch die besten Vorspeisen – *meze* – in Nişantaşı, besonders die gefüllten Weinblätter.

Abweichen vom Thema

Was ich in dem vorhergehenden Abschnitt getan habe, wird allgemein als Abweichen vom Thema betrachtet. Das Geflecht des Buchs von Lawrence Sterne besteht aus diesem von den Briten als *digression* bezeichneten Vorgang, den wir Türken ohnehin ständig praktizieren, so dass wir es nicht für nötig befinden, in unserer heutigen Sprache einen speziellen Ausdruck dafür zu verwenden. In *Leben und Meinungen des Herrn Tristram Shandy* werden Leben und Meinungen des Genannten keineswegs der Reihe nach geschildert. Tristram wird erst irgendwann gegen Ende des Buchs geboren und verschwindet wieder, ohne besonders in Erscheinung zu treten. Sternes Held kann scheinbar endlos davon erzählen, wie und an welchem Tag er gezeugt wurde und was sein Vater über Geburt und Leben denkt. Doch er hält sich bei keinem dieser Themen besonders lange auf. Er hüpft von einem Thema zum anderen wie ein lustiger, flinker Spatz, der auf einem Baum ohne Unterlass von einem Ast zum anderen fliegt. Der Leser hat zumeist den Eindruck, der Erzähler wisse selbst nicht, wohin die Geschichte führen wird. Berühmte Literaturtheoretiker jedoch, wie Schklowski, meinen, es gebe innerhalb des Textes Hinweise darauf, dass Sterne den Roman ganz genau geplant habe, und man könne dies auch exakt nachweisen. Lassen Sie uns im zweiten Kapitel des achten Teils nachschauen, was der Erzähler dazu zu sagen hat:

»Daß unter den verschiedenen Arten ein Buch anzufangen, welche heutzutage in der bekannten Welt gang und gäbe sind, ich versichert bin, daß meine die beste sei – daß es die frömmste, davon bin ich überzeugt – denn ich beginne damit, daß ich den ersten Satz hinschreibe – und mich wegen des folgenden auf den lieben Gott verlasse.«

Auch die Geschichte des Buchs folgt der Logik des Abschweifens vom Thema, so dass wir sagen können, das Thema des ganzen Romans sei das Abschweifen vom Thema. Doch wenn Sterne gewusst hätte, dass ein Besserwisser wie ich dies als das eigentliche Thema erkennen würde, dann hätte er es sofort wieder gewechselt.

Was aber ist dann das Thema?

An jenen Stellen, wo ein Roman, wie wir sagen, vom Thema abschweift, fangen wir an, uns zu langweilen. Oder umgekehrt – wenn wir anfangen, uns bei der Lektüre eines Romans zu langweilen, reden wir uns ein, der Roman schweife ab vom Thema. Was aber langweilig ist an einem Roman, das empfindet jeder Leser anders. Der eine beginnt bei einer ausführlichen Naturschilderung zu gähnen, der andere bei den Einzelheiten einer Hochzeitsfeier, dem einen reichen die Liebesszenen nicht, dem anderen sind sie zuviel, der eine ärgert sich neidisch über die Kunstfertigkeit der Illustratoren, der andere über die intensive Betrachtung chaotischer Familien- und Verwandtschaftsverhältnisse. Es sind ohnehin nicht die Themen, die einen Roman anziehend oder abstoßend machen, sondern der Schreibmodus des Autors und sein Erzähltalent. Dann begreifen wir sofort, dass alles das Thema eines Buchs sein kann. *Tristram Shandy* ist ein solches Buch, und alles und jedes ist sein Thema.

Wir sollten nicht vergessen, dass dieses »Alles« einer Logik folgt. Möglich, dass alles, was ein Autor in sein Buch einbringt, das Thema des Buchs sein kann, doch mit unserem untrüglichen Leserinstinkt entdecken wir – ungeduldig und gelangweilt – sofort die Längen, die überflüssigen Teile und das, was vom Thema abweicht. (Ungeduld ist einer der in *Tristram Shandy* am häufigsten gebrauchten Begriffe, und Sterne sagt, er habe sein Buch gegen die Langeweile geschrieben.) Es ist der von mir erwähnten merkwürdigen Stimme Sternes zu verdanken, dass alles und jedes in dieses Buch Eingang findet und unser Interesse trotz aller Seltsamkeiten immer noch wach bleibt. Seltsamkeiten, weise, spöttisch erzählte Erkenntnisse, Onkel Tobys Abenteuer, das allmähliche Verschmelzen der Persönlichkeit des noch ungeborenen Tristram mit der des Romanautors Sterne, das Aufziehen der großen Uhr, das der Vater des immer noch nicht zur Welt kommenden Tristram jeden ersten Sonntag im Monat selbst vornimmt, die Gedanken, die dem Autor beim Schreiben des Buchs durch den Kopf gingen, und Tristram, als er mit seiner Lebensgeschichte begann – das ist der Stoff, aus dem das Buch gemacht ist.

Dann die Lebensgeschichte des Autors, bitte

Laurence Sterne war der Sohn eines armen Soldaten im Rang eines Unteroffiziers. Er wurde 1713 geboren und verbrachte seine Kindheit mit seiner Familie in verschiedenen Garnisonsstädten Irlands und Englands. Nach seinem zehnten Lebensjahr kehrte er nicht mehr nach Irland zurück. Er verarmte noch mehr, als er im Alter von achtzehn Jahren den Vater verlor, und ging mit Unterstützung eines entfernten Verwandten unter der Bedingung, Geistlicher zu werden, nach Cambridge, wo er Theologie und klassische Literatur studierte. Sofort nach Abschluss des Studiums wurde er anglikanischer Geistlicher, stieg durch den Einfluss bekannter Kleriker aus seiner Familie rasch auf und wurde Prediger. Mit sechsundzwanzig Jahren heiratete er Elizabeth Cumney. Von den gemeinsamen Kindern blieb nur die Tochter Lydia am Leben. *Tristram Shandy* wurde 1760 veröffentlicht, und abgesehen von den psychischen Problemen seiner Frau geschah bis zu diesem Zeitpunkt nichts Besonderes in seinem Leben.

Die Vermutung, dass hinter dem pausenlos Erzählenden, hinter der belehrenden Stimme, die von einem Thema zum anderen springt, ein Prediger zu finden ist, liegt auf den Hand. Sterne hat seine Predigten so ernst genommen, dass er einige von ihnen veröffentlichte, ja manche sogar auf raffinierte Weise in seinem Roman einstreute. Doch lasst uns nochmals auf etwas sehr Wichtiges zurückkommen, das ihn zu einem Vorreiter und modernen Autor macht, dessen Bücher auch heute noch wert sind, gelesen zu werden.

Sei er Anglikaner oder Sunnit, die Dinge, die ein Prediger behandelt, beruhen auf einer ganz bestimmten Reihe von Verboten und Wertvorstellungen, auf dem, was ich die »große Erzählung« nenne. Aus diesem Grund steht, genauso wie es unsere Moral- und Sozialkritiker von der Literatur erwarten, eine Absicht hinter den Geschichten, die er erzählt. Wir hören der Freitagspredigt des Imam Nurullah Efendi zu, weil sie einem Zweck dient, uns etwas lehrt und uns Moral beibringt; wobei die Stimme des Predigers, seine erzählerischen Fähigkeiten, seine Tränen und seine Begabung, Furcht und Rührung hervorzurufen, eine sekundäre Rolle spielen. Hier aber offenbart sich Sterne mit einer überraschenden Eigenart als Erneuerer:

Obwohl er ein Prediger ist, hat er in der Kunst des Romans das entdeckt, was ich als »tendenzfreie Erzählung« bezeichnen möchte. Er steuert kein Ziel an, will keine Lehren erteilen, er erzählt nur aus Lust am Erzählen. Darüber hinaus ist ihm diese moderne Einstellung auch mehr als bewusst. Die Absichtslosigkeit ist bei ihm kein Mangel, sondern Absicht. Das unterscheidet ihn von einem ohne Sinn und Ziel dahinredenden Schwätzer – und das, obwohl in seiner Sprache, in seiner Wesensart viel von dem enthalten ist, was an einen bloßen Schwätzer erinnert.

Einem anglikanischen Prediger, der tendenzfreie Romane schrieb, die in London veröffentlicht und einem breiten Publikum zugänglich gemacht wurden, begegnete man in einer Gesellschaft, deren Übergang in die Moderne gerade erst begonnen hatte, selbstverständlich mit Zorn und gehässigem Neid. Menschen von der Sorte, wie sie stets und überall zu finden sind, die Sternes Humor und spielerischem Witz nichts abgewinnen konnten, griffen ihn sofort voller Wut und Missgunst an: Seine Bücher seien schamlos, seien zu unseriös für einen Prediger, der Roman sei unverständlich, er treibe Spaß mit den heiligen Worten, die Grammatik stimme nicht, die Sätze seien unvollständig, und er gebrauche erdichtete Wörter, deren Bedeutung unbekannt sei.

Der Leser sollte nie vergessen, dass Sterne trotz all der wütenden Kritik, trotz häuslicher und gesundheitlicher Probleme (er bekam in späteren Jahren Tuberkulose) niemals seine Scherzhaftigkeit und seine ironische Betrachtungsweise verloren hat. Ihm gefiel, dass sich die Öffentlichkeit dafür interessierte, dass er nach London eilte, als sich seine Bücher gut verkauften, um seinen verdienten Ruhm auszukosten, und nach dem Erfolg des ersten Bandes schrieb er mit Vergnügen neue Bände, knüpfte auch weiterhin mit Frauen »gefühlvolle Beziehungen« an. Sterne wäre glücklich gewesen zu hören, dass es in der Türkei – einem Land, wo ihm die humorlosen Frömmler, Traditionalisten und Nationalisten und die ebenso humorlosen »Aufklärer« den Spaß verdorben hätten – Autoren gibt, die er beeinflusst hat, und kluge Leser, die an der Lektüre von *Tristram Shandy* Gefallen finden.

Nun gut, was aber ist dann das Thema von *Tristram Shandy*?

Ich muss sagen, wenn Sie so ungeduldig sind, werden Sie nicht einmal diese Einführung zu Ende lesen können, geschweige denn das Buch. Da Sie darauf bestehen, gebe ich Ihnen eine Aufstellung der Kapitel des ersten Bandes:

1. Der Erzähler, irgendwo in der Mitte zwischen dem Autor und Tristram Shandy, schildert die traurigen Umstände seiner Zeugung.

2. Der Autor schildert den Homunkulus – das kleine Männchen –, nämlich das Spermium, das seine Zeugung ermöglichte.

3. Im folgenden Kapitel wird erzählt, wie Onkel Toby dem Autor seine zu erzählende Geschichte erzählt hatte.

4. »Ich bin herzlich froh, dass ich meine eigne Geschichte auf diese Art angefangen habe«, sagt unser Autor und nennt uns das Datum seiner Empfängnis.

5. Der Autor teilt uns mit, dass er am fünften Tag des Monats November im Jahr 1718 geboren wurde.

6. Der Autor warnt den Leser: »Sollte es scheinen, daß ich dann und wann auf meinem Wege ein bißchen tändelte oder eine Kappe mit Schellen aufsetzte, so laufen Sie nur nicht gleich davon.«

7. Die Mühen des Pfarrers und seiner Frau, eine Hebamme zu finden.

8. Er stellt uns seine Steckenpferde vor. Manchmal spielt er Geige, manchmal malt er Bilder. Und er liefert eine Widmung.

9. Die Widmung wird erklärt.

10. Zurück zur Geschichte der Hebamme.

11. Yorick wird vorgestellt, der seinen Namen dem Spaßmacher verdankt, dessen Schädel in *Hamlet* auftaucht.

12. Yoricks Späße und sein Tod.

13. Nochmals zurück zur Geschichte der Hebamme.

14. Der Autor erzählt, warum er seine Geschichte nicht zu Ende bringt und ständig Abzweigungen nimmt: eine Abschweifung vom Thema über das Abschweifen vom Thema.

15. Die Heiratsurkunde der Mutter des Autors und die Geschichte dazu.

16. Die Rückkehr seines Vaters aus London.

17. Die Vorsätze seines Vaters nach dessen Heimkehr.

18. Vorbereitungen für die Geburt auf dem Lande und verschiedene Gedanken.

19. Der Widerwillen seines Vaters gegen den Namen Tristram und weitere philosophische Überlegungen.

20. Der Autor schilt, wie manchmal auch *dieser* Autor, seine unaufmerksamen Leser – was natürlich nicht heißt, dass er selbst ein aufmerksamer Autor ist.

21. Zusammen mit vielen Abschweifungen vom Thema nähern wir uns ein wenig mehr der Geburt.

22. Die Ansichten des Autors über die Struktur seines Werkes: »Mein Werk ist degreßiv und progreßiv dabei – auf einmal und zugleich.«

23. »Ich fühle einen starken Hang bei mir, dieses Kapitel recht geschwätzig anzufangen, und ich will mir die Lust nicht übergehen lassen.«

24. Über Onkel Tobys Steckenpferd.

25. Über Onkel Tobys im Krieg verletzte Leistengegend. Am Ende des ersten Buchs prahlt der Autor, er sei stolz darauf, wenn der Leser bis jetzt nicht das geringste erraten habe von dem, worum es eigentlich geht. Und sofern er glaubte, der Leser wäre imstande, von selbst darauf zu kommen, was auf der nächsten Seite stehen würde, dann würde er, der Autor, diese Seite sofort aus dem Buch reißen.

Was, sagten Sie, ist nun das Thema?

Somit ist das Thema dieses Buchs die Unmöglichkeit, jemals zum Thema, zum Kern der Geschichte, zum eigentlichen Zentrum vorzudringen: Die Unordnung, das Sichverzetteln, die ständige Offenheit für zahlreiche Einflüsse, Assoziationen, Abschweifungen und Unberechenbarkeiten (erinnern wir uns daran, wieviel Wert der Autor darauf legt, dass der Leser nicht errät, was auf der nächsten Seite steht), die Unstimmigkeiten, die Sinnlosigkeit von Anfang und Ende des Romans, der obskure Mittelteil und die nebulöse Bedeutung des Ganzen – das alles sorgt für viel Kopfzerbrechen und fordert viel Widerspruch heraus, doch gerade damit gleicht *Tristram Shandy* vom Thema und von der Struktur her ganz und gar dem wahren Leben.

Was denn, ist das Leben wirklich so?

Diese Frage ist das höchste Lob für einen Roman, besonders, wenn sie von einem aufgebrachten Leser gestellt wird, und ich empfehle jedem Romanautor, so zu schreiben, dass er den Leser provoziert. Ein Roman ist um so wertvoller, je mehr Fragen er über das Leben und seine Beschaffenheit aufwirft. Die großen Romanciers (es sind wenige) bleiben uns im Gedächtnis, weil sie diese große Frage nicht direkt an ihre Helden stellen oder die Erzähler, die wie sie selbst denken, in Diskussionen verwickeln, sondern weil es ihnen gelingt, diese Frage an uns durch den Stil, die Atmosphäre, die Form, die Sprache und den Ausdruck weiterzugeben, während sie vom Alltag, von gewöhnlichen und außergewöhnlichen Einzelheiten des Lebens, von kleinen und großen Sorgen erzählen. Bis zur Lektüre eines solchen Romans haben wir unsere eigenen Ansichten vom Leben, und während gewöhnliche Romane (romantische Melodramen über angeblich wahre Liebesgefühle, politische Melodramen über politisch getarnte Beschuldigungen und all diese sich seit tausend Jahren wiederholenden Erzählungen von geldgierigen Bösen, die den Platz der guten alten Menschen eingenommen haben) diese Ansichten bestätigen, bietet uns ein Autor hier als etwas Neues die ganz andersartigen Möglichkeiten seines persönlichen Lebens und seiner Situation.

Bücher wie *Tristram Shandy*, die auf den ersten Blick schwer lesbar und nur dem wirklich Verstehenden verständlich sind, widersprechen unseren grundlegenden Ansichten über das Leben und das Schreiben. Wir ärgern uns darüber, begehren auf und erklären: »Man versteht nichts, ich hab's nach der Hälfte fortgelegt!« Die klügsten wie die schlichtesten Leser zeigen hier dieselbe Reaktion: »Unlesbar! So ist das Leben ja gar nicht«, meinen sie. Doch während sich der schlichte Leser damit brüstet, es nicht zu verstehen, und die Gründe

für seine engstirnige Ansicht aufzählt (was Sterne schrieb, sei unverständlich, sagten seine Kritiker, und außerdem sei er unmoralisch
und halte sich nicht an die grammatischen Regeln), ist der sensiblere
und klügere Leser unruhig geworden und ahnt, dass hinter seinem
Zorn auf das Buch und dem aufgewirbelten Staub mehr steht: die
Erkenntnis über die den Standort des Menschen in der Welt bestim-
mende fundamentale Funktion der Literatur und darüber, welche
tiefgründigen und wunderbaren Dinge die Menschheit mit dem
Schreiben vollbringen kann. So nimmt er das Buch in einem Moment
des Alleinseins nochmals zur Hand. Bücher solcher Art haben etwas
Wahres an sich, das den natürlichen Leser anspricht, was aber der
Literatursnob niemals verstehen könnte. Die klugen Leser hadern
nicht mit dem Befremdlichen und Seltsamen eines Buchs, sie wenden
sich seinen gebotenen Genüssen und seinen brillanten Seiten zu,
denn *sie* wählen die Grundsteine der Literaturgeschichte aus, nicht
die humorlosen Regelhüter, die sich ihrer Verständnislosigkeit auch
noch rühmen. Sogar Samuel Johnson, der für seinen Spürsinn, seinen
Esprit, seine Aphorismen und seine treffenden Antworten bekannt
war, hat sich diesem Roman von seiner schulmeisterlichen, regel-
treuen Seite genähert und ungeduldig nach Worten suchend erklärt:
»Nichts Merkwürdiges ist von Dauer. *Tristram Shandy* wird nicht
überdauern.« Es ist für mich eine große Ehre und ein großes Vergnügen, genau zweihundertvierzig Jahre nach der ersten Drucklegung
von *Tristram Shandy* das Vorwort für seine türkische Übersetzung
zu schreiben.

Und was hat mich dieses Buch gelehrt?

Da ich immer wieder daran erinnert werde, dass ich in einem armen
Land lebe (Verzeihung, dass ich daran erinnere), in dem man schöne
Bücher nicht wegen der Freude daran liest, sondern der Nützlichkeit
wegen, und wo die Lese- und Schreibkundigen angehalten sind, der
hierin benachteiligten Bevölkerung zu dienen, schlage ich einen
leichten, doch etwas manipulierten Weg ein, um die Lektüre von
Büchern schmackhaft zu machen, und beginne damit, dass ich dem

Leser zeige, was ihn das Buch lehren kann. Folgendes: Wie alle großen Romane gibt uns auch *Tristram Shandy* Auskunft über viele Details des Lebens, über Bräuche, Geisteshaltungen und Feinheiten. In
Krieg und Frieden erfahren wir alle Einzelheiten über die Schlacht
von Borodino, *Moby-Dick* gibt uns enzyklopädische Auskünfte über
den Walfang, und *Tristram Shandy* unterrichtet uns über alle Einzelheiten der Kindheit und des Heranwachsens eines späteren Pfarrers,
der im 18. Jahrhundert in Irland geboren wurde und dort aufwuchs
und später nach England ging. Außerdem ist *Tristram Shandy* eines
der besten Beispiele für den »gelehrten Humor« oder das »philosophische Geschwätz«, wie zum Beispiel Robert Burtons *Anatomie
der Schwermut*, Cervantes' *Don Quijote* oder auch Rabelais' *Gargantua und Pantagruel*. Das vom Leser Abschweifung genannte um-
fassende Wissen, die allgemein bekannten philosophischen Ansichten, die Kenntnis seltsamer Dinge, die Betrachtung der Seele und des
Charakters der Menschen – all dies ist vorhanden in diesem Buch,
und es wird ausbalanciert, indem diese schwierigen Themen mit
leichtem Humor gewürzt und nicht allzu ernstgenommen werden,
wie auch durch Handlungen, welche die großen philosophischen
Wahrheiten eines Helden ins Gegenteil verkehren, hinterfragen und
auf scherzhafte Weise abtun. Diese großen, enzyklopädischen, wun-
dervollen Werke sind in erster Linie Bücher über Bücher und zeigen
uns, dass wir eine tiefgehende Wissengrundlage über das Leben nur
durch das Lesen von Büchern erwerben können und durch das
Schreiben neuer Bücher, die ihnen widersprechen. Der erste der philosophischen Romane dieser Art, die das Leben eines Helden durch
die Phantasien der Bücher vergiften und ihn zum Opfer der Ritter-
romane machen, ist *Don Quijote*, der letzte oder auch der erste der
realistischen Romane ist *Madame Bovary*, die, von Liebesromanen
vergiftet, sich selbst vergiftet, als sie die Liebe, die sie sucht, nicht
finden kann.

Die wundervoll »realistische« Szene am Ende von *Madame Bovary* (in der Madame Bovary nicht einem Buch, sondern einem töd-
lichen Gift erliegt) hat die Literatur der ganzen Welt geprägt, und
diese Überdosis an »Realismus« sollte, weil sie sie zu einer oberflächlichen Realität verdammte, auch die türkische Literatur vergiften.

Als dann sechzig Jahre später James Joyce seinen großen und schwer lesbaren *Ulysses* veröffentlichte, in dem er es mit dem Realismus so herrlich übertrieb, dass es eine wahre Befreiung vom Realismus war, hatten wir, die wir jenseits von Europa lebten und Europa als Quelle aller Wahrheit bewunderten, noch immer den Realismus so sehr als einzige Art des Schreibens verinnerlicht, dass wir wild entschlossen unsere eigenen Traditionen, unsere Formel des Schreibens und Empfindens zu vergessen suchten. Wir vergaßen schließlich auch, dass der realistische Roman keine einheimischen Wurzeln hatte, sondern als eine neue Form des Erzählens erst in neuerer Zeit aus dem Westen importiert und von Flaubert übernommen worden war. Fünfzig Jahre später ist eine engstirnige, nationalistische und humorlose Kritikergeneration herangewachsen, die jede nicht dem eindimensionalen Realismus entsprechende Form des Erzählens ironischerweise als »untürkisch« abtut. Wenn Bücher wie Rabelais' *Gargantua und Pantagruel* oder Sternes *Tristram Shandy* schon früher übersetzt worden wären und ein wenig mehr auf unsere begrenzte Literaturwelt, die nur einen flachen »westlichen Realismus« anstrebt, hätten einwirken können, dann würde der schwächliche türkische Roman (hört auf, euch über Orhan zu ärgern, der euch die Wahrheit sagt und dieser Sache sein ganzes Leben gewidmet hat!) offener sein für die Komplexität, die unser Leben und unsere Träume fordern. Leg die Flügel deiner Tradition und deiner Phantasie an, du kraftloser, aus dem Käfig des Realismus befreiter türkischer Roman, und fliege endlich, fliege!

O begeisterter Leser, der du sogar schon aus diesem Vorwort so viel erfahren hast! Den eigentlichen Nutzen, den dir dieses Buch bringen wird, das besondere Wissen, das es bietet, werde ich dir jetzt ins Ohr flüstern. Hör gut zu und versuche nicht, es sechs Jahre später an andere als deine eigene Idee weiterzugeben!

Das hier ist die eigentliche Lehre aus dem Buch

Alle großen Legenden, Religionen und Philosophien belehren uns über die großen und fundamentalen Wahrheiten des Lebens. Da diese große Wahrheit auch einer detaillierten Erzählung ähnelt und literarischer ist als angenommen, wollen wir sie die *große Erzählung* nennen. Die Kunst des Romans schildert, vielfach in Verbindung mit der *großen Erzählung*, den Alltag und die Abenteuer des Menschen. In diesem Prozess wird der Mensch als Charakter dargestellt, der sich intensiv mit der *großen Erzählung*, dem Kern der Ereignisse, einem Ziel beschäftigt. In diesem Kontext kann man zum Beispiel eine Romanfigur, für die vor allem Sinnlichkeit, Sex, der Genuß von Speise und Trank oder auch der Kapitalerwerb wichtig sind, eindimensional wie eine Karikatur betrachten, doch eine auf die Liebe, das Vaterland oder ein politisches Ziel konzentrierte Person wird, da der Schatten der *großen Erzählung* auf sie fällt, niemals als eindimensional empfunden werden. Don Quijote ist keine Karikatur, er ist dreidimensional und ein ganzer, sympathischer Mensch. *Tristram Shandy* aber lehrt uns, wie chaotisch das Leben, die Gedanken und die eigene Geschichte eines Menschen sein können, selbst wenn er charaktervoll, entschlussfest und eine Persönlichkeit ist.

Das heißt, ob wir nun an die Existenz und den Schatten einer *großen Erzählung* glauben oder nicht, unser Leben wird ihr niemals ähnlich sein. Unser Leben hat kein alleiniges Zentrum, keinen Fokus; und unsere Gedankenwelt ist so verschiedenartig, dass wir im Grunde genommen niemals eine Geschichte bis zum Ende durchdenken können. So ist auch das Leben: Wir leben wie Tristram, springen während des Erzählens von einem Thema zum anderen, sprechen aus, wonach uns gerade der Sinn steht. Was sich jenen unerwarteten und spöttischen Zufällen unseres Lebens und unserer Umgebung anpasst, ist unser für Ablenkung offener Geist, sind unsere Gedanken, die jeden Augenblick wechseln, unsere witzigen Einfälle inmitten einer anderen Geschichte, nicht aber die Struktur der großen Erzählungen. Wenn wir uns an einem Punkt unseres Daseins, das wir meistens schutz- und haltsuchend von einem Moment zum anderen durchleben, plötzlich – zum Beispiel mittendrin, zum Beispiel vor dem Sterben oder, wie in diesem Buch, vor der Geburt – danach fragen, was das Leben ist, dann sollte uns weder ein Glaube noch eine Philosophie oder eine Legende, sondern die Struktur dieses Buchs in den Sinn kommen.

Zusammenfassung: Das Leben gleicht nicht dem, was die großen

Bücher erzählen, sondern der Struktur dieses Buchs, das Sie in der Hand halten.

Doch Vorsicht: Das Leben gleicht nicht diesem Buch selbst, sondern nur seiner Struktur.

Fazit

Das Leben hat keinen Sinn, nur seine Struktur.

Falls Sie sagen: Das wussten wir ohnehin, schreibt man deswegen ein Buch von sechshundert Seiten?, dann antworte ich darauf:

Sie kennen ohnehin alle großen Romane, doch weil über dieses Thema noch kein großer Roman geschrieben wurde, wird er geschrieben, um Ihnen die Wahrheiten vor Augen zu halten, die Sie nicht akzeptieren konnten.

Victor Hugos Passion für Größe

Manche Autoren lieben wir ihrer wunderbaren Texte wegen. Das ist die beste und klarste Beziehung zwischen Erzähler und Leser. Einige andere wiederum beeindrucken uns durch ihren Lebenslauf, ihr Verhalten als Schriftsteller oder ihren Platz innerhalb der Geschichte. Victor Hugo gehört für mich zu den letzteren. In meiner Jugend habe ich ihn als Romancier kennengelernt und natürlich als den Autor der *Misérables*. Es gefiel mir, wie er die Chemie der großen Städte, die verwirrend dramatische Kraft der Straßen wahrnahm und wie er die Stadt als einen Ort schilderte, an dem gleichzeitig Dinge geschahen, die in keiner Beziehung zueinander standen (während die Pariser 1832 auf den Barrikaden kämpfen, hört man aus einem Café zwei Straßen weiter das Klicken der Billardkugeln). Seine melodramatische, auch Dostojewski beeinflussende Sicht der Städte als schmutzige und finstere Orte einer Ansammlung von Armen und Unterdrückten hat auch mich in meiner frühen Jugend bewegt. Als ich etwas älter wurde, begann der prunkvolle, schwülstige und gekünstelte Stil Hugos mich abzuschrecken. Die in dem historischen Roman *Dreiundneunzig* seitenlang geschilderte wild um sich schießende Kanone, die sich auf einem Schiff im Sturm von ihren Haltetauen losgerissen hatte, sind mir einfach zuviel gewesen. In einem seiner Briefe greift Nabokov Faulkner mit einem grausamen Beispiel kritisch an (*l'homme regardait le gibet, le gibet regardait l'homme*), um festzustellen, wie sehr jener unter dem Einfluss Hugos stand. Was mich an Victor Hugo am meisten interessiert, aber auch gestört hat, ist der Gebrauch der Emotionen (Romantik im negativen Sinne!), um durch große Rhetorik und Dramatisierung eine Wirkung zu erzielen. Der Leidenschaftlichkeit Hugos verdanken wir auch ein wenig die politisch bezogene, kämpferische Idee vom »großen Schriftsteller auf seiten von Recht und Wahrheit«, die sich nicht nur auf die französischen Intellektuellen von Émile Zola bis Sartre, sondern auf die Literatur in der ganzen Welt auswirkte. Seine Passion für Größe, die ihm selbst sehr wohl bewusst war, wie auch das Bewusstsein, diese erreicht zu haben, verwandelte ihn in ein leibhaftiges Symbol, schlimmer noch, in ein Denkmal seiner selbst. Durch Hugos sehr selbstbewusste Gesten auf moralischer oder politischer Ebene haftet ihm ein Schatten des Unechten an, der den Leser ständig beunruhigt. Er selbst sagt einmal, als er die »Genialität Shakespeares« zu erklären versucht, die Gefahr der Größe liege in der Fälschung. Doch abgesehen von allen Künsteleien Hugos und all dem Unechten haben ihm seine triumphale Rückkehr aus dem politischen Exil, seine rednerische Gewandtheit, mit der er die ganze Nation erreichte, und seine Romanhelden, die sich erfolgreich in der Phantasie Europas, ja der ganzen Welt ansiedelten – wo sie für immer weiterleben –, eine gewisse Authentizität verliehen. Dies muss auch ein wenig damit zusammenhängen, dass die französische Literatur bereits alle historischen Erlebnisse der Menschheit verarbeitet hatte. Aus diesem Grund haben die großen französischen Autoren, so nationalistisch sie auch sein mochten, nicht nur für Frankreich, sondern für die ganze Menschheit gesprochen. Heute ist die Lage anders. Weshalb man, wenn Frankreich dieses eigenwilligen und großen Schriftstellers gedenkt, auch die Wehmut zu spüren meint, mit der das Land auf die glorreichen Tage der damaligen französischen Literatur zurückblickt.

Albert Camus

Zu Anfang bewundern wir Schriftsteller natürlich ihrer Werke wegen. Mit den Jahren verschmilzt diese ursprüngliche Bewunderung mit den Erinnerungen an die Zeit, als wir ihre Bücher zum erstenmal lasen, und mit den damals in uns freigesetzten Sehnsüchten und Gefühlen, die wir zuerst nicht wahrnehmen wollten. Jetzt empfinden wir eine Bindung an diesen Schriftsteller, nicht allein, weil er uns ein Bild der Welt vermittelte, das wir verinnerlicht haben, sondern auch, weil er ein Teil unseres Lebens und unserer geistigen Entwicklung wurde. Für mich ist Albert Camus, wie Dostojewski oder Borges, einer dieser Autoren grundlegender Art. Wie die beiden Letztgenannten, so lässt auch Camus durch seine philosophischen und metaphysischen Neigungen den jungen Leser mit großer Kraft spüren, dass die Welt und das Leben mit ihrer Faszination darauf warten, mit Sinn erfüllt zu werden, und dass die um diese Sinnerfüllung bemühte Literatur über unbegrenzte Möglichkeiten verfügt. Wenn Sie als junger Mensch diese Autoren mit angemessen gutem Vorsatz lesen, dann möchten auch Sie Bücher schreiben.

Unter dem Einfluss meines Vaters habe ich als Achtzehnjähriger noch vor Dostojewski und Borges nahezu alle Bücher von Camus gelesen. Mein Vater, ein Bauingenieur, ließ die in den fünfziger Jahren eins nach dem anderen von Gallimard veröffentlichten Bücher aus Camus' letzter Periode aus Paris kommen, oder er brachte sie mit nach Istanbul; und nachdem er sie aufmerksam gelesen hatte, gefiel es ihm, dann und wann darüber zu sprechen. Ich denke heute, mein Vater war weniger von der »absurden Philosophie« beeindruckt, die er mir in einer für mich verständlichen Sprache zu erläutern versuchte, als vielmehr davon, dass diese Philosophie nicht aus den Großstädten des Westens, aus ihrer dramatischen Architektur und dem Innern ihrer Häuser zu uns sprach, sondern aus einer marginalen mediterranen Welt, die der unseren ähnlich und teils arm, teils modern, teils muslimisch, teils laizistisch war. Die Landschaft in den Romanen *Der Fremde, Die Pest* und in einigen Erzählungen des Bandes *Die Exile und das Reich* ist auch die, in der Camus seine Kindheit und Jugend verbrachte, und die liebevolle, unprätentiöse Schilderung der sonnigen, weder vollkommen westlichen noch vollkommen östlichen Straßen und Gärten machte es leichter, uns eins mit ihm zu fühlen. Mein Vater war begeistert von dem wundervollem literarischen Erfolg, den Camus schon so früh erreicht hatte, und er war tief bewegt von dessen Unfalltod, der ihn so jung und immer noch gutaussehend aus dem Leben riss und von den Zeitungen als »absurd« bezeichnet wurde.

Die Aura der Jugend, von der, wenn es um Camus ging, nicht nur mein Vater, sondern die ganze Welt sprach, beruhte natürlich auf seinem Talent und seinem jugendlichen Alter. Doch jetzt, lange nachdem ich ihn zuerst gelesen habe, erspüre ich in der Idee der Jugend noch eine andere Bedeutung. Als ob Europa in den Jahren, als Camus seine Bücher schrieb, ein noch junger Ort gewesen sei, an dem alles möglich sein konnte. Als ob sich in dem Europa von damals – wie in der Jugendzeit einer Kultur – Wesen und Erscheinung noch nicht voneinander entfernt hätten. So dass wir auf einmal ganz unerwartet merken, wie ein brillanter Autor, ein Philosoph, im Grunde genommen auf sehr überzeugende Weise vom Sinn seines Lebens spricht und davon, was für ein Ort die Welt ist, während er einen wütenden Missionar, das Verhältnis eines Malers zum Ruhm, einen aufs Fahrrad steigenden Lahmen oder die Empfindsamkeit eines Mannes schildert, der mit seiner Geliebten an den Strand geht. Wie wir in diesen Erzählungen entdecken werden, war es die großartigste von Albert Camus' Eigenschaften, die nebensächlichen Einzelheiten des täglichen Lebens einem Alchimisten gleich mit Eleganz in Philosophie verwandeln zu können. Dahinter steht natürlich die französische Tradition des philosophischen Romans von Diderot bis Houellebecq. Die Originalität von Camus besteht in seiner Fähigkeit, diese Tradition, die auf dem belehrenden, autoritären Ton eines Schriftstellers oder auch auf Humor basiert, mit der realistischen Erzählweise der kurzen Sätze à la Hemingway zu vereinen. Alle diese Erzählungen – hie und da farbig belebt durch die Beobachtungen eines Romanciers, der Beschreibungen und Atmosphäre liebt – können als Fortsetzung der Tradition philosophischer Kurzgeschichten von Poe bis Borges betrachtet werden.

Was hier ins Auge fällt, ist der weite Abstand zu dem, was geschildert wird, die fast einem Flüstern gleichende Sprache. Diese Unentschiedenheit, die den Leser nicht ganz einbezieht und ihn irgendwo zwischen Autor und Text in der Schwebe belässt, ist wohl auf die bedrückenden, ausweglosen Probleme in Camus' letzten Lebensjahren zurückzuführen. Wie wir schon zu Beginn seiner Erzählung *Die Stummen* erkennen werden, war auch ihm bewusst, dass er seine allseits bewunderte Jugendlichkeit verlor. Und das Thema in *Jonas oder der Künstler bei der Arbeit* ist das in vollen Zügen genossene Leben, das Camus in seiner letzten Zeit führte, und die ihm selbst zu schwer gewordene Last von Ruhm und Erfolg. Doch was ihn eigentlich zerfraß und vergiftete, war natürlich der Krieg in Algerien. Der Algerien-Franzose Camus ist innerlich zerrissen gewesen zwischen seiner Liebe zu diesem Land und seiner Verbundenheit mit Frankreich. Er konnte die antikoloniale Wut, den Aufruhr, die Bereitschaft zur Gewalt einerseits sehr gut verstehen, doch andererseits war er nicht fähig, wie Sartre gegen den französischen Staat einen harten Standpunkt einzunehmen, und so blieb er stumm, während seine französischen Freunde von den arabischen – in der französischen Presse als »Terroristen« bezeichneten – Unabhängigkeitskämpfern durch Bomben getötet wurden. Sartre hat nach dem Tod seines alten Freundes in einem sehr verständnisvollen und bewegenden Essay den Lesern die tiefe Würde nahegebracht, die in Camus' Schweigen verborgen lag.

Gegen Ende seines Lebens brachte Camus, im Zwiespalt zwischen dem Kolonialismus Frankreichs und der Vaterlandsliebe seiner französischen Freunde zu einer Entscheidung gedrängt, das ganze Ausmaß seiner psychischen Situation in der Erzählung *Der Gast* auf sehr kreative Weise zum Ausdruck. Dieser großartige politische Essay zeigt uns die Politik nicht als das, was wir aus Neigung wählen, sondern als einen traurigen Unfall, den wir erleiden und den wir hinnehmen müssen. Eine Ansicht, der wir ganz und gar zustimmen …

Lesen im Stimmungstief

Während einer Phase der Hoffnungs- und Mutlosigkeit lese ich erneut Thomas Bernhard. Eigentlich hatte ich das nicht vor, wollte überhaupt nichts lesen, denn ich konnte mich vor lauter trostlosen Gefühlen auf nichts so richtig konzentrieren. Alle Texte und Seiten mit den Vorstellungen anderer Leute waren zu nichts weiter nütze, als mich an meine eigene ausweglose Lage zu erinnern. Geschichten, Phantasien, andere Bücher: weitere Seiten, die mich stets daran erinnerten, dass der Rest der Menschheit nicht wie ich in den Brunnen der Traurigkeit gefallen war. Menschen, die sich mit ihren Erfolgen, kleinen Raffinessen, Interessen, Kulturen, Familien, Empfindungen und anderen Dingen verblümt und voller Anspielungen selbst lobten und spreizten. Alle Bücher schienen mit den Stimmen dieser Menschen zu sprechen. Ob sie einen Ball Ende des 19. Jahrhunderts in Paris schilderten oder eine anthropologische Expedition nach Jamaika, ob die Armut großstädtischer Elendsviertel oder die Entschlossenheit eines Mannes, der sein ganzes Leben der Kunstbetrachtung gewidmet hat – ich wollte alle Bücher und Romane vergessen, weil sie sich auf Menschen bezogen, deren Erfahrungen mit dem, was ich erlebte, in keiner Weise zu vergleichen waren. Und da ich in diesen Büchern nichts finden konnte, was meiner übertrieben depressiven Stimmung gleichkam, ärgerte ich mich sowohl über sie wie über mich selbst: über die Bücher, weil sie so gar nichts mit meinem Kummer zu tun hatten, und über mich, weil ich den Absturz in diese kummervolle Stimmung nur meiner eigenen Torheit zu verdanken hatte. Ich wünschte nichts weiter, als mich so schnell wie möglich aus dieser miserablen, äußerst dummen Lage zu befreien. Ich redete mir zwar ein, dass ich diese Bücher, die mir den Weg ins Leben wiesen und zumeist für mich das Leben selbst waren, weiterhin lesen müsse, um mich von der Misere zu befreien, doch wenn ich eine Seite im Buch aufschlug und die Stimme eines Autors vernahm, der die Welt akzeptierte, wie sie war, und sich auch dann mit ihr identifizierte, wenn er sie verändern wollte, dann fühlte ich mich sehr einsam. Bücher waren nichts für meinen Kummer. Ich mochte sie auch deshalb nicht lesen, weil sie mir eingehämmert hatten, dass ich ganz allein in dieser elenden Lage und aus diesem Grund ein ganz besonders armseliger Tor war. Darum sagte ich mir immer wieder: »Bücher sind ohnehin nicht zum Lesen, sondern zum Kaufen da.« Nach den letzten Erdbeben hatte ich auch einen Weg gefunden, sie aus dem Haus zu werfen, wenn sie mich ärgerten. So war ich nach vierzig Jahren dabei, meinen Kampf mit den Büchern mit einem Gefühl von so etwas wie Ekel und Enttäuschung zu beenden.

In dieser Gemütslage las ich dann einige Seiten von Thomas Bernhard. Nicht, weil ich mir etwas erhoffte von seinen Büchern, sondern aus Pflichtgefühl und in der Hoffnung auf Zerstreuung. Eine Zeitschrift bereitete eine Sonderausgabe über Bernhard vor und fragte, ob ich wohl etwas dazu schreiben würde. Ich hatte eine Schuld zu begleichen und ihn früher einmal sehr gemocht.

So begann ich, Bernhard von neuem zu lesen, und zum erstenmal in dieser desolaten Phase wies mich eine Stimme darauf hin, dass mein sogenanntes Elend, die Niedergeschlagenheit, eigentlich gar nicht so schlimm war und nicht übertrieben werden sollte. In dem Bernhardschen Text, den ich las, waren keine einzelnen Sätze oder Abschnitte in diesem Sinne zu finden: Er sprach von anderen Dingen, von der Leidenschaft für das Klavier, der Einsamkeit, den Verlegern oder von Glenn Gould, doch es freute mich zu spüren, dass sie nicht das eigentliche Thema waren, sondern es war meine Beziehung zu meinem Elend. Es ging nicht um mein Elend selbst, sondern um die Art, auf die ich es wahrnahm. Es ging nicht darum, dass ich unglücklich war, sondern um das, was zu diesem Empfinden führte. Bernhard zu lesen erschien mir wie ein Heilmittel in dieser Phase der Niedergeschlagenheit. Dabei waren doch diese Seiten, die ich las, nicht als Heilmittel geschrieben worden oder um einen Leser zu trösten, der mit seinen Depressionen rang.

Wo lag das Geheimnis? Was war es, das mir, während ich in diesen

Tagen der Depression Bernhard las, wie ein Heilmittel erschien? Eine Art Verzichtbereitschaft vielleicht. Eine moralische Instanz, die mir weise andeuten wollte, vom Leben nicht so viel zu erwarten … Vielleicht auch nichts Moralisches: dieser echte Zorn, der den Menschen spüren lässt, dass es zu seinem Besten sei, wenn er sich selbst, seinen Gewohnheiten und seinen Wutanfällen treu bliebe. Ebenso war aus Bernhards Zeilen die Erkenntnis herauszulesen, dass es am allerschlimmsten war, Pläne fürs Leben zu machen und auf die eigenen Leidenschaften und Gewohnheiten zu verzichten … Das Glücksgefühl, die Dummheit, die Blödheit der anderen anzugreifen … Und zu wissen, dass nichts am Ende irgend etwas erbringen würde, außer dem, was wir aus unseren Leidenschaften und Besessenheiten gemacht haben.

Doch ich weiß auch, dass alle Versuche, hier eine Formel zu finden, erfolglos sein werden. Nicht nur, weil es schwer ist, auf den Seiten, in den Zeilen von Bernhards Büchern wiederzufinden, was ich gesagt habe … Weil ich bei jeder erneuten Lektüre seiner Bücher begriffen habe, dass sie dieser Art der Reduktion verschlossen bleiben … Das aber ist vielleicht das einzige, was ich ohne Skrupel sagen kann: Es sind nicht die meisterhaft gedeuteten Ansichten, die Moral, das Thema etc., was mir Freude macht, wenn ich Bernhard lese, sondern ich fühle mich wohl im Innern dieser Zeilen, dieser Seiten, in der Gewaltsamkeit dieser Zeilen, in den unaufhörlichen Zornausbrüchen – nicht, was der Text sagt: er selbst macht glücklich.

Die Romanwelt von Thomas Bernhard

Eines der nützlichen Schlagwörter, die zwischen den beiden Weltkriegen in den alten, mehr als tausendjährigen Schatz an Vorurteilen eingingen, nimmt immer noch den ersten Platz in den kleinen Lexika derer ein, die einen Autor vorstellen, und zwar ist es der Begriff »ökonomisch«. Jenem literarischen Vorurteil zufolge wurde von einem klugen Schriftsteller erwartet, dass er eine Szene so kurz wie möglich mit einem Minimum an Wörtern schilderte und keine Wiederholungen in seinen Texten duldete, wie es die in jener Zeit mit ihrem besonders einprägsamen Stil glänzenden amerikanischen Autoren Hemingway und Fitzgerald vormachten.

Thomas Bernhard aber hatte sich wohl entschlossen, weder als kluger noch als »ökonomischer« Schriftsteller aufzutreten. Die Wiederholung ist eine der Grundlagen in der Welt seiner Romanfiguren. Nicht nur seine besessenen Protagonisten halten daran fest, ihre ewig gleichen krankhaften Vorstellungen zu wiederholen, unaufhörlich dieselbe Wut und Leidenschaft in Worte zu fassen, auch Bernhard selbst, der uns diese Leidenschaften und Verirrungen mit einer erstaunlichen Energie schildert, lässt gemeinsam mit seinen Helden immer wieder dieselben Sätze aufeinanderfolgen. So spricht er im *Kalkwerk* über den Mann, der jahrelang an einem Werk über das Gehör arbeitet, nicht einfach, wie es ein traditioneller Romancier tun würde: »Konrad dachte oftmals, die Gesellschaft sei nichts, das Werk aber, an dem er schrieb, sei alles«, sondern bringt uns diesen Gedanken über die unendlichen Wiederholungen seines Helden nahe.

Die sich wiederholenden Gedanken – eher mit Ausrufezeichen versehene Wutschreie, Flüche, Verwünschungen und Stoßgebete als Gedanken – sind schwere Kost für den rational orientierten Leser, der entschlossen ist, die Sphäre der »Logik« nicht zu verlassen: Wir lesen, dass alle Österreicher geistesschwach sind, anschließend wird dasselbe über Deutsche und Niederländer gesagt; wir lesen, dass alle Ärzte mitleidlose Monster, die meisten Künstler dumm, oberflächlich und ohne Talent sind; wir lesen, dass die Welt der Wissenschaft eine der Scharlatane, die Welt der Musik eine der Fälscher ist; wir lesen, dass Reiche und Aristokraten ekelhafte Parasiten, die Armen Opportunisten und Schwindler, die Intellektuellen überwiegend affektierte Hohlköpfe und die meisten jungen Leute Einfaltspinsel sind, die über alles lachen; wir lesen, dass die Menschen nur eines voller Leidenschaft betreiben: einander täuschen, betrügen, umbringen, ausrotten.

Die und die Stadt ist die widerwärtigste der Welt, das und das Theater ist keines, sondern ein Freudenhaus. Der Soundso ist der größte Komponist aller Zeiten, der Soundso der größte Denker, außer ihnen gibt es keine anderen Komponisten oder Denker, alle anderen sind nur »sogenannte« Komponisten und Denker … usw. usf.

Bei Tolstoi oder Proust, die sich und ihre Protagonisten durch eine ästhetische Rüstung schützen und solche »Übertreibungen« an den Knotenpunkten ihrer Romane vermeiden, würden wir derartige Aggressionen – auf bernhardsche Weise gesagt – als »die Launen eines wütenden, verbitterten Aristokraten oder eines eingebildeten, aber liebenswerten Helden« bezeichnen, in seiner Romanwelt jedoch sind sie die tragenden Säulen. Die sich ständig wiederholende Besessenheit, die wir uns bei der Lektüre von »ausgeglichenen« Schriftstellern wie Proust oder Tolstoi nur als »eine Seite aus dem Buch menschlicher Tugenden und Schlechtigkeiten« vorstellen könnten, präsentiert sich uns hier als eine ganze Welt. Viele der bei anderen Autoren in der »Gesamtheit des Lebens« nur irgendwo als Randerscheinung auftretenden »Zwangsvorstellungen und Radikalismen« erhalten in Bernhards Welt den Ehrenplatz, und was den Rest des von uns als »Leben« bezeichneten Experiments betrifft, so ist es ein kleines, in eine Ecke gedrängtes Detail, an das man sich nur erinnert, um es zu beschimpfen.

Dass ich die Aggressionen und Beschimpfungen, die ihre Kraft aus jener Besessenheit ziehen, mit Interesse zu lesen vermag, liegt meiner Ansicht nach nicht nur an Bernhards unerschöpflicher verbaler Energie, sie entspringt in gleicher Weise der Situation seiner Charaktere. Ihre Wut ist für sie ein Weg, sich gegen eine elende, bösartige, dumme und niedrige Welt zu schützen. Was wir von Bernhards Helden zu hören bekommen, ist keine hochnäsige Schelte von »erfolgreichen, selbstsicheren« Personen, die auf ihre Umgebung herabsehen können; die Wut dieser Helden ist die von Menschen mit schmerzhaften Erfahrungen, daran gewöhnt, jeden Moment vor einer Katastrophe zu stehen, Menschen, die ihr ganzes Bestreben daransetzen, nicht zu stürzen, nicht aufzugeben, standzuhalten. Immer wieder ist von diesem oder jenem die Rede, »der sich nicht auf den Füßen halten konnte«, »der schließlich umgefallen ist«, »der in einem Winkel dahingeschwunden ist«, »der am Ende auch kaputtgemacht wurde«. Der Zusammenbruch anderer dient als Warnsignal vor den Gefahren, die den von Unbarmherzigkeit und Dummheit umgebenen Bernhardschen Helden drohen. Um es mit von ihm häufig gebrauchten Worten zu sagen: Was die Helden gegen diese Dummheit und Gefahr des Zusammenbruchs, gegen das allgemeine Elend tun müssen, um sich »zu behaupten, um durchzuhalten, auszuhalten, auf den Füßen zu bleiben«, ist als erstes, alles und jeden mitleidlos verbal anzugreifen, und als zweites, sich einer Leidenschaft mit »tiefem, philosophischem und sinnvollem« Bestreben zu widmen oder sich zumindest ganz und gar einer Besessenheit hinzugeben. Und diese Besessenheit wird plötzlich eine ganze Welt für diese Helden, das Alleinige, Unverzichtbare.

Wie jener Charakter, der im Roman *Korrektur* Wittgensteinsche Züge trägt, jahrelang an einer Biographie arbeitet und an nichts anderes als an die Wut auf die, wie er meint, ihn hemmende Schwester denken kann, so hat sich auch der Held im *Kalkwerk*, das sich mit dem »Gehör« befasst, vollkommen in die Umstände verbohrt, unter denen er das Werk schreiben kann. Und während des Diners, das der Held in dem so unterhaltsamen Werk *Holzfällen* für die ganze von ihm verabscheute Intelligenzija von Wien gibt, ist das einzige, woran er denkt, sein Hass und sein Abscheu gegen sie.

Valéry sagte einmal, wir seien im Grunde genommen höchst interessiert an der Vulgarität, die uns anekelt und die wir hassen, wir seien neugierig und fühlten uns hingezogen zu dem, was wir als vulgär empfinden. Auch die Bernhardschen Figuren kommen ständig auf ihre Hassthemen zurück, suchen nach Bedingungen, um ihren Hass zu schüren, können nicht existieren ohne Ekel und Hass: Sie hassen Wien, eilen dorthin; die Musikwelt ekelt sie an, sie halten's nicht aus ohne Musik; sie hassen ihre Schwestern, besuchen sie; sie ekeln sich vor Zeitungen, können das Lesen nicht lassen; sie verabscheuen Intellektuellengeschwätz, und sie vermissen es; Literaturpreise sind ihnen zuwider, sie kleiden sich neu ein und rennen hin, um sie entgegenzunehmen ... Diese Menschen, die stets das tun, was sie nicht mögen, sich in verhasste Themen verrennen und sich scheinbar immer erwischen lassen möchten, erinnern an Dostojewski, vor allem an seine Betrachtungsweise in den *Aufzeichnungen aus einem Kellerloch.*

Bernhard und Dostojewski stehen sich nahe. Auch die Verbindung zur Kafkaschen Welt wird offenbar, wenn wir daran denken, wie die Verbohrtheit und die Leidenschaft jedesmal in etwas Unsinniges, in einen hoffnungslosen Widerstand umschlägt. Doch Beckett, meine ich, der so oft mit ihm gemeinsam genannt wird, hat außer der Modernität keine nähere Beziehung zu Bernhard.

Becketts Figuren kümmern sich wenig um das, was um sie herum vorgeht, sie interessieren sich nicht für das Unglück, das ihnen zustößt, und verkriechen sich in der eigenen Mentalität. Bernhards Figuren dagegen können zu flüchten versuchen, sosehr sie wollen, sie sind stets nach außen hin offen, und statt sich in die eigene Geisteshaltung zurückzuziehen, umarmen sie die Anarchie der Außenwelt. Beckett schwächt die Verbindung zu der hinter den Ereignissen stehenden Kausalität stark ab, Bernhard jedoch verbindet diese Kausalität bis ins kleinste Detail mit der Besessenheit. Bernhards Charaktere ergeben sich nicht der Krankheit, der Niederlage, dem Unrecht, sie kämpfen bis zum Ende mit wahnsinniger, blinder Wut dagegen an. Selbst wenn sie schließlich besiegt sind, lesen wir nicht von ihren Niederlagen, ihrem Aufgeben, sondern von ihrem besessenen Streit und Kampf.

Wenn man unbedingt einen Vergleich finden will, um sich in Thomas Bernhards Welt hineinzudenken, würde ich am ehesten Céline erwähnen. Wie Bernhard ist auch er in einer armen Familie groß geworden, die ums Überleben kämpfen musste. Er wuchs ohne Vater auf, erlebte die entbehrungsreichen Kriegsjahre, hatte Tuberkulose. In Célines und Bernhards oft autobiographisch geprägten Romanen lesen wir von dem ständigen Kampf, den Widerständen, der Wut und den Niederlagen im Verlauf jener Jahre. So wie Céline, der die Namen der ihn lobenden Autoren wie Aragon oder Elsa Triolet gern erwähnt, doch an Verlagen wie Gallimard, die seine Bücher herausbringen, kein gutes Haar lässt, überhäuft auch Bernhard diejenigen mit Schmähungen, die ihm die Hand reichen, beschimpft alte Freunde und Einrichtungen, die ihn auszeichnen. Bernhards stark autobiographischer Roman *Holzfällen*, der von einer Einladung alter Freunde zum Abendessen erzählt, wurde mit der Begründung, dass lebende Personen darin beleidigt worden seien, in Österreich beschlagnahmt. Beide Schriftsteller wehren sich mit verbaler Energie und verbaler Wut gegen das innere Elend. Doch anders als Céline, dessen Sätze immer kürzer werden und mit drei Punkten enden, ist Bernhards »Erfindung« der immer länger werdende Satz, der sich ständig wiederholt, kreisförmige, besser gesagt, »elliptische« Bahnen zieht und Absätze für überflüssig hält.

Was im traditionellen Roman das »Geflecht der Ereignisse« genannt wird, verfolgen wir in Bernhards Welt über die »elliptischen« Bahnen seiner Sätze. Während dieselben Prinzipien und Beobachtungen immer wieder von neuem genannt werden, schleicht der Handlungsablauf schwerfällig voran. Dies sind jedoch Geschichten, die aus dem Sicherinnern heraus geschrieben und aus dem Schreiben heraus weiterentwickelt werden. Wir erkennen, dass Thomas Bernhard weder alle Details einer rundum stimmigen Geschichte durchdenkt, bevor er sich zum Schreiben hinsetzt, noch im geringsten darum bemüht ist, alles und jedes an der richtigen Stelle zu plazieren. Wie manche seiner Helden, die ihre Bücher einfach nicht vollenden können, so scheint auch er zu Anfang lediglich von Wut, Hass und Gewalt durchdrungene, nebelhafte Eindrücke im Kopf zu haben.

Wenn sich dieser Nebel teilt, kommen hübsche kleine, grausamamüsante Anekdoten zum Vorschein. Trotz all der leidenschaftlichen Reden sind seine Romane nicht dramatisch; sie entstehen aus dem Aneinanderreihen einzelner kleiner Geschichten. Was uns anspricht an dem Roman, hängt weniger mit dem Buch als Ganzes zusammen als vielmehr mit den innerhalb des Textes verstreuten kleinen Geschichten – was wir auch aus unserer türkischen Romanwelt kennen. Betrachten wir diese Geschichten näher, die überwiegend aus Beschimpfungen, aus mitleidlosen Beobachtungen und Klatsch bestehen, vor allem über Intellektuelle und Künstler, so lässt sich daraus schließen, dass Bernhards Romanwelt nicht nur der Form nach, sondern zeitweise auch geistig der unseren nahesteht. Er hat einen Weg gefunden, die uns eigenen Zornattacken, Grausamkeiten, besessen wiederholten Hasstiraden, Flüche und Leidenschaften vor allen offen auszusprechen und dies auf ein »künstlerisches Niveau« zu heben.

Doch das ist auch der wunde Punkt in seiner Wahrnehmung von Welt und Kunst. Denn wer miterlebt, wie die von ihm mit Beleidigungen überschütteten Zeitungen immer häufiger von ihm berichten, wie die Jurys, denen er ins Gesicht spuckt, ihn mit noch mehr Preisen auszeichnen, wie die von ihm in Flüchen ertränkten Theaterintendanten ihm nachlaufen, um seine Stücke aufzuführen, der wird tief enttäuscht sein, wenn er erkennt, dass dieses ihm so glaubhaft erscheinende Märchen tatsächlich nur ein »Märchen« ist. Und dies ist eine gute Gelegenheit, noch einmal an den großen Unterschied zwischen der Welt des Autors und der des Romanhelden zu erinnern. Doch wenn man denkt, jene Welt müsse unbedingt »autobiographisch« sein und beziehe ihre ganze Kraft aus einer realen Wut, dann fragt man sich nach jeder Lektüre eines Romans von Bernhard, warum man die »Welt der Werte«, nach der man während des Lesens gesucht hat, stets als ein wie eine Karikatur wirkendes Spiel empfindet, in das man – genau wie bei den Romanen selbst – hineingezogen worden ist.

Salman Rushdie: Die *Satanischen Verse* und die Freiheit des Autors

Die exaltierten Szenen jener Romane, die man sofort dem »magischen Realismus« zuordnen kann, weisen auf einen Autor hin, dessen phantastische Träume das Interesse an seinem Buch wecken sollen: Ein Roman, der detailliert die menschlichen Probleme von Immigranten behandelt, die in Indien, in Bombay, aufgewachsen sind und nun in England, in London, leben, ist in Indien, in Pakistan und den meisten islamischen Ländern verboten. Gegen den Roman und seinen Autor wird mit Aufmärschen protestiert, ebenso gegen die Verlage und den Verkauf des Buchs in Amerika und England. Die Buchhändler werden bedroht, auf öffentlichen Plätzen wird mit dem Buch auch eine Puppe des Schriftstellers verbrannt, und der Ajatollah Chomeini setzt auf Rushdie ein Kopfgeld aus. Manch einer meint, der Autor müsse den Rest seines Lebens in dem Loch verbringen, in das er sich verkrochen hat, andere wieder, er könne sich nach einer Gesichtsoperation, also mit einem anderen Gesicht und einer anderen Identität ausgestattet, wieder unter uns bewegen. Einerseits verfolgen die Fernsehkanäle weltweit diese über jedes Maß hinausgehende, unglaubliche Menschenjagd nahezu »live«, und während sie spekulieren, durch welche Tür, durch welchen Kamin die Attentäter hineinschlüpfen könnten, debattieren sie zugleich über die Gedankenfreiheit und die Grenzen der Phantasie des Autors. Was die Themen freies Denken und freie Meinungsäußerung betrifft, so begnügen wir uns, die wir in einem islamischen Land leben, in dem das freie Denken und die freie Meinungsäußerung immer wieder eingeschränkt werden, aus alter Gewohnheit damit, das direkt neben uns ablaufende Spiel lediglich zu beobachten und uns die Zeit, die diese Menschenjagd währt, durch Details aus der ausländischen Presse zu vertreiben.

Es gibt bei uns einige wenige, die sich für dieses Thema interessieren, doch genau wie in Iran stürzt man sich, ohne den Roman gelesen zu haben und ohne je Romane zu lesen, sofort auf dieses Geschehen: Auf Anordnung des Ministeriums für religiöse Angelegenheiten ruft man, als ginge es hier um eine theologische Auseinandersetzung und die Geschichte des Islam, eiligst die Fatwa-Kommission zusammen, Imame, die den Roman nicht gelesen haben, predigen vor Gemeinden, die den Roman nicht gelesen haben, Journalisten, die das Buch nicht gelesen haben, stellen Professoren, die es ebensowenig gelesen haben, theologische Fragen und fabrizieren für Leser, die das Buch ebenfalls nicht kennen, vom Theologischen weit entfernte, statt dessen aber beschämende Schlagzeilen: *»Soll man ihn umbringen, soll man ihn nicht umbringen?«*

Salman Rushdies Roman *Die satanischen Verse* ist ebenso wie sein zweiter Roman *Die Mitternachtskinder* vom »magischen Realismus« geprägt, wie viele Bücher der letzten zwanzig Jahre in der ganzen Welt. In diesem oft kopierten Genre, dessen Ursprünge man bis zu Rabelais zurückverfolgen kann und deren beste Beispiele, *Die Blechtrommel* von Günter Grass und *Hundert Jahre Einsamkeit* von García Márquez, auch in der Türkei erschienen sind, hält sich der Autor, was seine Helden und ihre Welt betrifft, nicht an die Regeln unserer physikalischen Umwelt. In diesen Romanen sprechen Tiere, Menschen fliegen, Tote erstehen auf, sympathische Gespenster und Geister streifen umher, Gegenstände werden lebendig, und alle Ereignisse haben, wie in den *Satanischen Versen*, stets eine übernatürliche Dimension. Dieser Roman, in dem die Helden mit Dämonen, bösen Geistern und Teufeln ringen, wo ein Mensch zum Satan, ein anderer zum satyrähnlichen Ungeheuer transformiert wird, erzählt die ineinander verflochtenen Geschichten von zwei aus Bombay stammenden, anglisierten Indern in London – eine Erzählung, die auch realistisch hätte geschildert werden können.

Gibril Farishta ist ein Schauspieler, der durch die Darstellung indischer Gottheiten berühmt wurde, seine Kindheit und Jugend in einem an Istanbul erinnernden Bombay verbrachte und in einem Filmmilieu zum Star aufstieg, das unserem »Yeşilçam«, dem »türkischen Hollywood«, sehr stark ähnelt. Saladin Chamcha wiederum ist ein Moslem aus Bombay und wurde, wie Salman Rushdie selbst, als Sohn eines reichen indischen Geschäftsmannes zur Ausbildung auf eine höhere Schule nach England geschickt. (Einen »ins Englische übersetzten Inder« nennt ihn Rushdie an einer Stelle des Romans.) Die beiden Protagonisten treffen sich auf einer Flugreise von Bombay nach London, auf der die Maschine der Air India (der Wortspiele liebende Rushdie gibt ihr den Namen Bostan – »Garten«) von Sikh-Terroristen entführt wird, landen muss, wieder aufsteigt und beim Anflug auf London in die Luft gejagt wird. Während alle Passagiere umkommen, landen unsere beiden Helden, ähnlich dem Sturz aus dem Paradies, nach einem lange währenden Fall heil und gesund an der verschneiten englischen Küste, doch wie Kafkas berühmter Held, kommen sie verwandelt auf dem Boden an. Aus Saladin Chamcha, dem Stimmenimitator, ist ein Ungeheuer mit behaarten Beinen und Hörnern geworden. Gibril Farishta, der vor ihm flüchtet, ist zwar nicht physisch, aber psychisch verwandelt: Voll megalomaner Wut, die nur durch klinische Behandlung gedämpft werden kann, ist er davon überzeugt, selbst der Engel Gabriel zu sein, der dem Propheten Mohammed den Koran überbracht hat. Die Reise der beiden auf die englische Küste gestürzten Helden, die sie auf englischem Boden nach London (im Roman Ellowen Deeowen genannt) unternehmen, ist im Grunde genommen die Geschichte der indischen und pakistanischen Migranten in London.

Das Interessante an den beiden Protagonisten, die gewissermaßen zwillingshaft verbunden sind, einander wie Gut und Böse nach jeder Trennung wieder treffen und sich nie endgültig entscheiden können, Teufel oder Engel zu sein, sind nicht die Farben der surrealistischen Abenteuer, die sie erleben – wie ich es sonst stets bei der Lektüre von Romanen des »magischen Realismus« empfinde. Die Aufmerksamkeit des Lesers wird ohnehin nicht durch diese mit Rückblicken, Erinnerungen, Abweichungen vom Thema und kleinen Nebenhandlungen durchwebte Textur des Romans auf jene Geschichten gelenkt, sondern stets auf den Erzähler selbst, und zwar durch seine hier und da eingestreuten langen Reden (wo er zum Beispiel Margaret Thatchers Politik ausführlich kritisiert). Auch wenn man die *Satanischen Verse* mit anderen, allein in den letzten Jahren veröffentlichten Werken vergleicht, ist dieser Roman weder von der Form noch vom Thema her besonders erfolgreich. Was mich bei der Lektüre des Buchs aber vor allem beeindruckt hat, ist die von der islamischen Mythologie durchwirkte Sprache, mit der die Kindheit und Jugend in Bombay – mal aus dem Mund von Saladin Chamcha, mal aus dem von Gibril Farishta – geschildert wird. (Wie viele Autoren, die nicht in ihrer Muttersprache, sondern in einer zweiten Sprache schreiben, wie Nabokov und Cabrera Infante, so liebt auch Rushdie Wortspiele, Binnenreime, wenig benutzte Wörter und Neologismen.) Mit der zunehmenden Entfernung des Erzählers von diesen Tagen einer »muslimischen Kindheit« in jenem armen Land sehen wir an ihm selbst, wie er gemeinsam mit seinen Helden eine Art Transformation erlebt, hin zur Wut, zur Veränderung in Sprache und Kultur. Als Saladin nach vielen Jahren in seine Heimat zurückkehrt, wird sein Vater Changez dem anglisierten Sohn in einer sehr gut geschilderten Familienszene auf indirekte Weise folgendes vorwerfen: »Wenn er ins Ausland gegangen ist, um dort die Seinen verachten zu lernen, dann können die Seinen nur Geringschätzung für ihn empfinden.«

Mit der Fatwa Chomeinis gegen Rushdie blieben nicht nur die Bemühungen um die türkische Übersetzung der *Satanischen Verse* auf der Strecke zurück, sondern auch seine früheren Werke blieben unübersetzt.

Nachdem die hiesige Öffentlichkeit den Mord an Turan Dursun, der den Koran kommentierte, so gleichgültig aufgenommen hat, muss man sich an dieser Stelle fragen, wie ernsthaft sich diese Öffentlichkeit tatsächlich mit den gegen Rushdie gerichteten Drohungen beschäftigt.

Tanpınar: Was er im Gedicht suchte, fand er im Roman

Ein Schriftsteller kann nur dann in uns ein Eigenleben führen, wenn er bestimmte Fragen in uns aufrührt und Wünsche wach werden lässt. Ob diese nun mit der Literatur zu tun haben oder direkt mit dem Leben selbst, wir werden sie auf jeden Fall mit dem verquicken, was wir von dem Schriftsteller schon wissen, mit bestimmten Vorstellungen, mit Fotos, und uns so ein Bild von ihm machen. Dieses aber bleibt uns nicht wie eine Telefonnummer oder eine Adresse unveränderlich im Kopf, sondern wandelt sich, so wie unsere Erinnerungen, unsere Erwartungen. Und so denken wir allmählich, parallel zu unserem Bild von ihm müsse auch der Schriftsteller selbst sich ändern. Bis wir ihn wiederlesen und dabei feststellen, dass nicht er sich geändert hat, sondern unsere Fragen und Wünsche andere geworden sind.

Tanpınars *Artikel über die Literatur* ist der tiefschürfendste und lehrreichste Essayband in türkischer Sprache. Ich lese ihn immer wieder, blättere gern darin herum, und allein schon, wie er so angenehm schwer in der Hand liegt, ist mir eine Freude. In den sechs Essays über den Roman finde ich den ganzen Tanpınar wieder, der mir im Kopf herumspukt. Wenn wir die Essays über die Poesie lesen, die von der Herausgeberin Zeynep Kerman den Artikeln über den Roman vorangestellt wurden, sehen wir, welche poetischen Probleme Tanpınar beschäftigten: der Wunsch, die Poesie von »kunstfremden« Überlegungen zu befreien, die Verteidigung von Metrik und Reim gegenüber künftigen Generationen und eine an Valéry orientierte strenge ästhetische Ordnung, die Tanpınar mit den Worten »Harmonie« und »Traum« bezeichnete.

In den Aufsätzen über den Roman dagegen werden uns nicht nur Tanpınars Romane, sondern auch die Probleme der gesamten Romanwelt und unsere diesbezüglichen Denkgewohnheiten in ihren zentralen Punkten vor Augen geführt. Dieses ungleich breitere Spektrum ist kein Zufall. Was Tanpınar im Gedicht suchte, fand er nämlich im Roman.

Mit der Frage »Warum gibt es keinen türkischen Roman?« entwirft er gleich im ersten Essay den Rahmen für seine Überlegungen: Selbstredend gab es türkische Romane, die auch gelesen wurden, aber unter Intellektuellen, die mit westlichen Romanen vertraut waren, wurden sie als steril und unzulänglich abgetan.

Da war die Rede von »mangelnder Lebens- und Volksnähe«, von »Nachäffung westlicher Romane« und »Unaufrichtigkeit«, doch mit diesen oberflächlichen Analysen, an denen auch heute noch manche Kritiker vehement festhalten, räumte Tanpınar schon 1936 im Alter von Fünfunddreißig gründlich auf. In einem zweiten Essay aus dem gleichen Jahr beschäftigte er sich gleichsam en passant mit zwei Begriffen, die in den siebziger Jahren, also vierzig Jahre später, wiederentdeckt und breit diskutiert wurden, nämlich »Individuum« und »Klasse«.

Als er sieben Jahre später mit eigenen Romanen befasst war, galt seine Aufmerksamkeit nicht mehr Begriffen und Theorien, sondern dem Leben selbst. Er berichtete von der für das Verfassen eines Romans notwendigen Lebens- und Erzählfreude und von den Lebensquellen einer alten Frau, die er in seiner Jugend kennengelernt hatte und die »zu sehen wusste.« Diese auf den Menschen zentrierten Beobachtungen sind schon eine Einstimmung auf den vierten Essay, in dem eine Beziehung zwischen der Romankunst und der christlichen Beichte hergestellt wird. Tanpınar verlegt den Akzent der Romanproblematik auf den mitten im Leben stehenden Menschen, auf die Glaubwürdigkeit des erzählten Lebens und die Frage des »Sehens« und scheint dabei zu dem Schluss gekommen zu sein, dass der Kernpunkt der Problematik mit der Romantechnik als solcher zu tun hat.

Am meisten frappiert mich an diesen Essays, dass Tanpınar auf der Suche nach den grundlegenden Besonderheiten – bzw. Mängeln – des türkischen Romans den Blick weniger auf gesellschaftliche oder allgemein kulturelle Aspekte richtet, als vielmehr auf die ureigenen Probleme der Romankunst an sich.

Beim Dozieren über die Methoden des Sehens, Zeigens und Beschreibens geht er auf den engen Bezug ein, den die französischen Romanciers des 19. Jahrhunderts zur Malerei hatten. Feinsinnig lässt er durchblicken, jene Schriftsteller seien zwar dadurch nicht imstande gewesen, besser zu sehen, doch sei ihnen durch ihre tiefe Vertrautheit mit der Malerei eine bestimmte Fähigkeit zur Beschreibung in die Feder geflossen. Tanpınar erinnert in diesem Zusammenhang daran, dass Homer, dessen »Kraft der Geste« er rühmt, blind gewesen sein soll. Ebenfalls bei der Untersuchung der beschreibenden Kraft der Sprache befasst er sich mit dem Stil von Balzac und zieht Parallelen zwischen langen Satzkaskaden und der Malerei.

Dass ich derlei aus Tanpınars Essays über den Roman herauslese, mag damit zu tun haben, dass ich an einem Roman arbeite, der sich mit osmanischen Miniaturen und mit der Problematik des Sehens und des Erzählens auseinandersetzt. Wie lautet doch ein von Tanpınar gerne zitierter Ausspruch Yahya Kemals: »Hätten wir Bilder und hätten wir Prosa, wir wären ein ganz anderes Volk.«

Meine Bücher sind mein Leben

Zur *Weißen Festung*

Es gibt einige Romane, die ihren Verfasser durchaus glücklich machen und auch ein zufriedenstellendes »Ende« finden, dennoch setzen die handelnden Personen ihre Abenteuer nach der Veröffentlichung des Buchs in der Phantasie des Autors fort. Mehrere Schriftsteller des 19. Jahrhunderts haben versucht, diese Phantasien in einem zweiten und dritten Band weiterzuerzählen. Andere wieder, die nicht in die Falle der Neuerfindung einer erfundenen Welt stolpern wollten, hängten in aller Eile ans Ende des Romans ein Stückchen an, das die Zukunft der Helden zu Ende brachte, als solle damit die Gefahr des Weiterlebens in einem nächsten Buch gebannt werden. Wir lesen: »Dorothea kehrte Jahre später mit beiden Töchtern auf die Farm in Alkingstone zurück ...« »Am Ende ordnete Razarow seine Angelegenheiten, er hatte schließlich ein gutes Einkommen« usw. Da ist aber noch eine Art von Büchern, in denen der Autor seine alten Charaktere nicht durch neue Abenteuer weiterleben lässt, sondern einfach in den neuen Handlungsrahmen der Erzählung stellt. Immer wieder verändern etliche verpasste Gelegenheiten, die ihn nicht loslassen, die Reaktionen von Lesern und nahen Freunden, Erinnerungen und ein paar andere Entwürfe das Buch in der Vorstellung des Autors. Und wenn sich am Ende diese Vorstellung ganz und gar von dem Ergebnis unterscheidet, das in den Buchhandlungen verkauft wird, wie auch von dem, das er eigentlich beabsichtigt hatte, dann würde der Autor dieses ihm entglittene neue Ungeheuer am liebsten daran erinnern, auf welche Art er es geschaffen hat.

Das erste schemenhafte Bild der *Weißen Festung* formte sich in meinem Kopf, als ich *Cevdet und Söhne*, mein erstes Buch, eine lange Familiensaga, abgeschlossen hatte: Ich stellte mir einen Wahrsager vor, der dem Ruf in den Serail folgend um Mitternacht die blauen

Straßen entlanggeht. Das war damals auch der Name des Buchs. Mein wohlmeinender Wahrsager beginnt eine Tätigkeit der »Wissenschaft« im Serail, wo man ihr ohne Begeisterung begegnet, und praktiziert die Kunst des Sternedeutens zunächst höchst unwillig und nur um der Anerkennung willen. Doch dank seines Interesses an der Astronomie kann er sie leicht erlernen. Als ihm seine Voraussagen Macht und Einfluss bringen, steigt ihm das zu Kopf, und er beginnt, Intrigen zu spinnen. Das Weitere wusste ich nicht. Zu jener Zeit hatte ich mich von den »historischen« Themen zurückgezogen, denn die so oft gestellte Frage – die auch ich mir stellte –: Warum schreiben Sie historische Romane? war mir lästig geworden, und so beschäftigte ich mich nicht genügend mit der Sache, um sie weiterzuverfolgen.

Ich hatte bis dahin mit meinen dreiundzwanzig Jahren drei historische Erzählungen geschrieben, und *Cevdet und Söhne,* ein Roman, der im frühen 20. Jahrhundert beginnt, wurde auch als historisch bezeichnet. Die Antwort auf diese Frage ist wohl weniger in meinem literarischen Geschmack als vielmehr in meiner Gemütsverfassung zu suchen: Als ich klein war, mit acht Jahren (als müsse ich das erklären!), stieg ich eines Tages von unserer Etage hinauf in die mit dunklen Möbeln vollgestellte Wohnung meiner Großmutter, das Duplikat der unsrigen, wo sogar aus dem Radio noch das gleiche Geschnatter kam, und fand unter den verstaubten medizinischen Büchern und den vergilbten Zeitungen meines Doktor-Onkels, der wohl niemals aus Amerika zurückkehren würde, einen großen, illustrierten, von Reşat Ekrem Koçu herausgegebenen Folianten. So las ich jeden Tag, während sich der Staub in der dunklen Wohnung nach stundenlangem Wischen wieder schattenhaft niederließ, die Geschichte der bedauernswerten Affen, die man in den Läden von Azapkapı kaufte und später an den Bäumen aufknüpfte, weil sie, wie man meinte, Unzucht getrieben hatten. An den Waschtagen, wenn jeder zusammen mit der wütenden Waschmaschine vom Zorn des kochenden Wassers und der Schmierseife ergriffen war, verkroch ich mich in ein Loch und schaute mir die Bleistiftzeichnungen der Huren aus der Für-Engel-gesperrt-Straße an, die mit der Pest bestraft worden waren. Während die Pendeluhren im Korridor geduldig auf die nächste volle

Stunde warteten, tauchte ich ungeduldig vor Angst in die Geschichte des zum Tode verurteilten Übeltäters ein, der mit gebrochenen Armen und Beinen vor das Kanonenrohr gebunden wurde, um wie eine Kugel in den Himmel geschossen zu werden.

Nachdem ich *Das stille Haus* beendet hatte, begannen sich wieder historische Bilder vor meinen Augen zu tummeln. Ich sollte zwischen den langen Romanen etwas Kürzeres schreiben, sagte ich mir, eine Novelle, deren Handlung bereits als Plan besteht, an der ich mit Lust und voller Ruhe arbeiten kann. Und so vertiefte ich mich für meinen Wahrsager in Bücher der Wissenschaft und der Astronomie. Adnan Adıvars amüsantes und einmaliges Werk *Die Wissenschaft der osmanischen Türken* gab mir die Farbfacetten, die ich für die Stimmung suchte (auch Bücher wie Evliya Çelebis *Acaib-ül Mahlukat – Seltsame Kreaturen –*, in dem er seine heißgeliebten Geschichten von merkwürdigen Tieren erzählt, und seine geographischen Aufsätze über nichtexistierende Länder, aus anderen Büchern abgeschrieben und verändert, usw. usf.). Durch das Buch von Prof. Süheyl Ünver, *Die Istanbuler Sternwarte* wurde ich mit dem berühmten osmanischen Astronomen Tekiyüddin und seinem Kometen bekannt, den er dem Sultan präsentieren wollte, und als ich mir ausdachte, wie mein Held das heute nicht mehr auffindbare *muhtıra-i ilmiye* (etwa: wissenschaftliche Notizen) entdeckt und deutet, da wusste ich, wie fließend die Grenze zwischen Astronomie und Astrologie ist. Ein anderes Buch sagte über die Astrologie: »Den möglichen Zusammenbruch eines Systems vorauszusagen ist kein schlechtes Mittel, dieses System zu stürzen.« Wie alle Politiker versuchte auch der Erste Sterndeuter Hüseyin Efendi dieses Wahrsageprinzip mit allen Kräften umzusetzen, wie ich später in den Chroniken des Naima las, einem der hochdramatischen und lesenswerten osmanischen Historiker mit großem Erzähltalent.

Als ich müde war von dieser Leserei, die nur dem Zweck diente, farbige Momente für meine Geschichte zu sammeln, beschäftigte mich ein in der türkischen Literatur häufig angesprochenes Thema: ein Held, der darauf brennt, Gutes zu tun und anderen zu helfen! In solchen Romanen stellen sich die Bösen stets auf hinterhältige Weise dem noblen Helden in den Weg. In den Romanen besserer Qualität

aber lesen wir, dass die Guten nach und nach von all dem Bösen, dem
sie sich entgegenstellen, in die Knie gezwungen und verändert werden. Wer weiß, vielleicht hätte ich etwas Ähnliches geschrieben, doch
die Quelle für dieses »Gute«, die Quelle der Begeisterung für die
Wissenschaft und die Entdeckungen, die den Helden zum Handeln
treibt, die wollte mir einfach nicht einfallen. Später beschloss ich,
mein Wahrsager solle sein Wissen von einem erwerben, der aus dem
»Westen« kam. Schiffsladungen voller Sklaven aus jenen fernen Ländern waren wie geschaffen für diese Sache. Und daraus entstand jenes
Hegelsche Herr-und-Knecht-Verhältnis. Ich dachte, mein Hodscha
und sein Sklave sollten einander alles erzählen, sich gegenseitig erzie-
hen, und das erforderte lange Gespräche, so dass ich sie mir in der
dunklen Stadt einsam in einem Zimmer vorstellte. Aus der geistig-
seelischen Beziehung und der Spannung zwischen den beiden ergab
sich dann sofort der zentrale Dreh- und Angelpunkt der Geschichte.
Ich stellte fest, dass sich der Hodscha und sein italienischer Sklave
dem Aussehen nach nicht wesentlich unterschieden. Vielleicht entstand so aus einer momentanen Unterbrechung meines Vorstellungs-
vermögens der Identitätsgedanke. Von da an musste ich meine Phantasie nicht weiter bemühen, um mich auf das aus dem Schatz der
Literaturgeschichte stammende, berühmte Thema jener Paare zu
stürzen, die sich wie Zwillinge gleichen und jeweils an die Stelle des
anderen treten.

Auf diese Weise nahm meine Geschichte – zwangsläufig ihrer inneren Logik folgend oder dank der Trägheit meiner Vorstellungskraft – plötzlich eine ganz andere Gestalt an, die auch mich begeisterte. Ich kannte natürlich die Doppelgängergeschichten von E.T.A.
Hoffmann, der mit sich selbst uneins war und lieber ein Musiker sein
wollte und, wie man sich erzählt, deswegen den Namen Mozarts dem
seinen hinzufügte, ich kannte auch Edgar Allan Poes grausige Erzählungen und auch Dostojewskis haarsträubenden Roman *Der Dop-
pelgänger*, dem ich im letzten Kapitel mit dem legendären epilepti-
schen Priester in einem slawischen Dorf meinen Respekt zollte. In
der Mittelschule brüstete sich unser Biologielehrer damit, dass er
die hässlichen Zwillinge in unserer Klasse auseinanderhalten könne,
doch in der mündlichen Prüfung nahm einer unbemerkt den Platz

des anderen ein. Eine türkische Adaption von Chaplins *Der große Diktator* gefiel mir als Kind, das Original hingegen später nicht. In meiner Kindheit bewunderte ich Tausendundeingesicht, den Helden eines Bilderromans, der sich ständig veränderte: Was würde er tun, wenn er an meiner Stelle wäre? Vielleicht hätte er sich in einen Amateurpsychologen verwandelt und erklärt: Alle Schriftsteller möchten im Grunde genommen jemand anders sein; mehr als Hoffmann in seinen Erzählungen enthüllt Robert Louis Stevenson sein eigenes Seelenleben in *Dr. Jekyll und Mr. Hyde*: Bürger am Tage, Schriftsteller bei Nacht!

Ob der italienische Sklave oder der osmanische Hodscha das Manuskript *Die weiße Festung* verfasst hat, weiß ich selbst nicht. Um während der Arbeit an der *Festung* einigen technischen Problemen aus dem Weg zu gehen, beschloss ich, dafür meine Sympathie für den Historiker Faruk, einen der Protagonisten aus dem *Stillen Haus*, zu nutzen. Cervantes, auf den ich im ersten und im letzten Kapitel meines Buchs anspiele, muss seinerzeit die gleichen Bedenken gehabt haben, so dass er, um *Don Quijote* als sein Werk auszugeben, unnötige Wortspiele macht und dafür ein Manuskript des arabischen Historikers Seyyit Hamit bin Engeli (Cide Hamete Benengeli) verwendet haben will. Wie sich die Leser des *Stillen Hauses* erinnern werden, muss Faruk dem Text des im Archiv von Gebze entdeckten Manuskripts – genau wie Cervantes – beim Übersetzen in die Sprache seiner Landsleute etwas aus anderen Büchern hinzugefügt haben. An dieser Stelle möchte ich meine Leser, die sich vorstellen, auch ich hätte wie Faruk in Archiven gearbeitet und auf staubigen Bibliotheksregalen nach Manuskripten gestöbert, wissen lassen, dass ich für Faruks Tätigkeiten nicht verantwortlich sein möchte. Ich habe nur von einigen Details profitiert, die er herausgefunden hatte. Da ich während der Arbeit an meinen ersten historischen Erzählungen Stendhals *Chroniques italiennes* las und dabei etwas über die Technik der Entdeckung eines alten Manuskripts erfuhr, wurden auch diese Details in die Einführung eingestreut, die ich Faruk schreiben ließ. Auf diese Weise konnte ich Faruk vielleicht– wie es sein Großvater Selahattin für mich tat – daran gewöhnen, mir auch bei anderen historischen Erzählungen, die ich später noch schreiben würde, seine

Dienste zu leisten, und gleichzeitig den Leser davor bewahren, aus dem Nichts heraus in einen Kostümball hineinzustolpern, was der schwierigste Teil in einem historischen Roman ist.

Ich hatte beschlossen, meine Geschichte im 17. Jahrhundert anzusiedeln, nicht nur wegen der historischen Übereinstimmung oder weil es eine farbige, lebhafte Zeit war, sondern auch, damit meine Helden von den Schriften des Naima und des Evliya Çelebi Gebrauch machen konnten; aber auch viele kleine Ausschnitte aus dem Leben der Jahrhunderte davor und danach sind aus Reiseberichten in mein Buch mit eingeflossen. Dass ich meinen wohlmeinenden, zuversichtlichen Italiener zum Sklaven des Hodschas machen konnte (Gefangennahme auf dem Schiff und die Zeit als falscher Arzt), verdanke ich einem Buch, das ein namenloser Spanier, der ein Jahrhundert vor Cervantes ebenfalls in türkische Gefangenschaft geraten war, Philipp II. präsentiert hatte. Die im Verlies verbrachte Zeit des Barons von Wratislaw, auch er ein Galeerensklave auf osmanischen Schiffen in jener Periode, war Vorbild für die Kerkertage meines Sklaven. Aus den Briefen des spanischen Reisenden Busbecq, der Istanbul vierzig Jahre vor Wratislaw besucht hatte, entnahm ich die Beschreibungen der Pesttage (als sogar ein Furunkel Furcht vor der Plage auslöste!) und der Flucht der christlichen Einwohner auf die Inseln vor Istanbul. Andere Einzelheiten meiner Geschichte stammen nicht aus der Zeit, in der sie spielt, sondern sind Augenzeugenberichten aus unterschiedlichen Perioden zu verdanken: das Feuerwerk, einige Ansichten von Istanbul und nächtliche Feste (Antoine Galland, Lady Montagu, Baron de Tott), die geliebten Löwen des Sultans und sein Löwenhaus (Ahmet Refik), der Feldzug nach Polen (Ahmat Ağas *Tagebuch der Belagerung Wiens*), einige Träume des kindlichen Padischahs (ein weiteres Werk aus dem gleichen Fundus von Reşat Ekrem Koçu: *Seltsame Vorkommnisse in unserer Geschichte*, das ich in Großmutters Bibliothek gelesen habe), die streunenden Hunde von Istanbul, die Vorbeugungsmaßnahmen gegen die Pest (Helmuth von Moltkes *Briefe über die Zustände und Begebenheiten in der Türkei*), die *Weiße Festung*, die meinem Roman den Titel gab (Tadeutz Trevanian, Verfasser des mit Stichen illustrierten Buchs *Reisen durch Transsilvanien*, erwähnt außer der Geschichte der Festung auch den

Roman eines Franzosen in seiner Bibliothek, in dem ein Barbar und ein Europäer die Plätze tauschen).

Evliya Çelebi, der auch das Irrenhaus im Komplex der Beyazıt-Moschee von Edirne beschrieben hat, spricht von einem Mann, der sich die wundersame Musik anhört, die man den Kranken vorspielt – er war natürlich selbst der Zuhörer, doch meine Frau und ich haben dieses schöne Gebäude voller Schlammrückstände an einem bewölkten, nichtssagenden Frühlingsmorgen mit Schaudern und voller Wehmut gesehen. Auch den Storch, der den Padischah so begeistert hat. Einige der Träume, die Mehmet der Jäger sieht und die von meinen Helden gedeutet werden, sind eigentlich die meinen (die finsteren Kerle mit den Säcken in der Hand). Genau wie mein italienischer Sklave in seiner Kindheit hatte auch ich einen neuen Anzug, den man meinem älteren Bruder überzog, weil sein eigener völlig zerrissen war, doch im Gegensatz zu dem roten Anzug im Buch war meiner blau und weiß. Wenn meine Mutter meinem Bruder und mir auf dem Rückweg von einem Spaziergang an kalten Wintermorgen etwas zum Naschen kaufte (keine Helva, sondern Bittermandelplätzchen), dann sagte sie wie die Mutter des Hodschas zu uns: »Die muss man verzehren, ohne gesehen zu werden.« Der rothaarige Zwerg im Roman hat nichts mit dem Klassiker unserer Kindheit, *Das rothaarige Kind,* zu tun, auch nicht mit anderen Zwergen in Büchern, die ich ich geschrieben habe oder noch schreiben werde – ich habe ihn 1972 auf dem Markt von Beşiktaş gesehen. Ich war der Meinung, die Idee von der Gebetsstundenuhr des Hodschas, die nach dem Aufziehen über lange Zeit perfekt läuft, sei eine der Phantasien meiner Jugendjahre gewesen, doch das war ein Irrtum. Viele Menschen interessieren sich für diesen Entwurf, der erstaunlicherweise noch nicht verwirklicht worden ist. Jemand erzählte, die Japaner hätten sie als Armbanduhr geschaffen, doch gesehen habe ich sie nicht.

Vielleicht muss dies noch gesagt werden: Die Trennung in Ost und West ist eine der bisher üblichen und wohl auch üblich bleibenden Klassifizierungen, mit der die Menschheit und ihre Kulturen unterschieden werden, doch wie weit dies in Wirklichkeit geht, ist nicht das Thema der *Weißen Festung.* Man muss allerdings noch hinzufügen, dass die meisten der farbigen Einzelheiten, die der Geschichte selbst ihren Halt geben, ohne diese jahrhundertealte Illusion der Trennung fortfallen würden. Und die Pest wie Lakmuspapier zur Trennung von Ost und West zu benutzen, ist auch eine alte Idee. Der Baron de Tott sagt in seinen Erinnerungen: »Einen Türken tötet die Pest, einem Franken bereitet sie Pein!« Für mich ist eine solche Beobachtung weder ein Bröckchen Weisheit noch irgendein Unsinn, sondern ein Farbtupfer, der mir nützte, als ich während des Abenteuers der Gestaltung versuchte, deren Geheimnisse ein wenig zu lüften. Vielleicht kann das dem Autor helfen, sich daran zu erinnern, wie glücklich er während des Schreibens und der Recherchen für dieses Buch gewesen ist.

Das schwarze Buch: Zehn Jahre danach

Ich kann mich sehr deutlich an jene Zeit hoch oben in einem sieb-
zehnstöckigen Apartmenthaus in Erenköy erinnern, als ich *Das
schwarze Buch* zu Ende schreiben wollte. Nach drei Jahren Arbeit
hatte ich mich im November 1988 in eine leerstehende Wohnung dieses neuerrichteten Gebäudes zurückgezogen und schrieb dort unentwegt weiter, um den Roman so schnell wie möglich abzuschlie-
ßen. Meine Frau war in Amerika, niemand rief mich an, niemand
kannte meine Telefonnummer, ich war also weit entfernt von allem,
was mich von meinem Buch und von Galips Abenteuern abhalten
konnte, in die ich mich ganz und gar versenkt hatte. Außer zwei weit-
läufig entfernten Verwandten, die in demselben Haus wohnten und
mich hin und wieder liebevoll mit einem Abendessen versorgten, sah
ich niemanden und war es auch sehr zufrieden, niemanden zu sehen,
ganz so wie zu manchen Zeiten, da ich mich wie besessen in ein Buch
vergrub und glücklich war, die ganze Welt draußen zu vergessen.

Aber trotz der Abgeschiedenheit in meinem stillen Winkel wurde
ich einfach nicht fertig mit meinem Roman. Insgesamt habe ich fast
fünf Jahre am *Schwarzen Buch* gearbeitet. Während ich in meinem
stillen Winkel schrieb und das Schreiben und Alleinsein genoss,
nahm ich merkwürdig bedrückt und angstvoll wahr, dass mich meine
Unfähigkeit, das Buch zu beenden, ganz allmählich meinem Helden
Galip immer ähnlicher werden ließ. So wie er, der seine Frau in Istanbul sucht und nicht finden kann, der zwischendurch auch anderen,
ganz unerwarteten Dingen begegnet und an diesen Wundern, unter-
irdischen Tunneln, den Türkân Şorays und ähnlichen Personen oder
auch an all den Kolumnen, in die er sich versenkt und die ihn bedrük-
ken, keine Freude empfindet, so spürte auch ich, je länger und je
mehr ich schrieb, wie sich die glückliche Stimmung, in die mich das

Buch versetzte, zwar innerlich vertiefte, doch ich empfand es keineswegs als einen begrüßenswerten Erfolg. Nicht lange danach bin ich dort, wo ich schrieb, genauso einsam gewesen wie Galip. Ich hatte aufgehört, mich täglich zu rasieren und mein Äußeres in Ordnung zu halten. Und ich erinnere mich daran, wie ich eines Abends mit alten, ausgetretenen Sportschuhen, einer Schirmmütze auf dem Kopf, einem Regenmantel, an dem einige Knöpfe fehlten, und einem schäbigen Plastikbeutel in der Hand wie ein Gespenst durch die kleinen Nebenstraßen in Erenköy gelaufen bin. Ich betrat irgendein Lokal, ging zum Büfett, warf feindselige Blicke um mich und füllte mir den Magen. Auch an die Besuche meines Vaters erinnere ich mich, der alle vierzehn Tage zu mir kam, tief beunruhigt von dem Schmutz und der verwahrlosten Wohnung, von meinem miserablen Zustand und dem immer noch nicht vollendeten Buch, und der mir jedesmal gute Ratschläge gab.

Ich fühlte mich einsam wie Galip (vielleicht, um dieses Gefühl des Elends in das Buch zu übertragen), doch statt seiner Trauer empfand ich nur Wut. Weil man mein immer seltsamer werdendes Buch am Ende nicht verstehen würde, man es mit den Romanen alten Stils durcheinanderbringen, die nicht so leicht verständlichen oder auch dunklen Stellen darin als Beweis für seine Erfolglosigkeit ansehen würde, weil ich es vielleicht niemals beenden würde und weil ich überhaupt das falsche Buch geschrieben hatte ... *Das schwarze Buch* hat mir gezeigt, dass der Erfolg eines Romans nicht an der Lösung der selbstgewählten literarischen und formgebenden Probleme gemessen werden kann, sondern an ihrer Größe, ihrem Anspruch und der Intensität jener hoffnungslosen Bemühungen des Autors, sie zu lösen. Gute Bücher zu schreiben ist genauso schwer, wie ständig neue Themen zu finden, die dem Schriftsteller alles, seine ganze Kraft, seine Kreativität, ja, sein ganzes Dasein abverlangen.

So wie schließlich das Leben des Autors mit jenem Buch verbunden ist, so führen ihn diese Art von Büchern, in die er alles investiert, ganz allmählich dorthin, wo er hinwill. Dieser neue Ort, dieses seltsame Land besteht natürlich aus unserer Vergangenheit, aus unseren Erinnerungen und den Bildern unserer Phantasie, und es wimmelt darin von Hinweisen auf Ängste, Ungewissheiten, Niederlagen und

Einsamkeit, wie ich sie in den Tagen, den Nächten, den Stunden zu spüren bekam, in denen ich unentwegt zigarettenrauchend *Das schwarze Buch* schrieb. Wir sind die ersten, die dort angekommen sind; das ist auch erst einmal ein Trost für uns. Und wieder hat uns nicht unsere kluge Kunst, sondern unsere hoffnungslose Dickköpfigkeit gerettet. Je weiter ich schrieb, desto mehr schien mir *Das schwarze Buch* zu zeigen, dass ich zwischen einer tiefen persönlichen Suche nach Anliegen und Sinn und einer oberflächlichen Ziellosigkeit, zwischen dem starken Wunsch zu schreiben und einer diffusen Ungewissheit hin und her gerissen wurde. Am meisten fürchtete ich mich in den Tagen meines Alleinseins vor den negativen Folgen dieser Spannungen, fürchtete mich davor, fünf Jahre meines Lebens an ein wertloses Buch verschwendet zu haben und nur mit einem Debakel zu enden. Jetzt denke ich, dass diese Art von Ängsten jenen als Heilmittel dienen, die wie ich nur dann schreiben können, wenn sie unter starker Spannung stehen und tief bewegt sind.

Die erste Idee, einen Roman wie *Das schwarze Buch* zu schreiben, der in Istanbul spielt und die ganze Geschichte und Anarchie der Stadt, aber auch die Poesie der Straßen meiner Kindheit umfasst, kam mir bereits Ende der siebziger Jahre. In einem 1979 begonnenen Notizheft erzählte ich von einem Intellektuellen Mitte Dreißig, der sein Zuhause verlässt, von einem langen Wochenende, das er erlebt, von einem nationalen Fußballspiel, das zur gleichen Zeit in Istanbul stattfindet und in einer nationalen Katastrophe endet, von den Stromausfällen und den Istanbuler Straßen, von der Atmosphäre sowohl brueghelscher (Schnee) wie auch boschscher (Teufel) Bilder, vom *Mesnevi*, dem *Buch der Könige* und den *Märchen aus Tausendundeiner Nacht*.

Als sich diese ersten Ideen in meinem Kopf zu verdichten begannen, war mein erstes Buch, *Cevdet und Söhne*, noch nicht einmal veröffentlicht worden, doch ich dachte schon an einen Maler als Helden, und als Titel für das Buch hatte ich »Die zerstörte Miniatur« vorgesehen. Ich stellte mir viele Dinge zur gleichen Zeit vor, den unaufhörlichen Lärm und das Chaos von Istanbul, seine Intellektuellen und die Partys, die sie feierten, Familientreffen, Begräbnisse, einen Reporter während eines Fußballspiels, einen Schönheitswettbewerb, und wie immer war ich wesentlich glücklicher mit den phantasievollen Entwürfen des Romans, der in Zukunft *Das schwarze Buch* heißen würde, als mit den Romanen, an denen ich gerade schrieb (ein halbfertiges politisches Buch, *Das stille Haus, Die weiße Festung*).

In dieser Zeit erlebte ich einen Tag, der den Aufbau des Buchs und seine Grundidee bestimmen sollte: Kurz vor einer Volksabstimmung über das neue, die Freiheiten sehr stark einschränkende Grundgesetz, das unter großem Druck 1982, also zwei Jahre nach dem Militärputsch, erlassen worden war, rief mich mein Cousin an und erklärte, ein Fernsehteam sei aus der Schweiz gekommen und suche Intellektuelle, die bereit seien, den Gesetzesvorschlag vor der Kamera zu kritisieren, doch er kenne niemanden, der den Mut dazu habe. Ob ich ihm wohl helfen könne? Auf diese Weise zog ich – Istanbul der Kessel und ich die Kelle – zwei Tage lang von den Zimmern der Universitäten zu den Redaktionsbüros, von den Räumen der Werbefirmen zu den Redaktionen der Zeitungen, suchte Intellektuelle zu Hause und an vielen Orten auf, um sie zu fragen, ob sie die Aufgabe übernehmen würden. Weil damals – wie auch heute noch – die Telefone rücksichtslos vom Staat abgehört wurden, musste ich selbst zu meinen Ansprechpartnern gehen, die mir dann alle ohne Ausnahme eine Absage erteilten. Da zu jener Zeit der Druck von Staat und Militär auf die Intellektuellen dem des Sowjetregimes in nichts nachstand, gab ich den Journalisten, den Schriftstellern, den wohlmeinenden Menschen recht und fühlte mich schuldig, weil ich sie vor eine schwere moralische Entscheidung gestellt hatte. Die in einem Zimmer des Hotels Pera Palas wartenden ausländischen Fernsehleute hatten mir sogar zugesichert, sie könnten die vor der Kamera sprechende Person von rückwärts beleuchten und das Gesicht im Dunkeln lassen. Da ich niemanden hatte überreden können, schlug man mir schließlich vor, selbst zu sprechen, so wie Galip am Ende des *Schwarzen Buchs* in einem Hotelzimmer vor der Kamera spricht (auch er hatte Celâl nicht gefunden), doch ich hatte kein Selbstvertrauen und brachte nicht den Mut dazu auf.

Es gibt so viel Vergleichbares, das ich aus dem Leben und meinen Erinnerungen leicht verändert in *Das schwarze Buch* habe einfließen lassen, dass es absurd wäre, alles einzeln aufzuzählen. Dennoch war

Nişantaşı in jenem Jahren mein Nişantaşı, und ich habe sehr bewusst auf die Namen der Läden, auf die Atmosphäre jeder einzelnen der kleinen und großen Straßen geachtet. Dass Alaaddin eine wirkliche Person ist und sein Laden gegenüber der Polizeiwache tatsächlich existiert, haben viele Leute erst aus der Reportage erfahren, die eine Zeitung mit ihm nach der Veröffentlichung des Buchs machte. Ich freue mich immer wieder über die Zeitungsausschnitte, die Alaaddin am Schaufenster und in irgendeinem Winkel seines Ladens angeheftet hat, freue mich, ihm hin und wieder einen der Übersetzer vorstellen zu können (Alaaddin, das ist Vera, sie macht dich in Russland berühmt!), und ebenso über die Leser aus aller Welt, die Alaaddin mit dem Buch in der Hand besuchen. Alle, die das Akrostichon* im Buch lesen und dann an der Stelle des Şehrikalp-Apartments ein Pamuk-Apartment entdecken, werden sich wohl denken können, dass ich vieles aus dem Leben hier entnommen habe, vom Stöhnen des Aufzugs bis zum Geruch des Treppenhauses, vom Lichtschacht bis zu den Familienstreitigkeiten. In einer Art Affront zum letzten Satz meines Buchs haben meine Verwandten den Familienstreit auch nach der Veröffentlichung des Romans auf geradezu postmodern witzige Weise weitergeführt, sich zunächst ihrer Besitzansprüche wegen gegenseitig verklagt, an den Feiertagen aber wieder alle zusammen an der gleichen Festtafel gesessen.

Ich bin natürlich immer wieder gefragt worden, wieviel von mir in Galip steckt, weil *Das schwarze Buch* an den meisten Orten spielt, wo ich seit meiner Kindheit einen Großteil meines Lebens verbracht habe, und weil es von den Abenteuern eines mit mir gleichaltrigen Helden erzählt. Die kleinen Einzelheiten meines und seines Lebens, wie zum Beispiel einkaufen zu gehen, aus dem Fenster hinüber zu Alaaddins Laden zu schauen, mit der wirklichen Kamer Hanım zu sprechen, an den Samstagabenden einsam zu sein oder auch nachts durch die leeren Straßen zu laufen, könnten sich durchaus ähnlich sein. Doch die eigentliche Einsamkeit Galips, die Melancholie, die ihn wie eine Krankheit befallen hat, diese traurige Finsternis in sei-

---

* Dieses Akrostichon konnte leider in der deutschen Ausgabe nicht übersetzt werden, weil für viele der jeweils an den Anfang eines Satzes zu stellenden Buchstaben kein passendes Wort gefunden werden konnte (A. d. Ü).

nem Leben, die hat mir zum Glück keine so tiefe Wunde verursacht. Ich beneide Galip um seine Schicksalsergebenheit, seine Besonnenheit und seine Kraft, Schmerz zu ertragen; und ich bewundere an ihm auch die stille, das Leben immer noch bejahende Haltung, trotz allem, was geschehen ist. Und da mir Galips Stärke fehlt, bin ich Schriftsteller geworden.

1985 habe ich in einem kleinen Zimmer auf dem Campus der amerikanischen Universität von Iowa begonnen, *Das schwarze Buch* zu schreiben. Ich schaute dort von meinem Schreibtisch auf einen Buchenhain hinunter, dessen Blätter leuchtendrot gefärbt waren, bevor sie abfielen. Als ich später mit meiner Frau in einem Studentenheim nahe der Columbia University von New York wohnte, schrieb ich an einem in Harlem erworbenen Tisch weiter, von dem man auf den Morningdale-Park hinuntersah. Wenn ich manchmal den Kopf hob und hinausblickte, sah ich gegenüber an dem weiten Rand des Parks Eichhörnchen hin und her rennen, sah die kleinen Drogenhändler, die Vorbeigehende (wie auch mich) bestahlen und sich vor meinen Augen gegenseitig umbrachten, und einmal konnte ich während der Dreharbeiten zu einem Film mit dem Titel *Ishtar*, der einige Zeit später ein großer Misserfolg werden sollte, Dustin Hoffman beobachten, der dort auf seinen Einsatz wartete. Während der folgenden zwei Jahre arbeitete ich in einer Kammer von 1,5 auf 2,00 Meter innerhalb der Bibliotheksräume der Columbia University, die insgesamt vier Millionen Bücher beherbergt. Mein winziger, mit blauem Zigarettenrauch dicht angefüllter Raum lag unter dem Dach des Gebäudes und schaute hinunter auf einen Platz mitten im Garten, auf dem sich Hunderte von Studenten tummelten. Weitergeschrieben habe ich dann in Istanbul, oben in der Dachwohnung der Teşvikiye-Straße, die ich mir als das geheime Büro von Celâl vorstellte (genau wie dort stöhnten und knarrten die Heizkörper und das Parkett), und in einem später verkauften Sommerhaus auf Heybeliada (vom Fenster aus sah man den Wald und weiter entfernt das dunkle Meer). Die hochgelegene Wohnung in Erenköy, wo ich den Roman beendete, erlaubte den Blick auf Zehntausende von Fenstern, und wenn ich in den Nächten päckchenweise genussvoll Zigaretten rauchte und dabei schrieb, konnte ich mit vorrückender Stunde beobachten, wie hinter diesen Fenstern das blaue Licht der Fernseher eins nach dem anderen erlosch. Jetzt weiß ich sehr wohl, wie glücklich ich damals gewesen bin, als ich auf die Stille von Istanbul horchend bis morgens um vier (bellende Hundemeuten in der Ferne, blätterrauschende Bäume, Polizeifahrzeuge, Müllwagen, Betrunkene) meinen Roman schreiben und dabei rauchen konnte, soviel wie ich wollte. In diesen Nächten verspürte ich gegen Morgen dieses Glück als tiefe geistige Erschöpfung und durchlebte die Freude und die Furcht, mich in dem Geheimnis des Romans zu verlieren, das auch mir von Zeit zu Zeit verschlossen geblieben war.

Eine Auswahl von Interviews
zum *Neuen Leben*

Das neue Leben habe ich vollkommen unerwartet inmitten der Arbeit an einem anderen Roman begonnen. Ich schrieb *Rot ist mein Name*. Man hatte mich zu einem Schriftsteller-Festival in Australien eingeladen, und nach einer langen Flugreise war ich dort angekommen. Gemeinsam mit anderen Autoren brachte man mich in einem Motel unter. Zu dritt gingen wir, der Neurologe Oliver Sacks, der Dichter Miroslav Holub und ich, hinunter ans Ufer. Ein endlos langer Strand, ein bleigrauer, bedeckter Himmel, ein unbewegtes, fast bleigraues Meer. Es war windstill. Ich war am Rand eines Kontinents, den ich seit meiner Kindheit auf den Atlanten als Pferdekopf gesehen hatte. Der Neurologe Sacks übertrat mit Flossen und Brille die Grenzen des Meeres und verschwand darin. Der Dichter Holub verlor sich am Strand auf der Suche nach Steinchen und Muschelschalen. Ich blieb allein an dem endlosen Ufer zurück. Es war ein geheimnisvoller Augenblick. Mir kam ein seltsamer Gedanke: »Ich bin Schriftsteller!« Ich war sehr zufrieden, dass ich lebte, mich hier befand und auf der Welt war. Abends wurde für uns Autoren eine Party mit vielen Leuten veranstaltet, doch ich war müde, ging nicht hin. Ich saß auf der Veranda des Hotels, horchte auf die Stimmen, die von dem Fest aus dem fernen Garten zwischen Blättern und Bäumen herüberschallten, und betrachtete die Lichter. Einem vergnüglichen Fest aus der Ferne zuzuschauen, symbolisiert für mich die Haltung eines Schriftstellers dem Leben gegenüber. Unterdessen ging im Halbdunkel die Tür des Nebenzimmers auf, und Oliver Sacks trat heraus. Ich sagte ihm, dass ich nicht schlafen könne, wegen der Flugreise und weil ich übernächtigt sei. Er holte ein Schlafmittel aus seinem Zimmer. »Teilen wir's uns. Ich kann auch nicht schlafen.« »Ich nehme niemals Schlafmittel«, erklärte ich. Es klang wie: *Ich nehme niemals*

Drogen! »Ich auch nicht«, meinte Sacks, »doch das ist gut gegen den Jetlag.«

Er war Neurologe und ein Autor, den ich bewunderte. So nahm ich das Medikament aus seiner Hand, dankte, ging in mein Zimmer, schluckte die Tablette, schlüpfte ins Bett und wartete zuversichtlich auf den Schlaf. Doch der kam nicht. Gemeinsam mit dem Gedanken, »ein Schriftsteller zu sein«, gab es ein Sehnen nach »Reinheit«, nach Wahrhaftigkeit. Ich lag im Dunkeln im Bett und überdachte mein Leben. Und ich spürte, dass ich nur ruhiger werden konnte, wenn ich etwas schrieb, das gut war und mich froh machte. Wie ein Schlafwandler verließ ich das Bett, holte aus meiner Tasche eins der leeren Hefte, die ich immer bei mir trug, setzte mich im großen Zimmer an den Tisch und begann zu schreiben: »Eines Tages las ich ein Buch, und mein ganzes Leben veränderte sich!« Diesen Satz hatte ich seit Jahren im Kopf. Ich wollte immer einen Roman schreiben, der mit diesem Satz begann. Und der Held sollte mir ähnlich sein. Um welches Buch es sich handelte, würde der Leser nicht erfahren, sondern nur wissen, was dem Helden geschehen war, nachdem er es gelesen hatte. Dann würde der Leser versuchen herauszubekommen, was der junge Mann wohl gelesen haben mochte. So schrieb ich nachts im Hotelzimmer das erste Kapitel des Buchs, blieb aber kurz darauf stecken. Doch das Buch hatte mich gepackt. Ich ließ *Rot* erst einmal beiseite und beendete den Roman meiner inneren Stimme folgend und getreu der Poesie innerhalb von zwei Jahren.

Während ich das Buch schrieb, bin ich oft durch die von Istanbul nicht allzuweit entfernten Kleinstädte der Marmararegion gewandert, die ich in meinem Roman *Das stille Haus* beschrieben hatte. So gesehen ist Istanbul eigentlich auch eine Kleinstadt. Denn alle großen Städte in der Türkei entwickeln sich aus einem großen Dorf zu einer großen Provinzstadt. Was man ehemals als türkische Provinz empfand, dieses Kleinstadtgewebe, bestehend aus »dem Landrat, dem Katasteramtsvorsteher, der Oberschicht, dem Ağa, dem Atatürkschen Lehrer und dem Imam«, wie Reşat Nuri Güntekin es beschrieben hat, das gibt es nicht mehr. Es ist ein Gewebe aus Aygaz-, Sport-Toto- und Wettbüro-Filialen, Plexiglasschildern, Fernsehgeräten derselben Marke, Apotheke, Konditorei, Post und der langen Schlange vor der Tür des Armeleutekrankenhauses ... Auch wenn es etwas zu hochgegriffen erscheint, möchte ich hier Ziya Gökalp, den Theoretiker und Propagandisten des türkischen Nationalismus, erwähnen: Für ihn setzt sich eine Nation aus den Elementen der kulturellen, sprachlichen, historischen Einheit zusammen. Er untersucht in gewisser Hinsicht die Prinzipien der zu schaffenden »modernen türkischen Nation«. Heute aber ist es weder die sprachliche noch die historische oder die kulturelle Einheitlichkeit, die eine türkische Einheit ausmachen. Es ist eine Aygaz-, Arçelik-, Sport-Toto-, Post-Telefon-Telegraf- oder auch eine Kelebek-Möbel-Gemeinschaft. Diese Vertretungsorganisationen, die je von einer Zentrale aus gelenkt werden und bis in die am weitesten entfernten Winkel des Landes reichen, die Gemeinsamkeit, auf die durch diese Organisationen hingewiesen wird, ist im Grunde genommen ein viel soliderer Zusammenschluss als jene »Einheit«, von der Ziya Gökalp gesprochen hat.

Eigentlich sind wir alle schon irgendwo auf solche Vertreterversammlungen gestoßen. Sie finden meistens in Fünfsternehotels statt. Wenn Sie in eines dieser Hotels gehen, begegnen Sie dort Gruppen von Männern, die mit den Händen in den Taschen die ein und aus gehenden Touristen beobachten, nach einem Vergnügen Ausschau halten, schon relativ früh etwas getrunken haben und genau wie in der Militärzeit ein wenig kindisch geworden und, nach dem geistigen Niveau und ihren Spielgewohnheiten zu urteilen, in ihre Kindertage zurückgekehrt sind. Das sind die Vertreter, die zwei-, dreimal im Jahr zu den Firmenversammlungen kommen. Sie treffen sich, lernen sich kennen, durchlaufen die notwendige Ausbildung, um sich, wie von der Firma gewünscht, mit ihr identifizieren zu können, und erleben die kindliche Freude, die Brüderlichkeit und die in unserem Lande so gut bekannte Männerfreundschaft. Im allgemeinen finden diese Versammlungen ohne die Ehepartner statt.

Die Firmen wollen auf diesen Zusammenkünften ihre »Promotions«-Programme und ihre neuen Symbole bekanntmachen, die man übernehmen soll. Aus diesem Grund werden in der Lobby des Hotels, wenn es sich um einen Fernsehhersteller handelt, ein Turm aus Fernsehgeräten, im Falle einer Arzneimittelfirma ein Berg aus Medizinflaschen oder sonstige Konsumdenkmäler aufgebaut. Genau wie bei irgendwelchen Geheimbünden stehen auch hier die Fragen des Wir und der Identität im Vordergrund, so dass die Vertreter auf den meisten der ihnen überreichten Geschenke, angefangen von Schlüsselanhängern, niedlichen Heftchen, Umschlägen und Stiften bis zu Feuerzeugen, die darauf angebrachten Zeichen, Logos und Identitätsmerkmale erkennen und sich den »Ich«- und »Wir«-Begriff aneignen.

Die Karamelbonbons Yeni Hayat – Neues Leben –, die ich in meinem Buch beschrieben habe, sind echt und wurden in meiner Kinderzeit noch hergestellt. Damals gab es auch andere Firmen, die sie nachahmten. Und das ist eine der Einzelheiten, die mir an meinem Roman so gefallen. Denn *Das neue Leben* ist gleichzeitig ein Buch von Dante, und es weht ein ungewisser Hauch von einem zum anderen. *Das neue Leben* war sowohl eine in der Türkei der fünfziger Jahre weitverbreitete Süßigkeit als auch ein Werk von Dante …

Ihr Autobus fährt um Mitternacht in eine Kleinstadt, während Sie schlafen. Die Beleuchtung im Städtchen ist fahl, alles wirkt schäbig. Doch ein Blick aus dem hohen Fenster des Busses zeigt uns, dass die Vorhänge in einer Wohnung offen sind. Vielleicht bleibt der Bus gerade dort vor einer Verkehrsampel stehen. Und in all dieser Fortbewegung finden wir uns plötzlich in der Seitenstraße einer unbekannten Kleinstadt vor einer Wohnung mit offenen Vorhängen wieder, in der Menschen im Pyjama Zigaretten rauchen, Zeitung lesen oder im Fernsehen die letzten Nachrichten anschauen, bevor sie das Gerät abschalten. Eine solche Erfahrung macht jeder, der in der Türkei einen Nachtbus nimmt. Manchmal sind wir direkt auf Augenhöhe mit den Bewohnern eines Hauses und schauen den Menschen in die Wohnung, in ihr Privatleben. Bei einem Tempo von fast hundert Stundenkilometern halten wir plötzlich an und dringen in den intimsten Bereich oder in die am wenigsten beachteten, unbewusst erlebten Einzelheiten eines Daseins ein. Das ist einer der unvergleichlichen Momente, die uns das Leben beschert, damit wir auf magische Weise erkennen, aus wie vielen anderen Leben, anderen Menschen sich die Welt zusammensetzt. Wir blicken ein wenig sehnsüchtig in dieses andersartige, offen vor uns liegende Dasein hinein, so wie auf das Eingemachte und die Tomaten, wenn wir die Tür unseres Kühlschranks öffnen. Und wir vergleichen unser Leben mit dem jener Menschen. Irgendwie sind wir neugierig, möchten gern in ihrem Leben sein. Und stellen uns vor, wie die Menschen dort zu werden, ja, sie selbst sein zu können. Die anziehende Wirkung anderer Menschenleben zeigt uns, wie relativ unser eigenes Leben und gleichzeitig, wie einzigartig es ist.

Der Sufismus interessiert mich als literarische Quelle. Er diszipliniert die Haltung und das Betragen, doch als seelisch-geistige Schulung konnte ich ihm nichts abgewinnen. Ich betrachte die Sufi-Literatur als einen literarischen Schatz. Während ich als Kind einer republikanischen Familie hier an meinem Tisch sitze, wird mein Leben ganz und gar von der cartesischen Lehre, vom westlichen Rationalismus bestimmt. Dieser Rationalismus steht im Mittelpunkt meiner Existenz. Doch andererseits öffne ich mich, soweit es möglich ist, auch anderen Büchern, anderen Texten. Ich betrachte sie nicht als Material, ich freue mich darüber, genieße die Lektüre. Wo man genießt, wird die Seele berührt. Wo die Seele berührt wird, wacht auch meine vernunftgemäße Kontrolle. Möglicherweise entstehen meine Bücher zwischen der Anziehung und Abstoßung dieser beiden Pole.

Zu *Rot ist mein Name*

Filiz Çağman, Direktorin des Topkapı-Museums, war die erste, die *Rot ist mein Name* sehr aufmerksam gelesen hat. Als ich mit dem Buch begann, war Filiz Hanım Direktorin der Palastbibliothek. Ich habe mich sehr lange mit ihr unterhalten, ehe ich zu schreiben anfing. Sie hat mich gelehrt, dass die Illustratoren beim Zeichnen eines Pferdes mit den Füßen begonnen haben, wie man auf unfertigen Skizzen sieht, und das heißt, sie kannten alle Konturen eines Pferdes auswendig. Vor der Veröffentlichung von *Rot ist mein Name* trafen wir uns, Filiz Hanım und ich, an einem Sonntag im Topkapı-Palast und gingen das ganze Buch Seite für Seite gemeinsam durch. Erst spät konnten wir die Arbeit beenden. Es war schon recht dunkel geworden, das Palast-Museum hatte sich geleert ... Wir traten in den *Enderun*-Hof hinaus. Überall dunkel, absolut leer und unheimlich. Herbstblätter, Wind, Kälte ... Tiefe Schatten wurden an die Mauern der Schatzkammer geworfen, die ich im Roman geschildert habe. Wir standen dort und blickten lange, lange hinaus in die Stille, in unseren Händen die unveröffentlichten Seiten des Buchs. Allein dieser windige, dunkle Spätnachmittag im Palast war es wert, *Rot ist mein Name* geschrieben zu haben.

Als der Roman in mir Gestalt anzunehmen begann, waren mein Verständnis für die islamische Miniatur und meine Liebe zu ihr begrenzt. Meiner Meinung nach ist eine außergewöhnliche Geduld erforderlich, um die Bilder den verschiedenen Perioden zuordnen zu können und ihren Stil zu kennen, und ohne Liebe ist diese Geduld unmöglich. Diese Liebe aufzubringen ist am Anfang das Schwerste. Es waren vor allem die iranischen Miniaturen, die in der islamischen Abteilung des Metropolitan Museum in New York besser als andere Exponate präsentiert werden, man kann nahe an die Vitrinen herangehen und die Bilder ansehen. Ich bin in den frühen neunziger Jahren oft dorthin gegangen und habe die Miniaturen stundenlang betrachtet. Manche langweilten mich natürlich, einige enthielten etwas Spielerisches, etwas Schwieriges, doch andere, die ich immer wieder lange anschaute, lernte ich lieben. Ich lernte, mir Mühe zu geben und den Bildern standzuhalten. Zu Anfang ist es, als wolle man mit Hilfe eines schlechten Lexikons ein Buch in einer Sprache lesen, die man nicht versteht, man hat nicht viel davon, Stunden vergehen, und nichts geschieht. Noch schmerzlicher ist, dass es andere Menschen gibt, die sich in diesen Dingen auskennen und sie verstehen. Man beneidet sie und glaubt, sich nie so sehr daran erfreuen, nie ein solches Niveau an Kennerschaft erreichen zu können. Andererseits hat man seinen Stolz. Man weiß zunächst nicht, wie man sich diesen seltsamen, auf den ersten Blick unsympathischen, unzugänglichen, schlitzäugigen Menschen nähern soll, die sich alle gleichen und ohne Perspektive aufgereiht sind. Man weiß nicht, was an diesen Menschen in der »fernen«, östlichen Kleidung liebenswert sein sollte, später jedoch lernt man sie lieben, wenn man ihre Gesichter anschaut, ihnen ins Gesicht schaut. Ich habe gelernt, sie zu lieben, nachdem ich diese Kultur jahrelang studiert habe. Ich bin nicht stolz darauf, so viele Bücher gelesen zu haben, sondern dass ich in zehn Jahren endlich gelernt habe, sie zu lieben.

Der eigentliche Held meines Buchs ist im Grunde genommen der *meddah*, der Geschichtenerzähler, der jede Nacht in einem Kaffeehaus neben einem Bild steht und eine Geschichte erzählt. Er selbst bleibt unsichtbar, nur seine Stimme ist zu hören, und sein trauriges Ende ist der anrührendste Teil des Romans. Auch ich fühlte mich so wie der Geschichtenerzähler – das heißt: unter Druck. Schreib dieses nicht, schreib jenes nicht, wenn du das schreibst, dann schreib es so, deine Mutter ärgert sich, dein Vater ärgert sich, der Staat ärgert sich, der Verlag ärgert sich, die Zeitung ärgert sich, jeder ärgert sich; Finger drohen, drohen, was du auch tust, von irgendwoher belästigt man dich. *Yarrabi*, mein Gott! sagst du, doch andererseits denkst du nach. Ich werde etwas schreiben, über das sich alle ärgern, doch es wird so schön sein, dass sie nicht umhinkönnen, das einzugestehen. In unserer an Verboten reichen Gesellschaft mit ihrer noch unreifen Mehr-oder-weniger-Demokratie einen Roman zu schreiben bedeutet für mich ein wenig, in die Rolle meines historischen Geschichtenerzählers zu schlüpfen. Nicht nur die politischen und religiösen Verbote, auch die Tabus, die familiären Beziehungen, die staatliche Kontrolle und vieles andere machen es einem Autor schwer. So gesehen entspringt das Verfassen eines historischen Romans dem Wunsch, das Kostüm zu wechseln.

Eines der zentralen Themen in *Rot ist mein Name* ist der Stil. Der von westlichen Kunsthistorikern im 19. Jahrhundert erfundene Begriff »Stil« ist ein besonderes Merkmal, um alle Künstler voneinander unterscheiden zu können. Ich denke, dass das Hochspielen der Einzigartigkeit des persönlichen Stils die Persönlichkeit überbetont. Die islamischen Illustratoren und die persischen Künstler des 15. und 16. Jahrhunderts sind nicht durch ihren individuellen Stil bekannt, bekannt ist vielmehr der Schah, der sie beauftragte, die Werkstatt oder die Stadt, in der sie tätig waren. Der Stil als Indikator für die einzigartige Sichtweise und die Handschrift eines Künstlers ist eine westliche Erfindung, die maßlos übertrieben wurde.

Das Ost-West-Problem ist nicht das zentrale Thema in *Rot ist mein Name*, es ist die Mühsal des Illustrators, seine vollkommene Hingabe an seine Arbeit. Die Kunst, das Leben, die Ehe, das Glück sind die Themen des Buchs. Der Gegensatz Ost–West bleibt irgendwo im Hintergrund.

Alle meine Bücher sind aus dem Gemisch der Methoden, der Bräuche, der Gewohnheiten und der Geschichte des Ostens und des Westens entstanden, und dieser Mischung verdanke ich, was ich an Vielfalt besitze. Daher stammt meine Unbefangenheit, mein doppeltes Glück, und ich wandere ohne Schuldgefühle zwischen den beiden Welten hin und her wie durch mein eigenes Haus. Wie Konservative und Fundamentalisten meine Freimütigkeit dem Westen gegenüber niemals nachempfinden können, so sind auch die phantasievollen Modernisten unfähig, jemals meinen unbeschwerten Umgang mit der Tradition zu begreifen.

Wie in meinem Roman *Das stille Haus*, so sprechen auch in *Rot ist mein Name* die Helden in der ersten Person Singular. Alles spricht, nicht nur die Menschen, sondern auch die Dinge sprechen. Schon der Titel betont die Ichform. Als mir kurz vor Beendigung des Buchs *Rot ist mein Name* als Titel in den Sinn kam, war ich sofort begeistert davon. Zunächst hieß der Roman *Liebe beim ersten Bild*. Was auf den ersten Blick bedeutet, dass ich mit der *Liebe* im Titel auf die Erzählung von Hüsrev und Şirin hinweise, in der das Bild die Liebe erweckt. Auch in dem Drehbuch zu dem Film *Das verborgene Gesicht*, das ich auf der Basis einer Geschichte aus dem *Schwarzen Buch* verfasst habe, geht es um dasselbe Thema: Bilder betrachten und sich verlieben.

Şirin betrachtet Hüsrevs Bild und verliebt sich in ihn, doch warum nicht schon, als sie das Bild auf ihrem Ausflug ins Freie das erstemal sieht? Auch beim zweitenmal sieht sie es auf ihrem Weg und verliebt sich nicht. Erst als sich das ein drittes Mal wiederholt, spürt sie die Liebe. Kara fragt, ob Şirin sich nicht sofort beim erstenmal in einen so stattlichen und bezaubernden Mann hätte verlieben müssen. Şeküre antwortet, dass im Märchen alles dreimal geschehe. Im Märchen geschieht es dreimal, im Roman einmal. Die Welt des Romans benutzt ein Motiv nur einmal. Der Titel, auf den ich, wie bereits erwähnt, verzichtet habe, behandelte das grundlegende Thema des Buchs. *Rot ist mein Name* dreht sich ständig um dieses Problem und untersucht es von allen Seiten: »Wenn Şirin sich in Hüsrev verliebt, als sie sein Bild betrachtet, dann müsste Hüsrevs Bild tatsächlich wie ein westliches Porträt gemalt worden sein.« Sie könnte Hüsrev auf der Straße an seinem Bild erkennen (wie bei einem Passfoto). Doch die islamische Miniatur gibt eher einen Prototyp menschlicher Schönheit wieder. Von Timur, von den Sultanen und Khanen jener Periode wurden zwar Bilder gemalt, doch wieweit sie ihren wirklichen Gesichtszügen entsprachen, wissen wir heute nicht mehr. Es ist jedesmal die verallgemeinerte Darstellung eines Padischahs oder Khans. Sicher, manchmal besteht irgendeine Ähnlichkeit. Doch wieviel an Ähnlichkeit? Genügt so ein bisschen Ähnlichkeit, um sich in ein Bild zu verlieben?

Um diese Fragen dreht sich mein Buch. Kara, der Held, den ich teils nach dem Vorbild von Hüsrev geschaffen habe, geht in die Fremde, als seine Liebe unerwidert bleibt, und denkt jahrelang an das Gesicht der Geliebten. Nach einiger Zeit jedoch kann er sich nicht mehr an ihre Züge erinnern und ahnt, dass er sie wieder lebendig vor Augen sehen könnte, wenn er ein Porträt westlicher Machart von ihr besäße. Wie er weiß, entschwinden uns allmählich die Züge eines Menschen, auch wenn wir ihn noch so sehr lieben, es sei denn, wir tragen ein Bild von ihm bei uns. Statt des Gesichts stehen uns die Vorstellungen verschiedener Momente vor Augen. Das ist ein weiteres Thema des Buchs: die Erinnerung an das Gesicht eines Menschen und die Unvergleichlichkeit der Gesichter. Aus diesem Grund hieß das Buch anfangs *Liebe beim ersten Bild*.

Die Erzählung von Hüsrev und Şirin ist die bekannteste und am häufigsten illustrierte Geschichte in der islamischen Bücherwelt, und in meinem Buch wurde sie zum Vorbild für einige Szenen, für Zusammenkünfte, Situationen und Verhaltensweisen. Uns allen ist eine Kultur zu eigen, wir haben Romane gelesen, Filme gesehen. All das hat – um einen Jungschen Begriff zu gebrauchen – die Archetypen der Erzählung in unserem Kopf geformt. Wir bewerten eine neue Geschichte, indem wir sie gedanklich mit den Modellen aus der alten Geschichte vergleichen, lieben sie oder lehnen sie ab. Hüsrev und Şirin, das ist die elementare Erzählung jener Kulturregion, in der meine Protagonisten leben. Das heißt, es ist wie der Film, an den wir uns ein Leben lang erinnern, in dem wir gern den Helden gespielt hätten. Sollte ich sagen, wie die *West Side Story* oder wie *Romeo und Julia*? Meiner Meinung nach ist sie längst nicht so romantisch und viel realistischer als diese beiden! Sie enthält mehr Politik, Koketterie und Intrigen, und aus diesem Grund halte ich sie für reifer als das andere Modell.

Das Problem meines Romans bestand darin, die Stilisierung und Poesie der erlesenen persischen Miniaturen aus der iranischen Klassik noch mehr zu verfeinern und – unserem heutigen Romanverständnis gemäß – mit dem Bemühen um Tempo, Kraft und treffende Charakterdarstellung sowie mit dem Realismus zu verbinden. So gesehen deutet manches an den Personen der Handlung darauf hin, dass sie, etwas übertrieben gesagt, echte Romanhelden aus Fleisch und But sind, ihre Intrigen wie Şeküre spinnen und uns Heutigen manchmal sehr nahestehen. Andererseits wieder sind sie ein Teil der aus den Miniaturen stammenden Szenen und bleiben uns fern. Zwischen diesen beiden Gegensätzen bewegt sich der Roman.

Die Charaktere des Buchs betrachten die Natur durch Bilder oder auch durch Phänotypen. Das ist eine Seite an meinem Buch, die ich liebe und auf die ich nicht verzichten kann. Denn ein Teil von mir wünscht sich brennend, mit der kulturellen Vergangenheit, der sogenannten Tradition, zu spielen, um neue Effekte hervorzurufen. Doch ich habe das Gleichgewicht zu diesem phantasievollen Teil hergestellt. Im Grunde genommen hat mein Buch einen Mittelpunkt, ein Herz: die Küche! Der Ort, an dem sich die Menschen treffen, den Hayriye zu beherrschen versucht, zu dem die Hausiererin Ester kommt, wo sie ihren Klatsch loswird und sich den Magen füllt; wohin Şeküre ständig vom oberen Stockwerk heruntersteigt, um mit ihren Intrigen weiter voranzukommen, von wo sie nach allen Seiten Briefe und Zettelchen aussendet, wo sie die Kinder tadelt und bestimmt, welches Gericht wie gekocht werden soll. Die Küche mit allem, was sich darin befindet, ist der Ort, an dem mein Buch festen Boden unter den Füßen hat. Doch als ich diesen Roman schrieb, der sich mit Bildern beschäftigt, konnte ich die Natur nicht mit den Augen meiner Helden sehen, vor allem, wenn ich von den Illustratoren sprach. Ich meine, dass die Natur, die uns interessiert, für sie wie auch für den heutigen Leser nicht diejenige ist, die wir als solche kennen, sondern jene, die von den Illustratoren dargestellt wurde. Richtig, mein Buch basiert auch auf diesem Widerspruch. Es enthält viele Schilderungen von Pferden. Sie sprechen, und seitenlang wird erzählt, wie man Pferde abbildet. Ein Pferd spricht auch über sich selbst. Doch das Buch befasst sich nicht damit, wie *ich* ein Pferd sehe, sondern wie die Illustratoren ein Pferd sehen. In dem Roman geht es nicht um Pferde, sondern um Bilder von Pferden. Das Pferd, das ich vor Augen habe, füge ich nur hin und wieder ein, um ein Pferdebild beurteilen zu können, das ist alles.

Der kriminalistische Teil von *Rot ist mein Name* ist mir leichtgefallen. Das war für mich kein Problem, obwohl ich nicht unbedingt stolz darauf bin. Wir schreiben also unsere Bücher und fragen irgend jemanden: »Hat es dir gefallen?« Er sagt: »Es hat mir gefallen«, doch das allein genügt uns nicht, wir wollen, dass es ihm aus einem bestimmten Grund gefallen hat, und der ist der folgende: Ich hatte mir gewünscht, dass die von mir beschriebenen Bilder, die Welt der Illlustration sich in dem Buch widerspiegelte. Ich wollte, dass der Leser meine Gedanken über Themen wie Stil und Persönlichkeit und das Anderssein erfuhr, dass er die wunderschönen Bilder und die fremde, einzigartige Welt wahrnahm, die sie darstellten. Ich wollte, dass der Leser erkannte, wie all diese Dinge, die ich liebte, sich zu einem Ganzen vereinten. Besonders während der Beschreibung der Bilder und da, wo sich meine Helden über den Stil, die Individualität und die Zeit Gedanken machten, habe ich mich stärker gefühlt.

Ein Teil der Leser hatte nach der Lektüre des Buchs das große Bedürfnis, die iranischen und die osmanischen Bilder kennenzulernen. Das war ganz natürlich, denn das Buch handelt davon und von der Freude daran, sie anzuschauen und zu schildern. Ich habe diesen Roman nicht nur geschrieben, um das Interesse des Lesers an den Bildern zu wecken, sondern auch, um sie ihm durch Worte vor Augen zu bringen. Jetzt bin ich etwas beunruhigt, weil doch einige der so sehr interessierten Leser enttäuscht waren, als sie die Miniaturen sahen. Denn unsere Bildung orientiert sich, wie die vieler anderer Völker in der Welt, an der Kunst der Neuzeit, und unsere Vorstellung wird vom Zeitalter der fotografischen Massenreproduktion bestimmt. Deshalb empfindet jemand, dem die entsprechende Ausbildung fehlt, die Miniaturen als langweilig oder gar primitiv. Das ist auch gleichzeitig das prinzipielle Problem des Buchs.

Es besteht ein Zusammenhang zwischen der Kunst der Miniatur und der Sprache in meinem Buch. Doch etwas ist noch wichtiger: Bei genauem Hinschauen erkennt man, dass die Figuren in den Miniaturen sowohl ihrer Umgebung im Bild zugewandt sind als auch dem Auge, das auf sie gerichtet ist, dem Betrachter des Bildes also. Als sich Hüsrev und Şirin begegnen, schauen sie zwar einander an, doch eigentlich treffen sich ihre Blicke nicht, weil sich ihre Körper zur Hälfte uns zuwenden. Wenn meine Helden ihre Geschichten erzählen, sprechen sie sowohl zueinander als auch mit dem heutigen Leser. Sie sagen: »Ich bin ein Bild, repräsentiere eine Sache«, und dann: »O Leser, schau, ich rede auch mit dir.« Die Miniaturen erinnern uns stets daran, dass sie Bilder sind. Und auch der Leser ist sich bewusst, dass er in meinem Roman einen Roman liest.

Desgleichen sind sich die weiblichen Figuren mehr als bewusst, dass der Leser in ihren Intimbereich eingedrungen ist. Während sie einerseits zu ihm sprechen, räumen sie andererseits im Haus auf, machen sich hübsch und versuchen, kein falsches Wort zu sagen. Frauen mögen es nicht, beobachtet zu werden, sie sind keine Exhibitionisten. Doch sie ziehen den Leser, der sie beobachtet, ins Vertrauen, versetzen ihn, das Nichtfamilienmitglied, in ein Geschwisterverhältnis und schaffen so eine neue Ebene.

Von den Illustratoren ist nur Olive, d. h. Velican, eine wirkliche historische Persönlichkeit gewesen. Er war ein bedeutender persisch-osmanischer Maler und der Schüler des iranischen Porträtisten Siyavuş. Die anderen sind erfundene Figuren. Um etwas über die Einzelheiten von Şeküres Scheidung herauszufinden – das Problem der falschen Zeugen, die juristischen Dispute und die Bedingungen für eine Scheidung von einem verschwundenen Ehemann –, habe ich viel einschlägige Literatur studiert. Die in meinem Roman erwähnten Probleme hinsichtlich Heirat und Scheidung existierten wirklich im 16. Jahrhundert. Şeküre musste einen Kadi finden, der einer anderen Sekte angehörte, um sich kraft Richterspruch scheiden zu lassen.

Ester, die Hausiererin, ist eine ganz und gar notwendige Figur. Nicht nur in einem Roman, der in osmanischer Zeit spielt – die Rolle der Vermittlerin steht auch in vielen mittelalterlichen Büchern im Vordergrund und ist gleichzeitig ein traditionelles Spiel. Frauen und Männer treten, durch die gesellschaftliche Trennung bedingt, nie nebeneinander auf. Damit jedoch die nötigen Entschlüsse, keine Entschlüsse, Änderungen der Entschlüsse gefasst werden können, damit also die Logik Zickzack laufen, man miteinander flirten, sich zieren, bedeutungsvolle Worte verlieren, sich gegenseitig verfolgen und abweisen kann, müssen in einer dynamischen Romanhandlung um der wahren Liebe willen genau wie in einem Krieg sozusagen erst die Hügel besetzt werden, damit man imstande ist, mit den Heeren zu manövrieren. Es wäre unter den damaligen Verhältnissen, besonders in der islamischen Kultur, unmöglich gewesen, all dies zu verwirklichen und sich mit Hilfe irgendwelcher Listen offen näher zu kommen, weil ein Treffen mit einer Frau nur unter ganz bestimmten Bedingungen möglich war.

Derartige Manöver, dieses Hinauszögern – wie ich an einer Stelle des Buchs mit Nâzım Hikmets Worten sage: »dieses Schachspiel der Liebe« – konnte, ob in osmanischer Zeit oder im europäischen Mittelalter, nur durch Vermittler stattfinden, die Botschaften überbrachten. Im Istanbul des Osmanischen Reiches fiel diese Aufgabe den Hausiererinnen zu. Sie konnten sich als Frau sofort jeder anderen Frau nähern und ihr Gelegenheit geben, sich offen zu äußern, und da sie zu den nichtmuslimischen Minderheiten gehörten, war es ihnen möglich, sich schnell und ungehindert überall in der Stadt zu bewegen. Auf den Markt zu gehen, Obst und Gemüse einzukaufen war für eine osmanische Frau höheren Standes nicht statthaft. Die jüdische Hausiererin, die den Klatsch verbreitet, war eine typische Figur in den Romanen der Tanzimat-Zeit (Reform von 1839). Wir lachen stets über Ester, so wie sie ist. Ihrem Drama schenken wir wenig Gehör. Sie ist ein unterhaltsames Detail, das die dramatische Entwicklung der anderen beleuchtet.

Es gibt, wie sehr ich dies auch abstreiten mag, in jedem Roman einen Charakter, dem ich, was die Dichte, das Geflecht und das Gewebe seiner Gedanken betrifft, nahestehe, der gewisse Züge meiner Trauer und Unsicherheit trägt. So gesehen besteht eine Ähnlichkeit zwischen Galip im *Schwarzen Buch* und Kara in dem jetzigen Roman. Kara ist die mir am nächsten stehende Person in diesem Buch. Ich möchte mich ein wenig distanzieren von diesen Charakteren, doch ich kann nicht umhin, die Welt im Licht der Laterne in ihrer Hand zu betrachten. Sie geben mir das Gefühl, auch in dieser Welt zu leben.

Kara ist etwas von mir zu eigen, aber auch andere Personen tragen meine Züge. Allerdings lässt sich Kara mehr von den Ereignissen mitziehen.

Ich möchte nicht, dass meine Helden wegen ihrer Siege und ihres Muts geliebt werden, sondern wegen ihres Schweigens, ihrer Unschlüssigkeit und ihrer Traurigkeit. Und ich möchte die Sympathie meiner Leser auf die gleiche Art gewinnen. Ich wünsche mir, dass man die zwielichtigen Bereiche und fragilen Momente in meinen Büchern und den Kummer und die Trauer, die ich manchmal empfand, so deutlich wahrnimmt, wie mir meine Illustratoren wichtig gewesen sind.

Şeküre hat selbstverständlich manches gemein mit meiner Mutter (die denselben Namen trägt). Wie sie zum Beispiel Şevket, Orhans Bruder in dem Roman, ausschilt, wie sie uns beide zur Räson bringt. Sie weiß, was sie tut, ist eine souveräne, starke Frau. Zumindest macht sie diesen Eindruck. Dort hört jedoch die Ähnlichkeit mit meiner Mutter auf, eine nahezu postmoderne Ähnlichkeit. Die so tut, als sei sie dieselbe, und die doch eine andere ist. Das Komische daran ist natürlich die zeitliche Unstimmigkeit. Es ist, als hätte ich den Namen meiner Mutter später auf eine andere Zeit, auf einen anderen Ort appliziert. Manchmal erzähle ich meiner Mutter und meinem Bruder, ich hätte unser Istanbuler Leben in den fünfziger Jahren in jenes Istanbul von 1590 zurücktransportiert und dabei alles, was mit uns geschah, beibehalten. Dass Şeküre weiß, wie sehr ihre eigenen Wünsche sich widersprechen, und sie trotz dieses Wissens ruhig bleibt und ihre Wünsche nicht in Widerstreit geraten, ist ihre starke, sehr starke Seite. Sie wird selbst die Lösungen finden und sich den inneren Widersprüchen mit gutem Vorsatz stellen … Şeküres Wünsche sind einander diametral entgegengesetzt. Obwohl sie das weiß, regt sie sich nicht auf. Sie hat gelassen erkannt, dass sich das Leben aus diesen Widersprüchen zusammensetzt, sie weiß, dass eines am Ende schwerer wiegen und alles eine Bereicherung für sie sein wird.

Wie in *Rot ist mein Name* lebte mein Vater für lange Zeit getrennt von uns (nicht wie der Vater im Roman für immer, der unsere kam und ging). Meine Mutter, mein Bruder und ich lebten zusammen. Wir zankten uns, mein Bruder und ich, wie im Buch beschrieben. Und wie im Roman ging es um die Rückkehr unseres Vaters. Es war schwer für meine Mutter, sich bei uns durchzusetzen. Manchmal wurde sie wütend und schrie uns an, genau wie es im Buch geschildert ist. Aber das ist auch die ganze Ähnlichkeit.

Von meinem siebten bis zu meinem neunzehnten Lebensjahr wollte ich Maler werden. Ich war stets das bildermalende schwarze Schaf in der Familie. Es gab einfache Taschenbücher, die sich mit der osmanischen Malerei befassten. Daraus kopierte ich die osmanischen Miniaturen. Ich tat es mit einer instinktiven Neugier. Die Stile der Illustratoren Osman aus dem 16. und Levni aus dem 18. Jahrhundert konnte ich bereits unterscheiden, als ich dreizehn Jahre alt und in der Mittelschule war. Ich besorgte mir Bücher zu diesem Thema und verfolgte es mit zwar besonderem, doch kindlichem Interesse.

Jahrelang habe ich an ein Buch über die Illustratoren gedacht. Eine Zeitlang plante ich nur den Lebensbericht eines einzelnen Illustrators, kam jedoch später davon ab. Außerdem führe ich seit etwa vierundzwanzig Jahren mehr oder weniger das Dasein eines Illustrators, sitze am Tisch, schaue mit dem Stift in der Hand auf das leere Blatt und schreibe mein ganzes Leben lang. Wie die Illustratoren in meinem Buch ihr ganzes Leben über dem *pıştahta* genannten Arbeitsbrett verbringen, bis sie blind werden, so sitze ich seit vierundzwanzig Jahren an meinem Arbeitstisch. Manchmal kann man schreiben, manchmal nicht. Manchmal verliert man den Mut und bringt nichts zustande. Manchmal schreibt man drei Tage hintereinander und wirft alles in den Papierkorb. Manchmal wird man in dunkle Wolken gehüllt, manchmal ist man sehr glücklich und zufrieden. Schließlich bringt man das ganze Ergebnis seiner Arbeit ans Tageslicht. Da die Eifersüchteleien, Freudenmomente, Anerkennungskrisen, Hoffnungen und Zornausbrüche, wie ich sie in meinem Buch geschildert habe, auch für alle mir bekannten Schriftstellerkollegen gelten, kam mir der Gedanke, dies alles sei eigentlich ein Weg, um nicht nur das Werk und Leben der Illustratoren, sondern allgemein das »Künstlerdasein« zu beschreiben.

Das Gespür für Eleganz und Maß in *Rot ist mein Name* drückt die Sehnsucht aus, mit der meine Helden nach der Geschlossenheit der alten Zeiten, ihrer Schönheit und Einfachheit suchen. Meine eigene Welt aber ist nicht die maßvolle, elegante und Allah nahestehende Welt dieses Romans, sondern die chaotische, dunkle und selbstverständlich moderne Welt des *Schwarzen Buchs*.

Wenn Sie mich fragen, dann spricht *Rot ist mein Name* tief im Innern von der Furcht und dem Schrecken, vergessen, als Künstler vergessen zu werden. Zweihundertfünfzig Jahre lang sind unter iranischem Einfluss nach der Timuriden-Zeit bis zum Ende des 17. Jahrhunderts – dann setzt die Veränderung durch den Westen ein – mehr oder weniger gute osmanische Bilder gemalt worden. Die Illustration hat das islamische Bilderverbot von den Rändern her in Zweifel gezogen. Da die Bilder von den Sultanen, den Schahs, den Khans, den Prinzen und Paschas in Auftrag gegeben wurden, konnte sie niemand in Frage stellen. Niemand bekam sie zu sehen. Sie blieben in den Büchern. Am meisten liebten die Schahs die Malerei. Sie lebten, wie Schah Tahmasp, eng zusammen mit den Illustratoren und gingen so weit, die Tätigkeit des Malens selbst auszuführen. Später fiel diese elegante Tradition der gnadenlosen Macht der Geschichte zum Opfer. Sie verschwand durch die westliche Art zu malen und zu sehen und vor allem durch die Porträtkunst in der Zeit nach der Renaissance, weil deren Methoden viel mehr Anreiz boten. Mein Buch behandelt im Grunde genommen diese Tragik und Trauer des Vergessenwerdens. All die Sorgen, all der Kummer sind die Folgen der, wie wir wissen, begrenzten Lebensdauer und der Schwäche von uns Menschen.

Eine Notiz zu *Rot ist mein Name*

gleich nach Beenden des Romans im Flugzeug verfasst,
30. November 1998

Woran denke ich, nachdem ich *Rot ist mein Name* immer wieder durchgesehen, Tausende von Kommas ein letztesmal verbessert und das Manuskript abgeliefert habe?

Ich bin zufrieden, bin müde, entspannt ... Weil das Buch fertig ist. Eine Entspannung, wie ich sie nach den Abschlussprüfungen des Gymnasiums oder auch nach dem Ende meiner Militärzeit empfunden habe ... Ich bin nach Beyoğlu gegangen, habe mir bei VAKKO zwei teure Hemden gekauft, habe Döner vom Huhn gegessen und mir die Schaufenster angesehen. Zwei Tage lang habe ich zu Hause ein bisschen aufgeräumt und gedöst ... Ich bin sehr zufrieden mit dem Buch, mit dem, was ich geschaffen, mit den vielen Jahren, die ich ihm gewidmet habe, und besonders mit der intensiven Arbeit während der letzten sechs Monate in einer Art religiös-mystischer Selbstvergessenheit ... Die erfolglosen Entwürfe vieler Jahre, die »Sackgassen« und unzulänglichen Fragmente habe ich in den letzten zwei Monaten rigoros herausgeworfen. Ich bin sicher, dass mein Buch straff geordnet und flüssig lesbar ist.

Wieviel enthält das Buch von mir, von meiner Seele? Ich glaube, viel von meinem Leben, doch weniger von meiner Seele. Viele Einzelheiten aus meiner Kindheit, die Sticheleien zwischen meiner Mutter, Şevket und mir, die endlosen Kabbeleien mit meinem Bruder, all das fand auf liebevolle Weise Eingang in meinem Roman. Doch die heftigen Prügel, die ich bezogen habe, die Intensität meiner Sehnsüchte und meiner Wut habe ich ferngehalten aus der Erzählung. Denn *Rot ist mein Name* sollte – so empfand ich es von Anfang an – seine Schönheit der Zuversicht, Toleranz, einer tolstoischen Ausgeglichenheit und einer flaubertschen Feinfühligkeit verdanken. Dennoch haben sich auch meine Ansichten über die mitleidlosen, harten, unwägbaren Seiten des Lebens in dem Buch niedergeschlagen. Es soll ein »Klassiker« sein, das ganze Land soll es lesen, jeder soll sich wiederfinden in dem Roman, und ich wollte, dass man die Grausamkeit der Geschichte und die Schönheit der alten, verlorenen Welt kraftvoll spürt.

Als ich das Buch beendete, hatte ich das Gefühl, die »kriminelle Verschwörung«, die Detektivgeschichte darin sei auf etwas krampfhafte und überflüssige Weise entstanden, aber es war zu spät. Ich hatte gedacht, auf diese Weise könne ich die Aufmerksamkeit auf meine geliebten Illustratoren lenken, für die sich meiner Meinung nach sonst niemand interessieren würde, doch diese Spekulation (hinsichtlich des Islam und der verbotenen Kunst) ist zu einer Art Attacke auf ihre Welt und Logik, auf ihr empfindliches Werk geworden. Andererseits kann ich meinen zeitgenössischen Lesern nicht vorenthalten, dass im Islam eine historisch bedingte Intoleranz gegenüber der Kunst existiert, gegenüber einer verinnerlichten, tiefgründigen, quasi schöpfergleichen Darstellungsweise mittels der Kunst – der Kreativität. So ist gewaltsam eine detektivisch-politische Logik in das verletzliche Dasein meiner armen Illustratoren eingedrungen, damit mein Roman leicht und ohne Unterbrechung lesbar ist. Ich bitte sie um Verzeihung.

Rot ist mein Name wurde mit großen Mühen, kindlicher Begeisterung und tiefem Ernst verfasst, enthält viele Elemente meines Lebens und soll als »klassisches Buch« ein ganzes Volk ansprechen. Bin ich meiner selbst zu sicher, wenn ich stolz behaupte, ich hätte gewusst, dass es mir gelingen würde? Meine Verletzlichkeit, das Schmutzige, Schlechte und Armselige an mir äußert sich nicht im Buch selbst, in seiner Sprache und Struktur, sondern im Leben und in den Geschichten der geschilderten Charaktere … Der Roman ist zuversichtlich offen gestaltet und hinterfragt die Welt nicht, sondern bejaht sie, und statt Zweifel zu wecken, fordert er Menschen auf, an den Wundern des Lebens teilzunehmen. Ich glaube, viele Leser werden das Buch lieben. Anderer-

seits überlege ich, ob die dümmliche Zuversicht des Autors ein aus-
reichender Grund für die Liebe zu einem Buch sein kann.

Die belebenden Widersprüche des Romans sind auf der einen Seite
die schmerzlich-dunklen Geschichten, in denen sich die Gefühle der
Misere, der Niederlage und des Bösen mit dem Charakter meiner Illustratoren decken, auf der anderen Seite aber mein Versuch, meiner
stets kreativen Geisteshaltung entsprechend diesem Gefühl des Bösen genau das Gegenteil, einen Optimismus, eine positive, das Leben
richtig und direkt betrachtende Beobachtungsweise entgegenzuset-
zen. Dass ich das Leben so direkt und mit soviel Vertrauen betrachten
kann, verdanke ich natürlich meiner Mutter und meinem Bruder, der
Şeküre und dem Şevket – und dem Orhan – des Buchs ...

Aus dem Heft »Schnee in Kars«

Sonntag, 24. Februar 2002

Und wieder bin ich in Kars, zum viertenmal. Heute morgen um zehn sind wir angekommen, der Fotograf Manuel, mein Freund, und ich. Nachdem wir den ganzen Tag lang durch die Straßen gelaufen sind, Aufnahmen gemacht und mit den Leuten gesprochen haben, bin ich seltsamerweise deprimiert. Bei diesem vierten Besuch fand ich Kars nicht mehr so »aufregend« wie vorher. Wenn ich jetzt die

Straßen, die alten russischen Bauten, die melancholischen Höfe, die schäbigen Kaffeehäuser, die tiefe Traurigkeit der Stadt, ihre einsame Schönheit betrachte, kommt mir nicht mehr der Gedanke, wie gut es wäre, »dies alles« in einem Roman unterzubringen. Den größten Teil davon, mehr als drei Fünftel, habe ich geschrieben, er hat Gestalt angenommen, manchmal unter dem Namen *Schnee*, manchmal auch als *Schnee in Kars*. Ich weiß, was daraus werden kann, wieviel ich von den Gefühlseindrücken der Einsamkeit und Melancholie verwenden könnte, die ich in Kars gesammelt habe. Ich denke nicht mehr an Kars, sondern an *Schnee* (oder auch *Schnee in Kars*). Mir ist auch bewusst, dass der Roman aus den Elementen der Stadt besteht, ihren Straßen, Menschen, Bäumen, Läden und einigen Gesichtern, doch er hat keine Ähnlichkeit mit der Stadt.

Zum Teil, weil es mir in dem Roman nicht um die Ähnlichkeit mit der Stadt ging – ich wollte meine eigenen Vorstellungen von der Atmosphäre und den Problemen von Kars auf die Stadt projizieren ... Teilweise ging es auch um den Schnee, der mir seit Jahren jedesmal in den Sinn kommt, wenn ich an den Roman denke ... In meiner Vorstellung sollte es unaufhörlich schneien in dem Roman, und die Stadt, in der die Geschichte spielte, sollte ein wenig losgelöst sein von der übrigen Türkei. Es waren meine Erinnerungen an Kars vor fünfundzwanzig Jahren, an seine Kälte und seine legendären Winter, die mich auf den Gedanken brachten, meinen Roman hier anzusiedeln. Nachdem ich *Rot ist mein Name* beendet hatte, bin ich mit einer Pressekarte von *Sabah* in der Tasche, einer der wichtigsten Zeitungen von Istanbul, nach Kars gekommen: wegen seiner Schönheit und wegen des Schnees ... Und weil ich glaubte, der Geschichte in meinem Kopf hier am besten Gestalt verleihen zu können. In Kars sah ich den Ort, an dem ich das verwirklichen konnte, mehr als das, was die Stadt mir erzählen, was sie mir an menschlichem Elend und Glück zuflüstern würde.

Gleich vom ersten Tag an dachte ich, wie klug es von mir gewesen war, nach Kars zu kommen. Ich liebte diese Stadt, ihre provinzielle Atmosphäre und das Empfinden, an einem vom Rest der Welt vergessenen Ort zu sein, die wunderbar alten, baufälligen Häuser, die von den Russen angelegten breiten Straßen ... Weshalb ich schon bei meinen ersten Besuchen von den Menschen und dem, was sie erzählten, gefesselt war. Mit meinem kleinen Tonbandgerät oder der Videokamera in der Hand ging ich überall hin, vom den Elendsquartieren bis zu den Parteizentralen, von den Hahnenkampfstätten bis zum Büro des Gouverneurs, von den Redaktionen der Lokalblättchen bis zu den Kaffeehäusern, und überall ließ ich die Menschen reden. Fünfundzwanzig bis dreißig Stunden lang habe ich Tonbandaufnahmen gemacht und mit meiner einfachen Kamera alles fotografiert, was mir begegnete. Ich erinnere mich daran, wie ich am letzten Tag meines ersten Aufenthalts hastig durch die Straßen lief, um all dies zu erledigen (mit den Polizisten in Zivil auf den Fersen!). Und jedesmal, wenn ich wiederkam, ging ich morgens ins Birlik Kıraathanesi, das Kaffeehaus der Einheit, und schrieb begeistert etwas in meine Notizhefte. Trotz all der Arbeit und dem gesammelten »Material« (ich mag dieses Wort nicht!) habe ich schließlich von Kars und seinen Menschen nicht das berichtet, was ich sah, sondern die Geschichte so erzählt, wie ich sie mir ausgedacht hatte.

Vor allen Dingen wegen des Schnees – es schneit schon längst nicht mehr so viel in Kars wie in den alten, schönen, reichen und glücklichen Zeiten ... Der Schnee ist verschwunden, so wie die mit den

Russen handeltreibenden Bürger, die Menschen, die Schlittschuh liefen auf dem zugefrorenen Fluss Kars, im Schlitten fuhren und Theaterspiele aufführten. Es fällt nicht mehr so viel Schnee in Kars wie früher.

Da sind auch noch die politischen Desaster, all das Böse und die Ausweglosigkeit, von denen die Türkei heimgesucht wird, die man hier aber nicht in diesem Ausmaß erlebt hat – oder doch, und die Stadt hat es nur vergessen, denn ich spüre nichts davon auf den Straßen. Es könnte eine Täuschung sein.

Etwas anderes, das täuschen könnte, ist der Eindruck, das Leben und die Bewohner seien viel bescheidener hier … Während ich durch die Straßen gehe, fällt mir auf, dass die Menschen, die mir auf den Gehsteigen begegnen oder mit denen ich in den Kaffeehäusern spreche, viel einfacher, viel schlichter sind, als ich sie im Buch beschrieben habe. Vielleicht gibt mir das tägliche Leben, die Alltäglichkeit eines jeden Augenblicks dieses Gefühl. Möglich, dass ich selbst dann alles als gewöhnlich empfinde, wenn jemand in diesem Moment Selbstmord begeht oder irgendeiner in dem Kaffeehaus, in dem ich gerade gelangweilt herumhocke, jemand anders ermordet …

In der zweiten Hälfte der siebziger Jahre hat Kars eine Welle der Gewalt erlebt. Der Geheimdienst und die Unterdrückung durch den Staat spielten eine wesentliche Rolle in der Geschichte der Stadt. Mitte der neunziger Jahre kamen kurdische Guerillas aus dem Gebirge herunter und versuchten, Kars zu unterwandern. Trotz alledem (vielleicht auch wegen alledem) kommt es mir fast ungehörig vor, von politischer Gewalt und politischen Katastrophen zu sprechen …

Wenn ein Maler, der sein Leben dem Abbilden eines Baumes gewidmet hat, schließlich diesen Baum auf seltsam magische Weise wiedergeben, wenn er diesen Baum in seiner eigenen Bildersprache ins Leben rufen kann, dann wird er, wenn er sich umdreht und den Baum ein letztesmal betrachtet, bei allem Glück über das gelungene Bild bedrückt sein, sich wie ein Verräter fühlen … So habe ich mich heute gefühlt, während ich durch die Straßen von Kars ging. Ich werde noch weitergehen … Im tiefen Empfinden der Einsamkeit und des Weitfortseins, das mich die Stadt noch immer spüren lässt …

Montag, 25. Februar

Und wieder sitze ich seit dem frühen Morgen im Kaffeehaus der Einheit. Ein alter Mann kommt zu mir; alt, sage ich, doch er ist vielleicht nicht viel älter als ich – gesund, kräftig gebaut, Schirmmütze, graues Jackett, krauses Haar und Zigarette im Mund.

»Bist du wieder hier?« fragt er.

Ich stehe auf, drücke ihm die Hand und antworte lächelnd: »Ja, ich bin wieder hier.«

Er nimmt seinen Mantel vom Haken an der Wand. Ich wende mich wieder dem Heft und meinen Notizen zu. Während er mit dem Mantel in der Hand das Kaffeehaus verlässt, sagt er so, dass ich es hören muss: »Schreib, wieviel ein Beamter bekommt, schreib! Schreib, um wieviel der Preis für Kohle in Kars gestiegen ist, schreib!«

Inzwischen öffnet der Gehilfe den Deckel des Ofens und stopft mit einer Zange Kohlenstücke hinein. Der Preis der Kohle gehört zum »eisernen Bestand« der immer wieder angesprochenen Themen, wenn ich in Kars in einem Kaffeehaus sitze, mein Aufnahmegerät anstelle, die Menschen sich um mich scharen und mir ihren Kummer mitteilen. Das zeigt auch, wen sie in mir sehen, wenn ich so mit Notizheft und Tonbandgerät von einem Kaffeehaus zum nächsten ziehe. Sehr wenige wissen, dass ich Romanautor bin. Sage ich aber, ich sei Journalist, dann fragen sie sofort: Bei welcher Zeitung? Ich habe dich einmal im Fernsehen gesehen! Schreib, Zeitungsmann, schreib!

Ohne sich darum zu kümmern, ob ich es von hier aus gehört habe oder nicht: »Er schreibt das, er ist Zeitungsmann!« Und der andere fragt noch einmal: »Was schreibt er denn …?« So früh am Morgen ist das Kaffeehaus der Einheit noch leer. An einem Tisch etwas weiter entfernt hat jemand um acht Uhr ein Kartenspiel angefangen … Dort sitzt ein Mann von nicht ganz vierzig Jahren und spielt Patience. An beiden Enden des Tisches haben sich zwei Rentner niedergelassen, die zuschauen und sich dabei unterhalten. Der Patiencespieler hebt einmal den Kopf und verliert harte Worte über Ministerpräsident Ecevit. Der Grund ist die absurde Krise zwischen Staatspräsident und Ministerpräsident in der vorigen Woche, als Ecevit im Fernsehen dem Präsidenten Vorwürfe machte, die Börse daraufhin nachgab und die Türkische Lira an Wert verlor. Von einem anderen Tisch her kom-

men prompt die entsprechenden Kommentare. Die zwölf Männer im Kaffeehaus (jetzt aus dem Augenwinkel gezählt) sind drei Schritte von mir entfernt alle um den Ofen versammelt. Missmutige, lahme Witze, Sticheleien. Immer wieder höre ich den Ausdruck: »So früh am Morgen!« »Mach das nicht, sag das nicht so früh am Morgen!« Der Ofen wird heiß, und eine angenehme Wärme berührt mein Gesicht. Jetzt herscht Stille im Kaffeehaus der Einheit. Die Tür geht auf, ein Mann kommt herein und gleich danach noch ein anderer. »Guten Morgen, Freunde!«, »Guten Morgen, Freunde, viel Glück!« Weil an einem weiteren Tisch ein Spiel begonnen hat. Acht Uhr dreißig. Vor uns liegt ein ganz leerer Wintertag, der noch ausgefüllt werden soll. Der Pastetenverkäufer kommt herein. »Börek, Börek, Börek!« Warum sitze ich wohl so liebend gern in den Kaffeehäusern von Kars, vor allem im Kaffeehaus der Einheit? (Der Pastetenverkäufer mit dem großen Tablett auf dem Kopf ist nochmals gekommen.) Vielleicht, weil ich hier morgens so leicht schreiben kann. Ich spüre, wenn ich in der Frühe durch die breiten, kalten, windigen und leeren Straßen von Kars gehe, dass ich fähig bin, alles zu schreiben, unaufhörlich zu schreiben, dass mich alles begeistern kann, was ich sehe, dass alles, was mich begeistert, in die Spitze meines Stiftes einfließen kann. Ein Kalender an der Wand. Das Porträt Atatürks. Der laufende Fernseher, dessen Ton man vor kurzem ausgeschaltet hat (hoffentlich versöhnen sich Ministerpräsident und Staatsoberhaupt auf der nicht abgeschlossenen Sitzung des Sicherheitsausschusses), unglaublich abgenutzte Stühle, das Ofenrohr, Spielkarten, schmutzige Wände, schmutzstarrende, dunkel verfärbte Polsterbezüge.

Dann kommt Manuel mit seiner Kamera, und wir streifen durch die Straßen des schönsten Teils von Kars, das Yusuf-Pascha-Viertel. Die Ismet-Pascha-Grundschule in einem wunderschönen Gebäude aus der russischen Ära. Aus einem offenen Fenster im oberen Stock schallt die wütende Stimme eines aufgebrachten Lehrers, der seine Schüler laut schreiend ausschimpft. »Sollen wir hineingehen, ein Foto machen?« »Und wenn sie uns hinauswerfen?« »Vielleicht kennen sie dich«, meint Manuel.

Sie kennen mich. Im Lehrerzimmer bietet man uns Tee und Eau de Cologne an. Ich drücke vielen Lehrern die Hand. Während wir unter den hohen Decken der Korridore entlanggehen und an den geschlossenen Türen der Klassen vorbeikommen, spüren wir das Gedränge dort drinnen ... Wir betrachten die großformatigen Atatürk-Poster, die der Zeichenlehrer gemalt hat, und überlegen, was es bedeutet, an dieser Schule zu lernen ... Danach besuchen wir nebenan das erste reiche »restaurierte« Haus von Kars. Ein Bauunternehmer aus Ankara hat dieses wunderbare Gebäude gekauft und es mit einer Menge Geld nach den Vorbildern der Hochglanzmagazine neu eingerichtet. Der Reichtum und die Ordnung hier drinnen nehmen sich seltsam aus inmitten der Armut der Stadt: Man empfindet es einer-

seits als beschämend und andererseits als sehr schön. Danach laufen wir wieder lange, lange durch die Straßen. Den zugefrorenen Fluss Kars entlang, über die eiserne Brücke ... Dieser Ort gehört zu denen in der Stadt, die ich ganz besonders liebe. Trotzdem übermannt mich wieder, wie bei jedem Spaziergang hier um die Mittagszeit, dieser scheinbare Luftmangel, dringt diese seelisch-geistige Ermüdung ganz allmählich in mein Inneres ein. Den größten Teil meines Romans habe ich geschrieben, fast beendet, und jetzt finde ich ihn ebenso interessant wie die Stadt und möchte endlich daran arbeiten. Die Stadt, so scheint es, birgt kaum noch ein Geheimnis. Wir besuchen das Gebäude des ehemaligen russischen Konsulats. Vor langer Zeit soll es das Haus eines reichen Armeniers gewesen sein. Als dann die russischen Besatzer kamen, warf man den Armenier hinaus und richtete hier die russische Militärkommandantur ein. Später fiel es den Türken in die Hände. In den ersten Jahren der Republik ließ sich ein reicher Aserbaidschaner darin nieder, der mit Russland Handel trieb. Danach mieteten es die Sowjets als Konsulat. Zuletzt zog die Familie des jetzigen Besitzers ein. Der nette wohlmeinende Mann, der uns herumführt, lässt uns wissen, dass man hier nicht zur Miete wohne, sondern Eigentümer sei ... Im Roman habe ich daraus ein viel größeres Gebäude gemacht, und es ist auch nicht an den tatsächlichen Besitzer, sondern an die Predigerschule vermietet. In Wirklichkeit ist die Predigerschule viel weiter entfernt, liegt weiter unten ... Warum habe ich diese kleinen Änderungen gemacht? Ich weiß es nicht, doch ich wollte es einfach tun. Damit die Geschichte durch diese Veränderungen glaubhafter, wirklicher wird ... Ohnehin nimmt die Predigerschule in dem Buch keinen so bedeutenden Platz ein. Trotzdem sind diese kleinen Veränderungen, diese nötig-unnötigen Abweichungen von der »Wirklichkeit«, sehr wichtig, um den Roman schreiben zu können ... Ich weiß sehr wohl, dass ich von Zeit zu Zeit nicht das echte, sondern das in meiner Phantasie existierende Kars beschreiben muss, um selbst an die Geschichte glauben zu können, die ich erzählt habe ... Ich muss die Geschichte in meinem Kopf, das Märchen in meinem Innern erzählen (auch wenn es voller politischer Gewalt ist), nur dann ist alles schön und gut. Andererseits wecken diese Änderungen, Lügen und Abweichungen, deren heimliche Logik ich eigentlich gar nicht entdecken will, unbestimmte Gewissensbisse und Schuldgefühle in mir. Außerdem mache ich mir Sorgen, dass die Freunde in Kars, zum Beispiel Sezai Bey oder auch der liebenswürdige Bürgermeister, also alle Bekannten, die von mir etwas Gutes erwarten, von dem Roman enttäuscht sein könnten. Immer wieder durchlebe ich diesen Zwiespalt. Wenn ich erfahren möchte, was ich über Kars schreiben soll, das Tonband anmache und Fragen stelle, dann beklagt sich jeder nachdrücklich über die Armut, das Desinteresse des Staates, die Unterdrückung, all das Unrecht und die Widerwärtigkeiten. Wenn ich mich schließlich bedanke, sagt man: »Schreib das alles!« und ergänzt noch: »Aber schreib nur Gutes über Kars!« Doch was man mir erzählt hat, ist ganz und gar nichts »Gutes«!

In Kars gibt es keine besonders starke »Bewegung des politischen Islam«, wie im Buch beschrieben. Anderseits hat der Bürgermeister noch gestern davon gesprochen, dass die Aserbaidschaner zunehmend unter den Einfluss des politischen Islam gerieten und manche, die zur Ausbildung nach Kum in Iran gegangen seien, sich stärker an die schiitische Identität gebunden fühlten und hier Hassan-Hüsseyin-Kerbela-Feiern veranstalteten, was es früher nie gegeben habe …

26. Februar, morgens

Früh um halb sechs bin ich aufgewacht. Es war schon hell, aber noch niemand auf den Straßen. So habe ich mich an den kleinen Tisch vor dem Spiegel in meinem Hotelzimmer gesetzt und angefangen, dies zu schreiben … Es hat mir stets Freude bereitet, frühmorgens in Kars und wach zu sein, wieder durch die leeren Straßen streifen, wieder in die Kaffeehäuser gehen und irgend etwas schreiben zu können … Und so kam es immer, wenn es an der Zeit war, nach Istanbul zurückzufahren: Jetzt hatte ich den dringenden Wunsch, ganz schnell noch die Ansichten von Kars, seine melancholischen Straßen und Straßenhunde, die Läden, Kaffeehäuser und Friseurläden mit meiner Videokamera festzuhalten und zu bewahren …

Der letzte Morgen in Kars

Die letzten Stunden in Kars. Vielleicht werde ich nie mehr herkommen. Ich bin noch ein wenig durch die eiskalten Straßen ge-

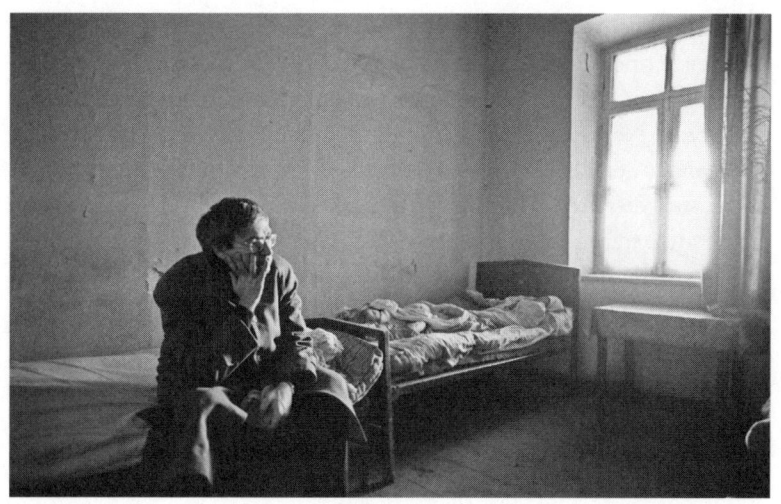

gangen. Und wie jedesmal vor der Abreise aus Kars mit einem tiefen Gefühl der Wehmut ... Das einfache Leben, die liebenswürdige Freundschaft der Menschen, die Nähe, die Zerbrechlichkeit von allem, das Gefühl, sich in einem unveränderlichen, doch langem, langsam dahinfließenden Zeitstrom zu befinden ... Das bindet mich an Kars. (Der Pastetenverkäufer von gestern kam heute früh wieder mit dem Tablett auf dem Kopf.) Während ich über all das nachdenke, schildern mir die Freunde an meinem Tisch im Kaffeehaus der Einheit, wie sehr sie die Arbeitslosigkeit und das Herumsitzen in den Winkeln der Kaffeehäuser bedrückt. »Hast du's geschrieben?« fragen sie ... »Schreib! Den Präsidenten der Republik unterstützen die Staatsbürger voll und ganz. Er ist ein guter Mann. Die anderen stehlen wie die Raben und häufen Vermögen an. Schreib das ... Die Abgeordneten bekommen zwei Milliarden Gehalt, und dem, der zwei Millionen bekommt, stehlen sie das Recht ... Schreib, schreib auch meinen Namen. Schreib ...«

Trotz all der Armut gehört, wer hier im Kaffeehaus der Einheit sitzt, nicht zu den Allerärmsten in Kars. Wie der Mann, mit dem ich eben gesprochen habe ... Diese Herren sind entweder Geschäftsleute oder bankrotte Geschäftsleute, ehemalige Direktoren des Krankenhauses, pensionierte Beamte oder Eigentümer eines Lastwagens, jetzt aber alle ohne Arbeit, oder sie waren früher erfolgreich und begütert, wie der Schneider, mit dem wir beim letzten Aufenthalt eine Reportage gemacht hatten. (Er besaß einmal ein kleines Konfektionsatelier mit zwölf Nähmaschinen.) Das ist der Unterschied zwischen dem Kaffeehaus der Einheit und jenen Kaffeehäusern, die von den arbeitslosen, ungelernten Handlangern und den Ungebildeten aus den Elendsquartieren aufgesucht werden. So wird durch diese Unterscheidung heute noch fortgeführt, was seinerzeit für den hier ansässigen »Unionsclub« gültig gewesen war.

»Kein einziger Mann hier, der glücklich ist … Und dazu noch alle die Verbote.« So denke ich. Jeder klagt in Kars, keiner ist glücklich, alle scheinen fast vor Wut zu explodieren … Wenn jetzt in den Straßen der Stadt regungslose Stille und ruhige Ordnung herrschen, dann liegt es an der hoffnungslosen Trauer, von der die Menschen betäubt sind. Und weil so manches andere, das man tun könnte, von seiten des Staates strikt verboten wurde … Glücklichsein ist eine andere Sache. Doch das ist es, was ich spürte, während ich den Roman schrieb. Ich fühle mich weniger schuldig als vielmehr hilflos jenen Menschen gegenüber, deren Schicksal ich nicht zu teilen vermochte. Für die Zukunft hier sehe ich schwarz und habe das Gefühl, dass sich kaum etwas tiefgreifend verbessern wird. Doch ich sollte in meinem Roman das schreiben, woran ich von ganzem Herzen glaube. Diese Herzlichkeit zu beweisen und einen guten Roman zu schreiben wird das Beste sein, was ich tun kann für die Menschen in Kars.

Bilder und Texte

Şirin ist verwirrt

Ich bin ein Romanautor. Wieviel ich auch von Theorien gelernt habe, ja, wie sehr ich mich sogar von Zeit zu Zeit von einer Theorie – zu meinem eigenen Schaden – habe mitreißen lassen, so meine ich doch, mich im allgemeinen davon fernhalten zu müssen. Ich hoffe, Sie sind jetzt ganz Ohr, denn ich möchte Ihnen ein, zwei Geschichten erzählen und damit versuchen, etwas anzudeuten, ein Gepür für etwas zu erwecken.

Wenn wir uns vorstellen möchten, was hinter der Mauer eines unseren Blicken verschlossenen Gartens vor sich geht, sollten wir am besten unsere Erwartungen, Ahnungen und Ängste, die sich um diesen verborgenen Garten ranken, in Geschichten kleiden ...

Eine gute Theorie wird immer nur die eines anderen sein, selbst wenn sie uns überzeugt und tief beeindruckt hat. Eine gute Geschichte aber, die uns überzeugt und tief beeindruckt hat, stellt sich am Ende als unsere eigene heraus. So sind sie, die alten, ganz alten Geschichten. Wer sie zuerst erzählt hat, ist vergessen. Wie sie zuerst Ausdruck fanden, ist aus dem Gedächtnis gelöscht. Jedesmal, wenn man sie wieder erzählt, hören wir ihnen wie etwas Neuem zu. Zwei solcher Geschichten werde ich jetzt erzählen.

Die erste habe ich auf meine Art und Weise versucht, im *Schwarzen Buch* wiederzugeben. Ich muss mich bei den Lesern dieses Romans entschuldigen, doch diese Art von Geschichten erhalten jedesmal, wenn sie erzählt werden, eine andere Bedeutung. Gazzali hat sie in *Ihya-ül Ulum* erzählt, Enveri in vier Versen zusammengedrängt, Nizami in seine *Iskendername* eingefügt, Ibni Arabi hat sie erzählt und auch Mevlana in seinem *Mesnevi* ...

Ein Herrscher – ein Padischah, ein Khan oder ein Schah – hatte eines Tages zu einem Bilderwettbewerb aufgerufen. Die Maler, die

um den Preis konkurrierten – chinesische wie auch aus eher westlichen Ländern kommende Maler –, stritten heftig untereinander:
Wir machen bessere Bilder, nein, nicht doch, wir machen es besser …
Und der Padischah – wir wollen ihn Padischah nennen – überlegte
hin und her und beschloss, die Maler auf die Probe zu stellen. Um
die Bilder miteinander zu vergleichen, stellte er ihnen zwei Räume
mit zwei gegenüberliegenden Wänden zur Verfügung. Zwischen den
Räumen und deren sich gegenüberliegenden Wänden war ein Vorhang gezogen worden, so dass die Maler arbeiten konnten, ohne sich

zu sehen. Die westlichen Maler holten ihre Farben und Pinsel hervor und begannen mit dem Zeichnen und Ausmalen. Die Chinesen meinten, man müsse zuerst den Staub und den Rost von der Wand entfernen, und machten sich daran, die Wand zu säubern und zu polieren. Die Arbeiten zogen sich monatelang hin. Auf der einen Seite wurde die Wand mit bunten Bildern geschmückt. Die Wand auf der anderen Seite wurde geduldig geglättet und poliert, bis sie wie ein Spiegel glänzte. Als die gegebene Zeit um war, wurde der Vorhang aufgezogen. Der Padischah betrachtete zuerst das Bild der westlichen Maler. Es war ein sehr schönes Bild, und der Padischah bewunderte es. Als er dann auf die Wand der chinesischen Maler blickte, sah er, dass sich das Bild von gegenüber darin spiegelte. Er gab den Preis den chinesischen Malern, die aus der Wand einen Spiegel gemacht hatten.

Die zweite Geschichte ist so alt wie die erste. Und wie von der ersten gibt es auch von ihr diverse Varianten. In den *Märchen aus Tausendundeiner Nacht*, in den Geschichten, die der Papagei im *Tuti-Nameh* erzählt, und in der Geschichte von *Hüsrev ve Şirin*, die Nizami in eines seiner *Hamse* (Fünf Bücher) übernommen hat ... Ich werde versuchen, Nizamis Variante kurz wiederzugeben.

Şirin ist eine wunderschöne armenische Prinzessin. Und Hüsrev ist der Sohn des persischen Schahs. Şapur möchte erreichen, dass sich Hüsrev, sein Herr, in Şirin und Şirin sich in Hüsrev verliebt. Aus diesem Grund reist er in Şirins Land. Als Şirin eines Tages mit ihren Hofdamen einen Ausflug ins Grüne macht und sich bei Speise und Trank vergnügt, versteckt sich Şapur zwischen den Bäumen. Er zeichnet an Ort und Stelle ein Bild von Hüsrev, seinem feinen, stattlichen Herrn, hängt es an einen Baum und verschwindet. Als Şirin das Bild von Hüsrev an einem Ast entdeckt, während sie mit ihren Freundinnen trinkt und scherzt, ist sie sofort verliebt in ihn. Doch sie glaubt nicht an die Liebe und möchte das Bild und ihre Gefühle vergessen. Bei einem weiteren Ausflug an einem anderen Tag wiederholt sich das Geschehen. Şirin ist berührt von Hüsrevs Bild, ist verliebt, doch ratlos. Als sie bei einem dritten Ausflug wieder Hüsrevs Bild an einem Zweig hängen sieht, begreift sie, dass sie hoffnungslos in Liebe entbrannt ist zu dem Mann auf dem Bild. Sie akzeptiert die Liebe.

Und sie beginnt, nach dem Mann zu suchen, dessen Bildnis sie gesehen hat. Şapur hatte derweil auf die gleiche Art und Weise – doch dieses Mal mit Worten – Hüsrev, seinen Herrn, dazu gebracht, sich in Şirin zu verlieben. Diese beiden jungen Menschen, verliebt ineinander durch die erzählten Geschichten und das angeschaute Bild, beginnen nun einander zu suchen. Beide machen sich auf den Weg in das Land des anderen. Sie begegnen sich an einer Quelle, doch sie erkennen einander nicht. Şirin, erschöpft von der Reise, hat sich ausgezogen und ist ins Wasser gestiegen. Hüsrev ist ihr verfallen, sowie er sie erblickt. Ob sie wohl die Schöne ist, die er aus den Erzählungen kennt? Şirin sieht ihn in einem Augenblick, als Hüsrev wegschaut. Auch sie ist tief berührt. Doch sie ist auch verwirrt, weil er nicht das rote Gewand trägt, das ihr helfen sollte, ihn zu erkennen. Ihre Gefühle sind wahr, da ist sie sicher, doch zweifelt ihr Verstand: »Was am Ast eines Baumes hing, war ein Bild, was hier vor mir steht, ist ein

lebendes Wesen. Was ich am Ast des Baumes sah, war ein Bild, dies hier aber ist ein Mensch …«

Nizamis Erzählung von Hüsrev und Şirin geht weiter, in all ihrer zarten Eleganz. Was ich heute leicht nachvollziehen kann, ist Şirins Verwirrung. Das unentschlossene Hin und Her zwischen Imagination und Wirklichkeit. Dass Hüsrevs Bild einen so starken Eindruck macht auf Şirin und der Blick auf ein Bildnis ihr Verlangen weckt, ist für mich eine heutzutage durchaus verständliche Naivität. Vielleicht sehe ich diese Naivität auch darin, dass Nizami dieses traditionelle Motiv dreimal unterstreicht, weil es ihm so sehr gefällt. Doch die Zweifel, die Şirin befallen, als sie dem stattlichen Hüsrev selbst begegnet, sind heute auch unsere Zweifel: Welcher von beiden ist der »wirklich« Wahre? Und wie Şirin fragen wir uns: Ist die Wirklichkeit wahrer oder das Bild? Was provoziert uns mehr in unserem Leben: das Bildnis des stattlichen Hüsrev oder er selbst?

Jeder von uns beantwortet solche Fragen stets auf seine Weise. Genauso, wie es uns gefällt, naive Geschichten zu lesen und zu hören, so stellen wir uns auch diese grundlegenden Fragen, denken darüber nach. Das geschieht in aufrichtigen, empfindsamen und naiven Momenten oder während wir einfach eine Geschichte lesen, einen Film anschauen. Was hat stärkeren Einfluss auf uns? Das Bild des Mannes oder der Mann selbst?

Wenn die traditionellen Fabeldichter des Ostens in ihren Büchern den Malerwettstreit wiedergeben, schildern sie in den schönsten Farben, warum der Padischah den Preis den Chinesen gab. Mich interessiert an dieser Geschichte nicht die Weisheit, die von den Erzählern hervorgehoben wird, sondern etwas anderes, was das Eigenleben der Geschichte, der Spiegel in der Erzählung zeigt: Der Spiegel, der vervielfältigt, der erweitert, gibt uns auch das Gefühl von etwas, das uns fehlt, er deutet an, dass wir nicht glaubwürdig und unschuldig sind. Dann gehen auch wir – je nach Maß an Mut – auf eine Reise, ähnlich der, die Hüsrev und Şirin um ihrer Liebe willen unternommen haben. Wir suchen nach dem »anderen«, der uns ergänzt: eine Reise zu dem, was tiefer, mehr im Hintergrund, mehr am Zentrum gelegen ist. An einem fernen Ort gibt es eine Wahrheit, wie uns jemand gesagt hat, wie wir es von irgendwoher gehört haben, und wir machen uns auf den Weg, um sie zu suchen. Die Geschichte dieser Reise ist die Literatur. Ich glaube an diese Reise, aber nicht an ein Zentrum, das irgendwo in der Ferne liegt.

Das kann die Quelle von Traurigkeit, aber auch von Zuversicht sein … Vielleicht ist dies auch etwas, was das Leben in fernen Ländern lehrt, die wie das unsere fernab vom Zentrum liegen. Wenn ich an das Dilemma glaube, an das der Bilderwettstreit des Padischahs erinnert, oder mich von Şirins Verwirrung hinreißen lasse, dann muss ich mir zwangsläufig eingestehen, dass ich mein ganzes Leben lang niemals zu diesem Zentrum, zu dem Gefühl der »Echtheit«, dem Herzen der wahren Naivität vorgedrungen bin. Doch meine Geschichte ist die der meisten Menschen in der Welt.

Das erfuhr ich aus komischen Geschichten über das *Inferno*, noch bevor ich Dante gelesen hatte. Und noch ehe ich mir Chaplins *Der große Diktator* anschauen konnte, sah ich eine Adaption davon in einer lokalen Filmserie, die sich *Cilalı İbo* – etwa: *Der polierte Ibrahim* – nannte. Die impressionistischen Maler habe ich aus den verblassten Reproduktionen kennen- und liebengelernt, die aus den mittleren Seiten der Zeitschriften ausgeschnitten und in den Friseur- und Gemüseläden aufgehängt wurden. Die Welt lernte ich durch *Tim und Struppi* kennen und aus vielen ins Türkische übersetzten Büchern. Mein historisches Empfinden verdanke ich der Historie jener Länder, die anders sind als wir. Die Gebäude, in denen ich während meiner Kindheit gewohnt habe, die Straßen, durch die ich damals gelaufen bin, erlebte ich in dem Glauben, sie seien schlechte Nachahmungen von Bauten und Straßen, deren Originale sich irgendwo im Westen befanden. Dass die Sessel, in denen ich saß, die Tische und Stühle Nachahmungen von Originalen aus amerikanischen Filmen waren, ist mir viel später klargeworden, als ich diese Filme von neuem sah. Viele neue Gesichter habe ich versucht, durch Vergleichen mit Gesichtern und Personen aus Film und Fernsehen zu erkennen und habe sie durcheinandergebracht. Ehre, Mut, Liebe, Mitleid, Böses, Aufrichtigkeit etc. sind Begriffe, über die ich zuerst gelesen und die ich dann im Leben selbst erfahren habe. Wieviel von meinem Ernst- oder Vergnügtsein, meinen Gesten oder meiner Haltung mir selbst zu eigen sind und wieviel ich unbewusst von Vorbildern übernommen habe, kann ich nicht sagen. Ich weiß auch nicht, von welchen Originalen diese Vorbilder kopiert worden sind. Weshalb es wohl das beste sein wird, jetzt die Worte eines anderen wiederzugeben.

Oğuz Atay (1934–1977), einer der besten türkischen Romanautoren, der durch experimentelle europäische Autoren von Joyce bis Nabokov stark beeinflusst wurde, sagte einmal: »Ich bin die Nachahmung von etwas, doch von was, habe ich vergessen.« Das Gefühl, irgendwo gäbe es eine Wahrheit, ist nunmehr weit entfernt! Der größte Teil der nichtwestlichen Welt wusste das ohnehin. Wir wussten es, ohne zu wissen, dass wir es wussten. Jetzt wird uns bewusst, dass wir es wussten.

Eine der letzten Reaktionen auf diese Situation ist ein literarischer Modernismus, der sich auf das Suchen nach Naivität und auf die Romantik stützt. Er ist auch in der Türkei angekommen, konnte sich aber nicht durchsetzen. Dass ich darüber traurig bin, kann ich nicht sagen. Wie der größte Teil der Welt habe ich stets das Gefühl gehabt, wir alle würden auf etwas warten.

Wir haben jetzt eine Reihe von Fragmenten in der Hand. Wenn es heute einen Herrscher-Philosophen im Platonschen Sinne gäbe, würde er am Ende des Malwettbewerbs keinen berechtigten Grund finden, einen Preis zu vergeben, weder an die Maler des Bildes noch an die anderen, die ihre Wand spiegelblankpoliert hatten. Wir wissen, dass in der altüberlieferten Geschichte des Bilderwettstreits die Spuren von Platons bekanntem Gleichnis von der Höhle und dem Schatten enthalten sind. Ob es sich in der nichtwestlichen Welt, vor allem in den Massenmedien um das Original oder die Kopie dieser oder irgendeiner anderen Geschichte oder irgendeiner bildlichen Darstellung handelt, ist von diesem Punkt an nur noch eine Sache der Philologen älterer Schule oder der Kunsthistoriker. Die Wahrheit, die dort zwischen Schleiern und Schatten in weiter, sehr weiter Ferne lag, ist wahrscheinlich ganz verschwunden. Sie lebt jetzt nur noch in unseren Erinnerungen. Doch ich glaube gern, dass wir aus den Fragmenten in unserer Hand, aus den voneinander und von ihrer Vergangenheit abgetrennten Bildern und Geschichten wieder etwas zusammensetzen können.

Der Roman des 19. Jahrhunderts hat mit der detaillierten Beschreibung der Gesichter, deren Ausdruck und den Gesten der Menschen das prinzipiell Wahre angedeutet, das im Hintergrund steht. Der Erzähler oder der Held ging auf eine Reise zu dieser hinter der äußeren Erscheinung liegenden Wahrheit – was uns an Hüsrev und Şirin erinnert. Die Bedeutung hinter den Gesichtern und den Dingen entnahmen wir dem Buch als Ganzes, wenn wir es ausgelesen hatten. Der Sinn des Buchs, die Wahrheit, die Bedeutung des großen Romans des 19. Jahrhunderts wurde zum Sinn der Welt, die wir gemeinsam mit den Protagonisten entdeckt hatten. Das war eine Art von Sieg für die WAHRHEIT.

Doch als der Roman des 19. Jahrhunderts am Ende war, verlor sich auch die Einheit der Welt, der Dinge und ihre Bedeutung ins Ungewisse. Wir haben jetzt nur noch viele Fragmente in der Hand, um einen Roman zu schreiben. Diese Sicht der Dinge kann uns eine Zuversicht geben, die alle Welt ohne Trennung von oben und unten, alle Kultur und alles Leben umarmt. Oder aber sie kann uns dazu bringen, dass wir aus Furcht vor dem Durcheinander weniger erzählen oder das Zentrum unserer Geschichten an den Rand, in irgendeinen Winkel, verlagern. Welche Erzählstrategie, welcher Blickwinkel sich auch aus den Fragmenten ergibt – die Unterschiede spielen keine Rolle. Wichtig ist nur, dass die vertikale Reise, welche die Helden und der Autor zum Zentrum der Welt und ihrer Bedeutung unternehmen, nunmehr zu einer horizontalen Reise wird.

Es ist eine Reise in die Weite der Welt und des Lebens, nicht in ihre Tiefe. Ich liebe es, zu den Fragmenten, zu den Zerbrochenen, zu denen, deren Geschichte noch nicht erzählt wurde, zu reisen. Dieser neue Kontinent, gebildet aus vergessenen und namenlosen Dingen und Menschen, aus weitentfernten Gegenden und Stimmen, deren Geschichten noch nicht erzählt wurden, ist so ausgedehnt und unberührt, dass hier das Wort »Reise« genau passend ist.

Was die notwendige Reise in die Tiefe von Bedeutung und Text angeht, so steht sie wie immer als ein Problem vor uns, das individuell zu lösen ist. Individueller als je zuvor: denn wir haben jetzt weder ein Rezept noch einen Kompass in der Hand. Die Tiefe eines Textes beruht auf seiner Komplexität und seiner Bestimmung, besagte Fragmente anzugehen. Hier möchte ich abbrechen, um eine dritte Geschichte zu erzählen. Eine persönliche, kurze Geschichte.

Ich habe einen Roman über eine Gruppe von Künstlern, von Illustratoren geschrieben (*Rot ist mein Name*), der in der klassischen Zeit der osmanischen Miniaturen spielt. Auch deswegen war ich zeitweise sehr interessiert an der Geschichte von Hüsrev und Şirin, die in der Kultur des Islam und des Mittleren Ostens weit verbreitet ist. Aus diesem Grund gaben der iranische und der osmanische Hof ihren Malerateliers immer wieder den Auftrag, diese Erzählung zu illustrieren. Am meisten hat mich jene Szene angezogen, auf der Şirin Hüsrevs Bild betrachtet und sich in ihn verliebt. Der Maler, der diese Szene schilderte, sollte nicht nur Şirin und ihre Umgebung wiedergeben, sondern auch ein Bild im Bild: jenes Bild, das Şirins Liebe entfacht. Diese dramatische Szene des Sichverliebens hat, wie die Geschichte selbt, viele Bewunderer gefunden, und ich bin ihr oft in Büchern, Reproduktionen und Museen begegnet. Doch jedesmal, wenn ich die Bilder betrachte, verursachen sie mir ein Unbehagen. Ein Gefühl des Mangels, eine Unvollständigkeit …

Şirin war immer zu sehen auf diesen Bildern, wenn auch mit wechselnder Kleidung oder verändertem Gesicht. Auch ihre Hofdamen waren bei ihr, ebenfalls in wechselnden Farben, Kleidern oder anderer Haltung. Die Bäume waren zu sehen, die Weite der Landschaft. Auch das Bild im Bild hing immer dort, irgendwo an einem Ast …

Der Grund für mein Unbehagen ist mir später allmählich bewusst geworden. Auch wenn stets ein Bild im Rahmen am Ast eines Baumes hing, so war doch nie ein Hüsrev zu sehen, wie ich es erwartet hätte. Obwohl ich immer wieder nach Hüsrevs Gesicht und dessen Ausdruck, nach seinem Äußeren suchte, konnte ich das auf keiner der Miniaturen finden. Auf all diesen Illustrationen war das Bild im Bild so klein, dass Hüsrev lediglich als ein unbestimmter roter Fleck erschien, nicht mit charakteristischen, erkennbaren Gesichtszügen. Das widerspricht natürlich der Pointe der Hüsrev-Şirin-Erzählung, der Vorstellung, sich dank eines Bildes zu verlieben. Doch ich mag diese einfältige Art, die auf der Unkenntnis westlicher Porträttechniken beruht, und denke, dass meine Geschichten, der Roman, den ich geplant habe, diese fragile, naive Welt erforschen und ansprechen und ihre Geschichten und Fragmente durch die Schaffung eines neuen Zentrums in einen neuen Rahmen setzen sollten.

Im Wald, so alt wie die Welt

Ich saß im Wald und wartete, mein Bild war gemalt worden. Mein Pferd stand hinter mir, und ich betrachtete etwas … Ihr seht nicht, was ich da betrachte. Mein Blick ist unruhig, doch ihr wisst nicht, was ich sehe. Aber auch Hüsrev hatte sich niedergelassen und Şirin zugeschaut, als sie im See badete. Und auf jenem Bild ist sowohl Hüsrev zu sehen als auch die nackte Şirin, die er betrachtet. Der Illustrator aber, der sich im Schiras des 16. Jahrhunderts die Mühe machte, dieses Bild zu schaffen, sah nicht, was ich sah, er zeigte mich nur im Sitzen beim Betrachten von etwas Unsichtbarem. Ich möchte, dass ihr das Bild aus diesem Grund liebt. Wie schön hat er mein Verlorensein zwischen Bäumen, Zweigen und Blättern im Wald gestaltet! Während ich warte, weht ein Wind, jedes einzelne der Blätter rauscht, die Zweige schwanken, und ich bin unruhig. Wie wird der Pinsel des Illustrators das alles erfassen? Die Zweige neigen und heben sich im Wind, die Blumen strecken und beugen sich, der Wald wogt, und die ganze Welt schaudert. Wir horchen auf das Rauschen des Waldes, auf die Geräusche der Welt. Geduldig überträgt der Illustrator dieses Schaudern Blatt für Blatt auf das Bild. Dann spürt ihr, dass auch ich im Wald vor Einsamkeit schaudere. Und wenn ihr länger hinschaut, werdet ihr begreifen, welch ein uraltes Gefühl es ist, im Wald allein zu sein, ein Gefühl, so alt wie die Welt.

Unbekannte Mörder und Kriminalromane:
Der Kolumnist Çetin Altan und der
Şeyhülislâm Ebussuud Efendi

Ein Teil des Romans *Das schwarze Buch* besteht aus den Beiträgen, die in einer der bedeutendsten Tageszeitungen der Türkei, der *Milliyet*, erscheinen. Sie wurden der Logik des Buchs zufolge von einem Romanhelden verfasst, der als Journalist auftritt. Diese zwischen die Kapitel gesetzten Artikel, die den kontinuierlichen Ablauf der Handlung und der Zeit unterbrechen, haben mir bei der Formgebung des Romans viel Sorge bereitet. Es gefiel mir so gut, mit der Stimme eines unabhängigen Kolumnisten zu sprechen, für die ich die Balance zwischen einem Pseudowissen und einer Art Clownerie gefunden hatte, dass die Artikel immer länger wurden, in den Vordergrund traten und das Gleichgewicht von Komposition und Erzählung zerstört wurde. Heute noch freut es mich, wenn die Leser meinen: »Ich habe das *Schwarze Buch* gelesen, die Kolumnen sind wunderbar!«, bin aber andererseits, was den Aufbau des Buchs betrifft, noch immer verunsichert.

Es sind überwiegend Ausländer, die den Roman in der Übersetzung lesen und ein solches Urteil fällen. Ich glaube, der westliche Leser ist fasziniert von der eigenartigen, nonchalanten Schreibweise eines solchen – überall in der Welt als Kolumnisten bezeichneten – Autors, der nicht nur in der Türkei, sondern auch in anderen Ländern, deren kulturelles Klima dem der Türkei gleicht, immer noch aktiv ist. Für diese in der Welt aussterbende Kategorie von Autoren, für ihre Schreibweise wie auch für die noch weiterhin in den türkischen Zeitungen erscheinenden Artikel unserer Journalisten gibt es jedoch bestimmte Regeln und Gewohnheiten.

Ein echter türkischer Kolumnist schreibt in der Woche vier- bis fünfmal für seine Zeitung. Seine Themen umfassen alle Bereiche des Lebens, alle geographischen Zonen und historischen Vorkommnisse.

Er benutzt dabei für jedes Thema, angefangen von der einfachsten Tagesnachricht bis zur Philosophie, von der Erinnerung bis zur gesellschaftlichen Beobachtung, jede Art von Ausdrucksweise und Methode. Ob es die Probleme einer Stadtverwaltung sind, zum Beispiel das Aussehen der neuen Straßenlampen, oder auch die ostwestlichen Auseinandersetzungen über die zivilisatorische Situation der Türkei – alles gehört zum Interessen- und Diskussionsbereich der Kolumnisten. Die Aufmerksamkeit der Leser erreichen sie meistens durch die Kombination der Ost-West-Probleme mit dem Aussehen der Straßenlampen. Die Erfolgreichen unter ihnen sind Streiter und Diskutierer, sie sind bekannt durch ihre Polemik, ihren Mut und ihre offenen Worte. Ihrer Äußerungen wegen haben viele von ihnen einen Teil ihres Lebens in Gerichtssälen und Gefängnissen verbracht. Die Leser vertrauen ihnen und schätzen sie, nicht so sehr ihrer Kenntnisse und Erklärungen wegen, sondern weil sie kühn und ungezwungen schreiben. Sie sind beliebt, da sie über alles Bescheid wissen, auf jede Frage antworten und jedem, vor allem ihren politischen Gegnern, das passende Argument entgegensetzen können. In Zeiten der politischen Polarisierung im Land sind sie die Repräsentanten der Gemeinschaften, der politischen Kräfte, die in das Innere der Häuser, in die Cafés, in die staatlichen Behörden, mitten in das tägliche Leben eindringen können. Die Sympathie und das Vertrauen ihrer Leser macht sie zu einer Art »Professor für alles«, der heute über die Liebe spricht und am nächsten Tag Clinton oder dem Papst gute Ratschläge geben kann, der sich mit derselben Leichtigkeit über die Veruntreuungen eines Bürgermeisters wie über die Irrtümer Freuds zu äußern weiß. Diese Kolumnen wurden, bis das Fernsehen vor etwa zehn bis fünfzehn Jahren die Gewohnheiten der Zeitungsleser veränderte, vom türkischen Leser als die höchste Stufe des Schrifttums angesehen. Wenn damals die Menschen in den Kleinstädten oder unterwegs im Bus hörten, dass ich Schriftsteller war, fragten sie mich sofort, für welche Zeitung ich schrieb.

Als ich für *Das schwarze Buch* den Kolumnisten Celâl Salik erfand und dessen Beiträge schrieb, gab es noch ein Problem, das mich unsicher machte: Dieser Held durfte keinem der Kolumnisten hierzulande gleichen, die alle ungefähr so berühmt waren wie ein bekannter Politiker, er durfte aber auch nicht im Schatten jener anziehenden Persönlichkeiten stehen. Jener echte Kolumnist, dessen eventuelle Übereinstimmung mit meinem Helden mich am meisten ängstigte, war Çetin Altan, der durch sein Wissen, seine weitgespannten Interessengebiete, sein literarisches Können und seine Art zu diskutieren ohne Zweifel der hervorragendste Kolumnist der letzten fünfzig Jahre ist.

Da er vor kurzem sehr deutlich seine Meinung über das Verhältnis vom Staat zur Mafia und die Morde, in die der Staat verwickelt ist, geäußert hat, wurde gegen ihn ein Verfahren wegen »Beleidigung des Staates« eröffnet. In einer der Reportagen, die mit ihm in der Zeit der Verhandlungen gemacht wurden, erklärte Altan, der Staat habe gegen ihn in den letzten vierzig Jahren ungefähr dreihundert Verfahren eröffnet. Altan war einer der politischen und literarischen Helden meiner Kinder- und Jugendjahre, und so zählen für mich die Zeiten, die er im Gefängnis verbrachte, zu den dramatischen Ereignissen meines Lebens. Als er die Türkische Arbeiterpartei als Abgeordneter im Parlament vertrat, waren seine brillanten Reden und scharf formulierten Kolumnen Anlass genug, um seine Immunität aufzuheben, und er wurde im Parlament von einigen Abgeordneten der konservativen Regierungspartei geschlagen.

Zweifellos steht hinter dem Zorn von Staat und öffentlicher Meinung auf Altan vor allem sein Bekenntnis zum Sozialismus in einem Land, das während des Kalten Kriegs eine gemeinsame Grenze mit der Sowjetunion hatte. Der Zorn auf ihn ließ auch nicht nach, als er Anfang der siebziger Jahre begann, seine Kritik gegen den Etatismus und die geschlossene Gesellschaft zu richten. Ich glaube, die konservative und nationalistische Rechte wie auch die Linke sind verärgert, weil er die Gründe für die Armut des Landes, für die politische und administrative Misere nicht wie sie der Kontrolle und Manipulation fremder Mächte zuschreibt, sondern im Land selbst danach sucht. Wenn Altan sein eigenes Land kritisch beurteilt, führt er dem Leser keine Teufel vor, auf die man die Schuld schieben kann, er bietet auch keine Geheimrezepte an, die das Schicksal des Landes auf einen Schlag ändern könnten. Er zielt ab auf das tägliche Leben, die Mentalität, die Vorstellungen und Überzeugungen, die allgemein miserable kulturelle Lage, in der sich das ganze Land befindet und die er mit scharfer Ironie beobachtet. Çetin Altan ist in seiner Art wie Naipaul, der die Sprache all derer benutzt, über die er sich ärgert, und sicher sein kann, dass sie ihn täglich lesen.

Doch von der Verbitterung, die Naipaul lieblos und pessimistisch macht und seinem Helden den Namen »Der Nachahmer« eingebracht hat, lässt Çetin Altan sich nicht hinreißen: Wie groß die Probleme auch sein mögen, die er beklagt, er fühlt sich zu Hause im eigenen Land. Er glaubt zuversichtlich an die Orientierung nach Westen und an die Modernisierung. Für ihn ist der Westen kein Zentrum, das Schmerzen verursacht, weil es nachgeahmt wird, oder nachgeahmt wird, weil es Schmerzen verursacht, bei dem sich aus jeder Beziehung Probleme ergeben. Seiner optimistischen, naiven, von der Erfahrung einer Kolonisierung unbelasteten Einstellung nach sind der Westen und seine Zivilisation ein Zentrum, dem man sich langsam, aber mit durchdachten Schritten nähert. Was »uns« von dort »unterscheidet«, ist das, was uns fehlt. Um wie der Westen zu sein, müssen wir zuerst feststellen, was uns fehlt, und es dann ergänzen. Die Geschichte, unsere Geschichte, ist somit die Geschichte all dessen, was uns fehlt. Wie in den Artikeln vieler osmanischer und türkischer Intellektueller und in den Kolumnen der Polemiker, so können wir auch bei Çetin Altan immer wieder die Auflistung jener betrüblichen Mängel finden, die uns vom Westen unterscheiden: Von der Demokratie bis zum modernen Kapitalismus, von der Kunst des Romans bis zur Individualität und dem Klavierspiel, von der Malerei bis zur Prosa, von dem für Atatürk so wichtigen Hut bis zu meinem im *Stillen Haus* scherzhaft vorgeschlagenen Tisch können Sie alles nur Erdenkliche auf diesen Listen wiederfinden.

Unser jetziges Thema ist auch ein weiterer Mangel, auf den Altan hinwies, als in den siebziger Jahren die politisch motivierte Gewalt und die Morde unbekannter Täter – so wie heute – zunahmen.

»Eine Entwicklung des Kriminalromans wie in England, Amerika oder Frankreich gibt es nicht in der Türkei. Die feingesponnenen, der komplexen Lebensweise der Industriegesellschaften angepassten Mordkomplotte haben die Romane, das Theater und den Film in diesen Gesellschaften stark beeinflusst.

In landwirtschaftlich orientierten Gesellschaften wie der unsrigen zeichnet sich der Mord kaum durch kluge Einzelheiten aus. Der krankhaft eifersüchtige Ehemann greift nach dem Messer und ersticht seine Frau auf der Stelle, und damit ist die Sache erledigt. Oder es geht um eine Blutfehde, und jemand lungert rachsüchtig herum und jagt seinem Gegner, sobald der vor ihm auftaucht, das ganze Magazin in den Kopf. Streitet man sich in ländlichen Gegenden um Ackerland oder Wasser, so will es die Tradition, dass man sich mit einer Doppelflinte auf die Lauer legt. Und jeder weiß, wer wen warum getötet hat. Weil aber diese überaus brutal – wie das Spalten von einem Kürbis mit der Axt – ausgeführten Verbrechen einen Autor nicht besonders ansprechen, hat sich dieses Genre bei uns nicht entwickeln können.«

Was können wir gegen diese Argumente vorbringen, die sofort durch ihre einfache Begründung, ihre Spitzzüngigkeit und ihren Humor amüsant und vielleicht deshalb auch akzeptabel erscheinen? Zum Beispiel, dass der sizilianische Schriftsteller Sciascia unter vergleichbaren ländlichen Voraussetzungen begangene Morde sehr erfolgreich in seinen Kriminalromanen schildert. Oder auch, dass diese äußerst brutalen (»wie das Spalten von einem Kürbis mit der Axt«) Morde für so manchen in westlichen Ländern vielverkauften Roman Inspiration, ja sogar eine Voraussetzung gewesen sind. Bald nach der Veröffentlichung jenes Artikels in seiner Zeitung begann Çetin Altan kurze Kriminalgeschichten zu schreiben, wie wir sie vergleichsweise aus den ersten Jahren des Kriminalromans in westlichen Ländern kennen. Mit diesen Erzählungen im Stil der *Father-Brown*-Geschichten von Chesterton hatte sich Altan von seiner deterministischen Einstellung, die türkische Gesellschaft könne dem Autor keine ausreichenden Lebenserfahrungen für einen Kriminalroman bieten, endgültig verabschiedet.

Doch hier möchte ich mich noch etwas bei dem Gedanken »Jeder weiß, wer wen warum getötet hat!« aufhalten. Erinnert man sich daran, bei wie vielen Morden die Hoffnung mitspielt, nicht erwischt zu werden, ist sofort klar, dass diese Auffassung nicht immer stimmen kann. Vierhundert Jahre bevor Çetin Altan über den Mangel an unbekannten Mördern in unserer Kultur sprach, haben die unaufgeklärten Morde in Istanbul für den osmanischen Staat und die damalige Rechtsordnung in einer von den Historikern alter Schule als »klassisch« bezeichneten Periode bereits ein großes Problem dargestellt. Wir wissen heute, dass in der Zeit Süleymans des Prächtigen dem Şeyhülislâm Ebussuud Efendi – dessen Fatwas man als die beste Rechtsprechung jahrhundertelang auch im Westen als »klassische« Beispiele bewertete und auf dessen selbständiges Urteil man bei uns heute noch zurückgreift – viele Fragen gestellt wurden, wer im Falle eines unaufgeklärten Mordes das Blutgeld entrichten müsse.

Frage: Wer bezahlt das Blutgeld, wenn die Bewohner von vier Dörfern aufeinander einschlagen, einer von ihnen durch einen Stockschlag getötet wird und nicht feststeht, wer der Täter war?

Antwort: Die Bewohner des nächstgelegenen Dorfes.

Frage: Wer entrichtet das Blutgeld, wenn jemand in der Nähe einer Provinzstadt getötet und der Mörder nicht gefunden wird? Die ganze Stadt oder die Bewohner jener Häuser, die in Hörweite der Todesschreie des Opfers liegen?

Antwort: Diejenigen, die in Hörweite der Todesschreie des Opfers wohnen.

Frage: Wenn man zur Nachtzeit in dem zur Stiftung einer Moschee gehörenden Laden, während die Mieter nicht dort, sondern zu Hause sind, eine Leiche, aber nicht deren Mörder findet, wer ist dann verantwortlich für das Blutgeld?

Antwort: Diejenigen, die nahe genug an dem Laden in Hörweite der Todesschreie des Opfers wohnen. Wohnt niemand nahe genug, dann ist der Staatsschatz, also der Staat verantwortlich.

An diesen Beispielen erkennen wir, dass im osmanischen Strafrecht gründlich über die Frage des Blutgeldes nachgedacht wurde, wenn nicht feststand, wer wen ermordet hatte, und dass der Staat die Verantwortung für die Schuld an einem ungeklärten Mord, das heißt die Entrichtung des Blutgeldes, jenen Personen aufbürdet, die von der Sache wussten oder davon hätten wissen können. Wer nicht wollte, dass die Schuld an ihm hängenblieb, war gezwungen, den Mord selbst aufzuklären. Im Gegensatz zum modernen Leben in der Metropole gibt es hier noch die Wahrscheinlichkeit, für jedes in unserer Nähe begangene Verbrechen mitverantwortlich zu sein. Also ist der

Mensch gezwungen, ständig seine Augen und Ohren offenzuhalten, jeden Laut, jede Bewegung in seiner Nähe wahrzunehmen, eine Situation, die paranoid werden kann. Weil jedermann weiß, dass er für einen in seinem Umkreis begangenen Mord verantwortlich gemacht werden kann, wird er ganz freiwillig hinter einem Schuldigen oder Mörder herjagen, wie man sich unschwer vorstellen kann. Ebenso leicht ist vorstellbar, dass innerhalb eines solchen rechtlichen und kulturellen Milieus jeder im Fall eines Mordes beim ersten Aufschrei des Opfers sofort nach der nächstbesten Waffe, einer Axt, einem Knüppel oder etwas Ähnlichem, greifen und zum Tatort rennen wird. Ich habe sogar selbst beobachtet, wie sehr diese Auffassung von Verantwortlichkeit, diese Besorgnis (oder, wenn man will, Reste der Angst vor dem Blutgeld) heute noch in der inzwischen auf zehn Millionen angewachsenen Stadt Istanbul ihre Gültigkeit bewahrt hat. Diese Moralvorstellung, die jeden für jeden und alles verantwortlich macht, lässt uns für einen Moment an Dostojewski denken, der eine solche Situation begeistert aufgenommen hätte.

Doch wir sollten niemanden täuschen: Das heutige Istanbul und die Türkei stehen in der Welt mit jenen Ländern in vorderster Reihe, in denen der Staat hinter unaufgeklärten Morden steht, wo systematisch gefoltert wird, die Gedankenfreiheit eingeschränkt ist, kurz gesagt, die Menschenrechte rücksichtslos missachtet werden. Doch im Vergleich zu Ländern wie Nigeria, Korea oder auch China, die für ihre Menschenrechtsverletzungen bekannt sind, besitzt die Türkei immerhin soviel an Demokratie, um diese ungewollte Regierung mit Hilfe der Wählerstimmen des Volkes abzusetzen. So ist das erstaunliche Desinteresse der großen Masse der Wähler an den Menschenrechten relativ leicht zu verstehen. Schwerverständlich ist dagegen das Verhalten von Menschen, die sich aufgrund einer mindestens vierhundert Jahre alten Rechtslage für einen Mord in der Nachbarschaft durchaus interessieren, doch keinerlei Interesse zeigen, wenn der Staat im Nachbargebäude foltern und schlagen lässt und wenn Bücher verboten werden.

Ich möchte nur hinweisen auf diese Situation. Mir liegt weniger daran, sie zu erklären, eine Lösung zu finden, wahrscheinlich, weil ich nicht wieder einen Mangel durch einen anderen Mangel erklären möchte. All diese Themen haben etwas an sich, das die innere Poesie eines jeden Menschen leicht zum Absterben bringt. Manchmal kann Schweigen nicht wie bei Beckett »Es gibt nichts zu sagen!« bedeuten, sondern: »Es gibt viel zu sagen!«

In solchen Zeiten verstehe ich sehr gut, dass Turgenjew alle Probleme Russlands vergessen wollte, nach Baden-Baden ging und sich ganz einem täglichen Leben außerhalb Russlands widmete, diejenigen schroff abwies, die mit ihm – wie in seiner berühmten Erzählung – über die Schwierigkeiten in Russland reden wollten, sich überhaupt nicht für Russland interessierte und Russland einfach vergessen wollte. Andererseits habe ich so manchesmal überlegt, in der Türkei zu bleiben, mich in einem Zimmer einzuschließen, auf eine lange Jahre währende, das Innere erweiternde Reise zu gehen, in der Überlegung, eine Reise des Schreibens ohne festes Ziel sei doch das beste. Das habe ich im Grunde genommen auch getan, als in den Jahren zwischen 1975 und 1982 die politische Gewalt, die Morde, der staatliche Druck, die Folter und die Verbote ihren Höhepunkt erreichten. Mich in einem Zimmer einzuschließen, um mit Allegorien, Nebelhaftem, Stummheit und unbestimmten Lauten die Geschichte neu oder auch eine neue Geschichte zu schreiben, ist natürlich besser, als eine andere Geschichte der Mängel zu schreiben, die versucht, die Mängel mit anderen Mängeln zu erklären. Um auf eine solche Reise des Schreibens zu gehen, muss ein Mensch nicht unbedingt wissen, wohin sie führt; es genügt zu wissen, wo er nicht sein möchte.

Lassen Sie uns das oben erwähnte abgeschlossene Zimmer, das ein Beispiel für meinen Umgang mit Allegorien oder auch dem Nebelhaften sein soll, noch etwas eingehender betrachten. Der französische Schriftsteller Gaston Leroux, dessen Name uns im Lauf der letzten Jahre durch sein Buch *Das Phantom der Oper* geläufig ist, hat Anfang des 20. Jahrhunderts einen Roman mit dem Titel *Das Geheimnis des gelben Zimmers* verfasst, der auch ins Türkische übersetzt wurde. Für jemanden, der sich für Detektivgeschichten interessiert, ist er in der Kategorie »Mord hinter verschlossener Tür« die erste und hervorragendste Fassung. Die Tür des Raumes, in dem der Mord geschieht, ist abgeschlossen, drinnen befinden sich eine Leiche und eine Reihe von Verdächtigen. Nach dem Mord inspiziert ein kluger

Kopf die Indizien, begreift, was geschehen ist, und findet den Grund für den Mord heraus. Den Beweis dafür, dass die Möglichkeiten dieser in vielen Varianten geschilderten Art des Mordes nicht so leicht erschöpft sind, liefert der spanische Autor Manuel Vázquez Montalbán mit seinem Roman *Carvalho und der Mord im Zentralkomitee*, den er siebzig Jahre nach Leroux' *Geheimnis des gelben Zimmers* veröffentlichte. In diesem politischen Detektivroman ist das verschlossene Zimmer der Versammlungsraum einer der spanischen KP ähnlichen Partei, in dem die Lichter ausgehen und der Generalsekretär der Partei im Dunkeln umgebracht wird. Auf welche Art es auch sei, der Roman vom Mord hinter verschlossener Tür bietet uns eine klare Vorstellung von Schuld, Recht und Sühne. Ein externer Ermittler, der zumeist die staatliche Justiz und deren Durchsetzungskraft vertritt, befragt nach dem Verbrechen jeden einzelnen der Verdächtigen. Diese Befragung erweckt beim Leser das Gefühl, wir seien einer außenstehenden zentralen Autorität gegenüber allein verantwortlich für die von uns begangenen Verbrechen. Das verschlossene Zimmer ist der beste Beweis dafür, dass wir nicht mehr als Gruppe, als Nachbarschaft oder als Gemeinde schuldig oder verantwortlich sind. Wir sind entweder überhaupt nicht oder aber ganz allein verantwortlich. Diese Welt, in der jeder als Schuldiger nur dem Staat gegenüber verantwortlich ist, hat nichts mit einer moralischen Welt zu tun, wie sie Dostojewski vorschwebte.

Ich habe das verschlossene Zimmer angesprochen, weil uns zum Verständnis unserer eigenen Geschichte sogar die Grundbegriffe fehlen und wir sie nur mit Hilfe von Allegorien erahnen können. Was man braucht, ist eine neue Variante des Mordes hinter verschlossener Tür, den ich hier nur als Beispiel genannt habe. In dieser neuen Version wird jeder verantwortlich sein für den unaufgeklärten Mord oder das VERBRECHEN – wie es in einer Allegorie mit großen Buchstaben geschrieben würde –, der Eigentümer des Tatorts, wer dort wohnt oder wer sich in Hörweite des Tatorts befindet. Sowie wir dies als Ausgangspunkt akzeptiert haben, können wir wie bei einem Schachspiel mit neuen Regeln voraussehen, dass auch der Täter oder der Schuldige von diesem Wissen ausgehen könnte. Es bedeutet, der Mörder wird in dem Bewusstsein handeln, dass jeder in der Umgebung als Tatzeuge mitverantwortlich ist, wenn er selbst unentdeckt bleiben kann und auch sonst kein Alleinschuldiger gefunden wird.

Und das bringt uns irgendwie wieder zu dem Kolumnisten Çetin Altan und seiner Idee, dass die Schuld innerhalb der strukturellen Eigenart, in der Kultur selbst zu suchen ist. Andererseits würde uns, da wir nicht genau wissen, was wir tun sollen, die Beschäftigung mit Allegorien, Nebelhaftem und unbestimmten neuen Lauten davon abhalten, die klägliche Geschichte jener Unterschiede zu schreiben, denen wir unsere historischen Mängel und Niederlagen verdanken. Während ich in meinen jungen Jahren viele der Journalisten wie Çetin Altan las, um voller Leidenschaft alles verstehen und erklären zu können, ahnte ich bereits, dass ich möglicherweise in Zukunft ein Schriftsteller sein wollte. Ich überlegte damals nicht, wie so mancher andere mit dieser Neigung, was ich schreiben würde, sondern welche Haltung ich als Autor einnehmen müsste. Das Bild eines Schriftstellers in meinem Kopf entsprach weniger dem eines Modernisten, der die Literatur als eine Art Zufluchts- und Schutzmechanismus braucht, als vielmehr dem eines Aufklärers, der alles versteht und offenlegt. Heute weiß ich, dass beide Vorstellungen unzureichend sind und zu viele Derivate hervorgebracht haben. In einer von Teufeln wimmelnden Gesellschaft ist der Teufel des Modernismus nicht klug genug. Und die Vernunft der Aufklärung nimmt meistens Zuflucht bei der Macht und Autorität des Staates, um mit den Teufeln reden zu können. Vielleicht suche ich nach Allegorien, erzähle Geschichten, weil ich mich nicht, wie viele andere Autoren, in Begriffen äußern kann. Doch ich weiß, dass ich Glück habe, und beklage mich nicht, denn in meinem Land nehmen die Allegorien den Platz der Philosophie ein, und den Erzählungen wird mehr geglaubt als den Theorien.

Bellini und der Osten

Wenn es um konkurrierende Brüder und Ironie in der Kunstgeschichte geht, dann bietet der Name Bellini ein gutes Beispiel. Wir kennen drei Maler unter diesem Namen. Der erste, Jacopo Bellini, ist heute nicht durch seine Gemälde, sondern als der Vater Bellini bekannt, der seine Söhne zu Malern ausgebildet hat. Der ältere Sohn, Gentile Bellini (1429–1507), war zu seiner Zeit der angesehenste Maler von Venedig. Heute erinnern jene Bilder an ihn, die auf seiner »Reise in den Orient« nach Istanbul – seinerzeit Konstantinopel – entstanden sind, vor allem aber sein Porträt von Sultan Mehmet, dem Eroberer von Konstantinopel. Sein ein Jahr jüngerer Bruder Giovanni, der, so heißt es manchmal, nicht von derselben Mutter stammen soll, gilt besonders durch seinen Gebrauch der Farben in der heutigen europäischen Kunstgeschichte als der wichtigste der drei Bellinis. Er hat die venezianische Renaissancemalerei grundlegend beeinflusst und wird deshalb als der Meister anerkannt, der der gesamten westlichen Malerei eine neue Richtung gab. In seinem Essay über die Tradition, »Art and Scholarship«, sagt Ernst Gombrich, ohne Bellini und Giorgione hätte es keinen Tizian gegeben, und der hier genannte Bellini ist dieser jüngere Bruder Giovanni. Der Maler, dem die Ausstellung »Bellini und der Osten« gewidmet ist, ist jedoch nicht Giovanni, sondern sein älterer Bruder Gentile Bellini.

Als der einundzwanzigjährige Fatih Sultan Mehmet 1453 Konstantinopel einnahm, hatte er damit die Machtkonzentration der Osmanen bereits wesentlich gestärkt; durch seine weiteren Eroberungszüge aber sollte er zu einem der bedeutendsten Herrscher der Welt werden. Mit diesen Kriegen, Siegen und darauffolgenden Friedensabkommen, die heute jeder Oberschüler in der Türkei mit den einzelnen Daten auswendig zu lernen und voll nationaler Begeisterung herzusagen hat, kam in westlichen Gebieten ein großer Teil vom heutigen Bosnien, Kroatien, Albanien und Griechenland unter osmanische Herrschaft. Nach diesen durch eine neue, starke Flotte unterstützten Eroberungszügen und nach zwanzig Jahren zermürbender Kriege um die Inseln und die Festungen der Häfen mit Plünderungen und Piraterie wurde 1479 zwischen den Osmanen und Venedig Frieden geschlossen. Während die Abgesandten im Verlauf des Friedensprozesses zwischen Venedig und Istanbul hin und her reisten, erbat sich der osmanische Padischah im August 1479 einen »guten Maler« von den Venezianern, und da der Senat von Venedig trotz der Verluste vieler Festungen und großer Gebiete froh war über den Friedensschluss, betraute man Gentile Bellini mit dieser Aufgabe, der zu jener Zeit gerade im Dogenpalast an den großen Wandbildern in der Halle des Großen Rats arbeitete.

Die »Reise in den Orient«, zu der Gentile Bellini auch als »Gesandter der Kultur« aufbrach, und die Ergebnisse seines eineinhalbjährigen Aufenthalts in Istanbul sind das Thema der kleinen, aber reichen Ausstellung »Bellini und der Osten« in der Londoner National Gallery. Das auffälligste Exponat dieser Ausstellung, in der außer weiteren Gemälden Bellinis und seiner Werkstatt auch Medaillons und andere Stücke von dem kulturellen Austausch zwischen Ost und West in jener Periode zeugen, ist natürlich das Ölgemälde von Bellini, das Porträt Mehmets II. Dieses Bild, Eigentum der National Gallery, ist immer wieder kopiert worden, und es gibt wohl kaum einen schreib- und lesekundigen Türken, der dieses Bild nicht Hunderte, Tausende Male auf älteren oder neueren Kopien, auf Reproduktionen, in Schulbüchern, Zeitschriften, Zeitungen, auf Buchumschlägen, Postern, Geldscheinen, Briefmarken, Schulplakaten und in Bilderromanen gesehen hätte. Kein anderes Porträt eines Padischahs aus der Zeit des Aufstiegs der Osmanen – Süleyman der Prächtige eingeschlossen – ist von solcher Glaubwürdigkeit und Eindruckskraft. Durch seinen Realismus, seine Schlichtheit, durch die einfache Perspektive und den schattigen Bogen über dem Sultan, der ihm eine sieghafte Aura verleiht, stellt dieses Bild mehr als nur ein Porträt Fa-

tih Sultan Mehmets dar, sondern es gilt in der Türkei und in der Welt generell als das Symbol eines osmanischen Herrschers, so wie die Bilder von Che Guevara zur »Ikone des Revolutionärs« geworden sind. Betrachtet man andererseits die Details im Bild, die stark vorspringende Oberlippe, die hängenden Augenlider, die feminin feinen Augenbrauen und vor allem die schmale, lange, gebogene Nase – in einer Kultur ohne Blutadel wie der osmanischen ist sie das einzige in der osmanischen Familie weitverbreitete Merkmal –, dann gewinnt man den Eindruck, dass sich dieser legendäre osmanische Padischah im Grunde genommen kaum von irgendeinem Bürger unterscheidet, dem man im Gedränge auf den Istanbuler Straßen begegnet. Als dieses Bild 2003 im 550. Jahr der Eroberung Konstantinopels durch die Osmanen von der Yapı-Kredi-Bank aus London nach Istanbul geholt und in Beyoğlu, einem der am häufigsten besuchten Viertel, ausgestellt wurde, kamen Schulklassen per Omnibus und stellten sich Hunderttausende von Menschen in langer Schlange an, um diesem legendären Gemälde die gebührende Reverenz zu erweisen.

Osmanische Illustratoren malten nie ein so lebensechtes Bildnis eines Sultans, sie konnten es nicht wegen des Bilderverbots im Islam, aus Unwissenheit und besonders aus Furcht vor dem Abbilden eines Gesichts. Doch diese Scheu vor dem Ausdrücken individueller Züge war nicht auf das Bild begrenzt. Auch osmanische Historiker, die sehr viel über die militärischen und politischen Ereignisse jener Periode schrieben, enthielten sich, obwohl es in dieser Hinsicht kein religiöses Verbot gab, jeder Äußerung über die Persönlichkeit des Sultans, seinen Charakter oder sein Innenleben, stellten keine Vermutungen an. Als in der ersten Hälfte des 20. Jahrhunderts mit der Gründung der modernen türkischen Republik auch die Verwestlichung der modernen türkischen Nation einsetzte, sah sich der nationalistische Dichter Yahya Kemal, der durch seinen langjährigen Aufenthalt in Paris mit der westlichen Literatur und Malerei vertraut war, im Bewusstsein all dieser schmerzlichen literarischen und kulturellen Probleme zu der bitteren Äußerung veranlasst: »Hätten wir eine Malerei und eine Prosa besessen, wären wir eine andere Nation geworden!« Was er meinte, war nicht nur das Auffinden, Festhalten und Dokumentieren der schönen Dinge einer vergangenen Epoche in Wort und Bild. Auch da, wo dies vorhanden ist, wie bei Bellinis »realistischem« Porträt Mehmet des Eroberers, wünschte er, als er davorstand, dass die das Bild malende Hand und die Empfindung, die diese Hand antrieb, »national« gewesen sei, wünschte sich auch vielleicht die Weiterentwicklung und Benutzung traditioneller Ausdrucksweisen. In diesen Worten spürt man ein tiefempfundenes Unbehagen, die Unzufriedenheit eines muslimischen Schriftstellers gegenüber den »Mängeln« der eigenen Kultur. Hier offenbart sich auch der Fehlschluss, man könne die attraktiven Kunstprodukte einer ganz anderen Kultur und Zivilisation leicht ohne Preisgabe der eigenen Seele übernehmen. Einige interessante Resultate dieser naiven Auffassung werden in der Ausstellung »Bellini und der Osten« und in dem Begleitkatalog auf professionelle Weise vorgestellt. Eines davon ist ein Aquarell aus einem Album im Topkapı-Palast mit dem Titel »Mehmet II. riecht an einer Rose« und wird einem osmanischen Illustrator namens Sinan Bey zugeschrieben, der sich sehr wahrscheinlich von Bellinis Porträt inspirieren ließ. Da es jedoch weder ein vollkommen venezianisches Renaissancebildnis noch eine klassische osmanisch-persische Illustration ist, fühlt sich der Betrachter verunsichert. John Berger versuchte in einem Artikel einen anderen türkischen Maler, Şeker Ahmet Pascha, zu verstehen, der sich von zwei ganz unterschiedlichen Maltraditionen aus Ost und West beeinflussen ließ, das heißt, von der osmanisch-iranischen Illustration und den traditionellen Landschaften der europäischen Malerei – zum Beispiel von Courbet –, und sprach von derselben Verunsicherung, die er nicht auf die Harmonisierung verschiedener Techniken des Bildaufbaus, wie Perspektive, Horizontlinie u. ä., zurückführte, sondern auf die Schwierigkeit, zwei unterschiedliche Weltanschauungen zu vereinigen. In dem von Bellini inspirierten Bildnis ist es allein die Rose, an welcher Mehmet II. riecht, die das scheinbar auch auf den Padischah übertragene Befremdliche, die ganze Unzulänglichkeit vergessen macht. Und was uns das Dasein und den Duft der Rose spüren lässt, ist weniger ihre Farbe als die auffallende osmanische Nase des Sultans. Nachdem wir heute wissen, dass dieser Sinan Bey genannte osmanische Maler des Aquarells eigentlich ein unter Osmanen lebender Europäer und sehr wahrscheinlich ein Italiener war, wird uns einmal mehr klar, wie schwierig und komplex eine kulturelle Beziehung ist, die beide Seiten beeinflusst.

Ein weiteres Bildnis, ebenfalls Bellini zugeschrieben, betont nicht so sehr die wissenschaftlich oder auch politisch begründeten Ost-West-Polemiken, sondern vielmehr eine menschliche Realität in einer außergewöhnlich erlesenen Darstellung. Dieses schlichte Aquarell im Miniaturformat zeigt einen jungen, mit einem Ohrring geschmückten Illustrator oder Kalligraphen im Schneidersitz. Da das Blatt Papier, das die Spitze seiner Rohrfeder auf anmutige Weise berührt, noch leer ist, können wir nicht wissen, ob er ein Illustrator oder ein Kalligraph ist. Doch der Ausdruck des Jungen mit der Feder in der Hand, der konzentrierte Blick, die leichtgeöffneten Lippen, ja sogar die wie Besitz ergreifende, wie schützend über dem leeren Bo-

266

gen auf dem Schoß gehaltene Linke lässt uns sofort spüren, dass er seiner Tätigkeit tief verbunden ist. Diese auf das Papier gerichtete Aufmerksamkeit, diese sich ganz hingebende Haltung erweckt Respekt in mir für den jungen Zeichner. Ich fühle, dass er ein Künstler ist, der seine Arbeit, die Schönheit der gezeichneten Linie oder des Buchstabens und deren Vollkommenheit über alles andere stellt, der das Glück erlangt hat, sich seiner Tätigkeit hingeben zu können. Das schöne blasse Gesicht des bartlosen Pagen mit dem Ohrring und die liebevolle Linienführung des Malers, der ihn gezeichnet hat, berühren mich tief. (Viele westliche und christliche Beobachter, vor allem der halboffizielle Chronist Kritovoulos von Imbros, sprachen von der Vorliebe des Eroberers für gutaussehende Jungen. Er habe ihretwegen politische Risiken auf sich genommen, Bilder von ihnen malen lassen, die Schönheit der Pagen sei ein wichtiges Kriterium für ihre Auswahl gewesen und später im osmanischen Serail Tradition geworden.) Die Anmut des jungen Künstlers, seine Hingabe an die Schönheit dessen, was er zeichnet, und der schlichte Hintergrund, die Wand – all das gemeinsam verleiht dem Bild jedesmal, wenn ich es anschaue, einen spürbar geheimnisvollen Zug. Dass dieses geheimnisvolle Element so intensiv verdichtet über dem Kalligraphen-Illustrator schwebt, hängt natürlich mit dem blanken Bogen Papier zusammen. Die starke Konzentration des jungen Künstlers auf das, was er zeichnen oder schreiben wird, zeigt, dass es ihm bereits lebendig vor Augen steht. Aus der Berührung der Federspitze mit dem Papier wie auch aus seiner Sitzhaltung und seinem Blick erkennen wir, dass er weiß, was er zeichnen wird. Weil aber um ihn herum weder ein Gegenstand noch eine Schrift, eine Bildvorlage, eine Schablone, ein Mensch oder eine Landschaft zu finden sind, die andeuten könnten, was er aufzeichnen will, bleibt die Vorstellung im Kopf des Künstlers ein Geheimnis für uns. Es scheint, dieser vor fünfhundertfünfundzwanzig Jahren fast fotografisch eingefangene Augenblick könne jederzeit enden, die Rohrfeder in der Hand des Jungen sich in Bewegung setzen und der Blick des hübschen Pagen vor Staunen und Glück noch intensiver werden, weil er meint, die Feder eines anderen folge der Bewegung seiner eigenen Hand.

Dieses kleine, sehr eindrucksvolle Bild, das sich, wie man weiß, vor hundert Jahren (1905) noch in Istanbul befand, ist heute im Besitz des Isabella Stewart Gardner Museums in Boston. Ich bin ihm in einer Ecke in den oberen Stockwerken begegnet, als ich mir Jahre zuvor in jenem Museum zwischen den großen, reichen Ölgemälden Tizians und John Singer Sargents meinen Weg suchte. Um es anschauen zu können, musste man den dicken Stoffvorhang über der Vitrine, der das Bild vor schädlichem Lichteinfall schützte, für einen Augenblick anheben und sich zu ihm hinunterbeugen. Als ich dies tat, hatte ich das Gefühl, der Abstand zwischen mir und dem Bild sei derselbe wie der zwischen dem Künstler und dem blanken Bogen. So wie ein Padischah die Illustration anschaut, die das dicke, schwere Buch in seiner Hand ziert, so schaute ich über Bellinis kleines Werk geneigt in einen Intimbereich. Außerdem hatte ich den Kopf genauso wie der Illustrator auf dem Bild nach vorn gebeugt. Meiner Meinung nach liegt der Unterschied zwischen dem islamischen Bild und der westlichen Malerei nach der Renaissance ebenso wie die religiösen Verbote, ja sogar noch mehr als diese, in jenem nach unten gerichteten intimen Blick, den Bellini so gut eingefangen hat. Das in seiner Kunst begrenzte islamische Bild ist ein Buchschmuck in kleinem Format, ist niemals als Wandschmuck gedacht und wird auch nie an die Wand gehängt! Die in sich gekehrte Haltung, der Schneidersitz und der geneigte Kopf des hier abgebildeten Illustrators gleicht der Sitz- und Kopfhaltung desjenigen, der eines Tages dieses Bild betrachtete und vermutlich mächtig und reich gewesen sein musste wie ein Sultan oder ein Prinz. Vergleichen wir einmal die Haltung, in der sich der Künstler mit untergeschlagenen Beinen über das leere Papier auf seinem Schoß beugt, mit der Blickweise eines westlichen Malers, zum Beispiel der von Velázquez auf seinem Bild *Las Meninas*. In beiden Bildern fallen uns der Rand des Papiers oder der Leinwand, worauf ein Bild entsteht, die Rohrfeder oder der Pinsel des Künstlers als Utensilien auf, und auf dem Gesicht des Maler-Illustrators erkennen wir die schöpferische Konzentration. Der Blick von Bellinis orientalischem Illustrator ist nicht auf die Umgebung, die Welt gerichtet, sondern auf den leeren Bogen auf seinem Schoß, und der Ausdruck seines Gesichts sagt uns, dass er an die Welt in seinem Kopf denkt. Der traditionelle osmanisch-iranische Illustrator bewies seine Kunst in der Kenntnis und der Erinnerung an alles, was bisher geschaffen wurde, und in der Fähigkeit, dies voll poetischer Begeisterung neu entstehen zu lassen. Velázquez aber hat den Kopf einem imaginären Horizont zugewandt. Er betrachtet die Welt im Spiegel, die ganze Welt und die Vielfalt der dargestellten Objekte. Auch hier können wir nicht sehen, was er malt (das Bild, das wir sehen, ist vermutlich ein Bild im Bild), doch wir können seinem müden und fragenden Blick entnehmen, dass sein Kopf erfüllt ist von den schwierigen Problemen der ausufernden Komposition seines riesigen Bildes. Bellinis junger Künstler dagegen schaut zufrieden wie ein Junge, der sich an ein auswendig gelerntes Gedicht erinnert, in einer Art metaphysischer Inspiration auf das leere Papier hinunter.

Dort, wo ich zu Hause bin, ist dieses kleine, Bellini zugeschriebene Bildnis bekannt, wenn auch nicht so gut wie das Porträt Mehmet des Eroberers. Der Grund dafür ist die Annahme, dass es sich bei dem im Schneidersitz Abgebildeten um Cem Sultan handelt, der auch in vielen exotischen und melodramatischen Romanen über das bittere Schicksal Mehmets II. auftritt und der Grausamkeit seines älteren Bruders zum Opfer fiel. In den Schulbüchern meiner Kindheit, die aus der Feder nationalistischer Anhänger der Verwestlichung stammten, wird Cem Sultan als ein toleranter, dem Westen und der Kunst zugewandter Kronprinz voll jugendlichem Elan beschrieben, sein älterer Bruder dagegen, der als Sultan Bayazid II. den Thron bestieg, als ein Frömmler, der den jüngeren Bruder vergiftete und sich vom Westen und der Kunst abwandte. Nach dem Tod Mehmet des Eroberers wurde Bellinis Künstlerporträt sehr wahrscheinlich zunächst nach Täbris zum Palast der Akkoyunlu-Herrscher als diplomatisches Geschenk geschickt, von wo es später an den Hof der Safawiden im heutigen Iran kam. Bevor es als Kriegsbeute oder als Geschenk in den Palast der Osmanen zurückkehrte, wurde dieses außergewöhnliche Bild viele Male von iranischen Malern kopiert. Eines davon, heute im Freer-Museum in Washington, wird von Romantikern, die an die Möglichkeit einer gemeinsamen Arbeit östlicher und westlicher Meister an ein und demselben Bild glauben, manchmal dem großen Illustrator des Islam, dem Iraner Behzat/ Bihzat zugeschrieben. Wenn wir bei näherem Betrachten dieses Bilds entdecken, dass der safawidische Illustrator auf dem von Bellini so feinfühlig leer belassenen Papier ein Gesicht gemalt hat, dann spüren wir, dass die westliche Bildniskunst den muslimischen Illustratoren kaum bekannt war, spüren ihre tief bedrückende Unbeholfenheit im Umgang mit dem eigenen Bildnis. Professor David Roxburgh von der Universität Harvard hat herausgefunden, dass Bellinis kleines Werk achtzig Jahre nach seiner Fertigstellung im iranischen Safawiden-Palast in einem Album zusammen mit anderen Porträts und chinesischen Bildern eingeklebt worden war. Eine Bemerkung im Vorwort zu diesem Album legt mit schmerzlicher Offenheit die Unzulänglichkeit selbst der größten safawidischen Meister im Hinblick auf die Porträtmalerei offen: »Die Kunst, Gesichter zu malen, blühte

im Land China und dem der Franken.« Aber trotz dieser Unzulänglichkeiten kannten die iranischen Illustratoren die unwiderstehliche
Macht des Porträts. In der klassischen islamischen Erzählung von
Hüsrev und Şirin, die immer wieder illustriert worden ist, verliebt
sich Şirin zuerst in ein Bildnis des stattlichen Hüsrev, bevor sie ihn
sieht. In den reichgeschmückten illustrierten iranischen Handschrif-
ten gibt das Bild im Bild dieser Szene nicht so sehr ein Porträt als die
Idee eines Porträts wieder, wie auch das Bild im Bild von Bellini-
Behzat.

Nach der Renaissance war die Überlegenheit des Westens über den
Osten zunächst in der Kunst zu spüren, nicht in der Kriegsführung.
Vasari schildert hundert Jahre später das Können Bellinis und die auf
seiner Reise in den Osten entstandenen Bilder in den schönsten Farben als eine wundersame Macht, der sogar der osmanische Sultan er-
legen sei, der seines Glaubens wegen doch eigentlich ein Gegner dieser Kunst sein sollte. In der Biographie Filippo Lippis erzählt Vasari
von der Gefangennahme des Malers durch Piraten aus dem Osten;
doch das Porträt, das Lippi von seinem neuen Herrn malte, sei so
wirklichkeitsgetreu gewesen, dass dieser ihm die Freiheit geschenkt
habe. Heute sprechen westliche Fachleute, vielleicht weil sie durch
die Folgen der militärischen Übermacht des Westens verunsichert
sind, nicht mehr von der unwiderstehlichen Macht des Renaissance-
bildnisses, sondern erinnern uns mit dem Blick auf Bellinis sensibles
Porträt daran, dass auch der Orientale ein Mensch ist.

Bayazid II., der nach dem Tod von Mehmet II. den Thron bestieg,
hielt nichts von der Liebe zum Bild und dem Lebensstil seines Vaters: Er ließ Bellinis Porträt des Eroberes auf dem Basar von Istanbul verkaufen. Die Schulbücher aus meiner Kindheit stellten diese
Handlungsweise als eine Abkehr von der Renaissancemalerei, als
eine verlorene Gelegenheit dar, und sie deuteten an, dass wir vielleicht, wenn wir auf dem vor fünfhundert Jahren eingeschlagenen
Weg weitergegangen wären, mit einer anderen Malweise eine »andere
Nation« hätten werden können. Vielleicht! Jedesmal, wenn ich
Bellinis kleinen Künstler anschaue, wie er mit untergeschlagenen

Beinen dasitzt, denke ich, das hätte die Illustratoren am meisten er-
freut. Denn an einem Tisch sitzend hätten sie nicht nur besser zeichnen können, sondern wären auch von den Schmerzen in Beinen und
Gelenken verschont geblieben, über die sich Becketts Helden ständig
beklagen …

Bedeutung

Guten Tag! Danke, dass Sie mich gelesen haben. Es sollte mich freuen, hier zu sein, doch ich bin ganz durcheinander. Es gefällt mir, dass Ihre Augen über mich hinwandern. Existiere ich doch, um Ihnen zu dienen. Doch ich bin mir nicht ganz sicher, auf welche Art ich Ihnen dienen könnte. Und leider weiß ich auch nicht mehr genau, was ich eigentlich bin. Ich bestehe aus einer Reihe von Symbolen, möchte mich sehen lassen, halte mich jedoch unschlüssig zurück. Ob es vielleicht besser gewesen wäre, im Zwielicht zu bleiben, unter den Schatten, entfernt von allen Blicken an einem einsamen Ort? Wer weiß! Mit solchen Sorgen also versuche ich jetzt hier zu existieren. Auf seltsame Weise. Bitte, verstehen Sie das. Diese Form sich vorzustellen ist für mich etwas Neues. An diese Art von Existenz bin ich nicht gewöhnt. Früher blieb unsereins mehr am Rande. Sehr gern würde ich Sie auf mich aufmerksam machen, ohne dabei aufzufallen, so fühlte ich mich vielleicht am wohlsten. Behalten Sie mich, ohne es wahrzunehmen, in einem Winkel Ihres Verstandes. Ich würde Sie gern wie früher ganz leise daran erinnern, wie schön es war zu existieren, ohne es zu bemerken. Ich bin mir nicht sicher, ob das ganz und gar möglich ist, möglich sein wird. Denn die Sache ist eigentlich die: Wenn ich Schrift bin, meine ich ein Bild zu sein. Wenn ich ein Bild bin, meine ich Schrift zu sein. Doch nicht, weil ich unentschieden bin, sondern weil das mein Leben ist. Daran sollten Sie sich einfach gewöhnen. Meiner Meinung nach können wir uns nicht verstehen, weil es anders aussieht in Ihrem Kopf. Schauen Sie, ich bin hier, um eine Bedeutung, ein Sinn zu sein. Sie aber betrachten mich wie ein Objekt. Ja, auch mir ist bewusst, dass ich einen Körper habe. Doch mein Körper existiert, damit die Bedeutung vogelgleich ihre Schwingen ausbreiten und fliegen kann. Es ist Ihre Betrachtungsweise, die mich spüren lässt, dass ich einen Körper habe, dass meine rechte und meine linke Seite aus Farben und Figuren bestehen. Das gefällt mir, doch es verwirrt mich auch. Als ich in uralten Zeiten nichts als Bedeutung war, kam mir nicht der Gedanke, irgend etwas zu sein, ich besaß nicht einmal eine eigene Vernunft, war nur ein schlichtes Zeichen zwischen zwei schönen Arten der Vernunft. Ich war mir meiner selbst nicht bewusst, und das war gut. Sie schauten mich an, es berührte mich nicht. Je mehr aber jetzt Ihre Augen über uns Buchstaben dahingleiten, spüre ich, dass ich eigentlich körperlich bin, ja manchmal, dass ich nur ein Körper bin, und ich schaudere. Schon gut, zugegeben, ein bisschen gefällt es mir, ein bisschen schäme ich mich auch. Gleich, ob mir das nun gefällt oder nicht – ich möchte mehr davon haben, und das macht mir angst. Was soll daraus werden, ich fürchte, mein Körper wird meine Seele verbergen, meine Bedeutung wird weit zurückbleiben. Dann möchte ich mich unter die Schatten mischen. So aber können Sie mich nicht verstehen, Sie sind verwirrt, können nicht herausfinden, ob Sie mich lesen oder mich betrachten. Dann fürchte ich mich vor meinem Körper, möchte jetzt nur noch der Sinn sein, begreife aber, dass es zu spät ist. Ich kann nun weder zu den schönen alten Zeiten zurückkehren, noch kann ich meiner Bedeutung mit meinem Körper entgegeneilen, bevor Sie da sind. Dann existiere ich weder ganz, noch werde ich ganz ausgelöscht, bin etwas zwischen Sinn und Objekt, schwebe unentschlossen zwischen Himmel und Erde. Das schmerzt, und ich suche Trost im Genuss meines Körpers. Sollte ich Objekt sein oder Sinn? Sollte ich Buchstabe sein oder Bild? frage ich Sie – halt, eine Sekunde, gehen Sie nicht fort … Wie schade, Sie blättern die Seite um und lassen mich zurück, ohne mich richtig verstanden zu haben …

Politik und Staatsbürgerschaft

Das nichtabgewogene Wort:
Unser Recht auf Meinungsfreiheit

Im März 1985 kamen Arthur Miller und Harold Pinter nach Istanbul. Was sie in die Türkei führte, war nicht ein Bühnen- oder Litera-
turereignis, sondern leider die damals herrschende empfindliche Ein-
schränkung der Meinungsfreiheit in der Türkei und die inhaftierten
Schriftsteller. 1980 war es in der Türkei zu einem Staatsstreich gekommen, Hunderttausende hatte man eingesperrt, und wie stets
hatte es die schreibende Zunft besonders hart getroffen. Um mir jene
Tage wieder in Erinnerung zu rufen, habe ich in alten Zeitungen ge-
blättert und bin dabei immer wieder auf die charakteristischen Bilder
gestoßen: von Polizisten flankierte Männer im Gerichtssaal, mit ra-
sierten Schädeln und ernsten Gesichtern. Unter diesen Männern waren auch zahlreiche Schriftsteller, und Miller und Pinter kamen nach

Istanbul, um sie und ihre Familien zu besuchen und die Öffentlich-keit zu unterrichten. Organisiert wurde die Reise vom PEN-Club und von Helsinki Watch. Ich holte Miller und Pinter vom Flughafen ab, da ich sie in Istanbul herumführen sollte.

Ich war nicht wegen meines politischen Engagements darum ge-beten worden, sondern als Schriftsteller und wegen meiner Englisch-kenntnisse. Ich nahm gerne an, da ich so in Not geratenen Kollegen beistehen und noch dazu mit zwei großen Autoren gleich mehrere Tage verbringen konnte. So zogen wir also los, kamen in Verlage, die sich nur mühsam über Wasser hielten, in chaotische Redaktionsstu-ben, in die verstaubten, halbdunklen Büros kleiner, immer wieder verbotener Zeitschriften, wir trafen uns in Wohnungen und Lokalen mit verfolgten Schriftstellern. Von der politischen Welt, die ich bisher nur vom Rande aus beobachtet hatte und ohne Not auch nicht betre-ten wollte, bekam ich dabei so viele Einzelheiten mit, die von Druck zeugten, von Grausamkeit, ja aus denen die schiere Bosheit sprach, dass ich mich einerseits aus Schuldgefühl zur Solidarität veranlasst sah, andererseits aber ein Selbstschutzmechanismus mir einflüsterte, ich solle doch im Leben lieber nichts anderes machen als gute Ro-mane schreiben.

Wenn wir in verrauchter Männerrunde beisammensaßen, misch-ten sich in die Atmosphäre sorgenvoller Aufgeregtheit bisweilen auch Anflüge von Scham und von Stolz, mal ausdrücklich, mal auch nur an bestimmten Blicken und Gesten abzulesen. Die meisten Schriftstel-ler, Denker und Journalisten, die wir besuchten, begriffen sich damals als Linke und fühlten sich den freiheitlichen Werten verpflichtet, die ein liberaler, demokratisch gesinnter Mensch aus dem Westen auch heute noch vertritt. Es schmerzt mich daher um so mehr, wenn ich mit ansehen muss, wie heute, einundzwanzig Jahre später, etwa die Hälfte dieser Leute – ganz genau kann ich es nicht ausmachen – ins nationalistische Lager übergewechselt ist.

Ich habe beim Begleiten der beiden Autoren und aus ähnlichen Erfahrungen etwas gelernt, was wir alle wissen, aber ich möchte es noch einmal besonders betonen: Meinungsfreiheit und Redefreiheit sind ein Recht aller Menschen, gleichgültig, welcher Nation. Diese Freiheiten, die der moderne Mensch so dringend benötigt wie sein tägliches Brot, dürfen nicht unter dem Vorwand nationaler Empfindlichkeiten oder gar um kommerzieller oder militärischer Vorteile willen eingeschränkt werden. Wenn zahlreiche Völker außerhalb der westlichen Welt heute ein viel armseligeres Leben führen, als sie es eigentlich verdienen, dann nicht, weil bei ihnen Meinungsfreiheit herrscht, sondern gerade, weil es daran fehlt. Menschen, die aus wirtschaftlicher Not oder wegen politischen Drucks aus solchen Ländern in den Westen gehen, sind dort, wie wir alle wissen, nicht selten üblen rassistischen Erniedrigungen ausgesetzt.

Natürlich müssen wir uns dagegen wenden, wenn Einwanderer und Minderheiten wegen ihrer Religion, ihrer Abstammung oder wegen der in ihren Herkunftsländern vom Staat gegen das eigene Volk ausgeübten Unterdrückung gedemütigt werden. Die Rücksicht auf die Befindlichkeiten von Minderheiten darf aber nicht so weit gehen, dass man es duldet, wenn unter dem Deckmantel des Schutzes religiöser Gefühle die Meinungsfreiheit angegriffen wird. Wir Schriftsteller sollten in dieser Hinsicht nicht ins Wanken geraten, wie »provokativ« der jeweilige Anlass auch sein mag. Einer kann dem Westen näherstehen, ein anderer sich mehr in den Osten hineinfühlen, und so mancher neigt wie ich dazu, sein Herz beiden Seiten dieser weitgehend künstlichen Zweiteilung zu öffnen, aber nie dürfen unsere Anhänglichkeiten und unser Bedürfnis, uns in andere hineinzuversetzen, den Vorrang vor der Achtung der Meinungsfreiheit bekommen.

Es fällt mir immer schwer, ein eindeutiges politisches Urteil abzugeben, weil ich mir dann vorkomme, als würde ich etwas Gekünsteltes, eigentlich nicht völlig Zutreffendes sagen, da ich meine Lebensphilosophie nicht auf eine einstimmige Melodie oder einen einzigen Blickwinkel reduzieren kann. Ich bin ein Schriftsteller, der sich mit allen seinen Figuren identifiziert, auch und gerade mit den »bösen«. In einer schnelllebigen Welt, in der sich innerhalb kürzester Zeit Befreier in Unterdrücker und Opfer in Täter verwandeln können, ist es schwer, über das Leben und die Menschen zu unumstößlichen Einsichten zu gelangen. Mir ist auch, als ob die widersprüchlichen Gedanken in den meisten von uns einträchtig nebeneinanderher lebten und als ob das Glück, einen Roman zu schreiben, gerade darin bestehe, die besondere Art herauszuarbeiten, auf die der heutige Mensch in ständigem Widerspruch mit sich selbst lebt. Weil diese »moderne« Geisteshaltung so schwankend ist, brauchen wir auch die Meinungsfreiheit so sehr, nämlich um unsere geheimsten, im Dunkeln verborgenen Gedanken zu verstehen, die Scham und den Stolz, von denen bereits vorhin die Rede war.

Ich möchte noch eine Anekdote erzählen, um das Thema der Scham und des Stolzes, das mir damals, als Miller und Pinter in Istanbul waren, so sehr auffiel, noch etwas zu erhellen. In den zehn Jahren, die auf den Besuch der beiden folgten, gelangte ich auf einem Weg, an dem auch Zufälle, gute Absichten, Scham, Wut und persönliche Eifersüchteleien keinen geringen Anteil hatten, zu einer stärkeren politischen Einstellung, als ich mir hätte träumen lassen, doch ohne rechten Bezug auf meine Bücher, mehr im allgemeinen, eben der Meinungsfreiheit geschuldeten Sinne.

Eines Tages rief mich ein älterer Herr aus Indien an, der nach Istanbul gekommen war, um für die Vereinten Nationen einen Bericht darüber zu schreiben, wie es in meiner Ecke der Welt um die Meinungsfreiheit bestellt sei. Zufällig fand unser Treffen im Hotel Hilton statt. Nachdem wir dort an einem Tisch Platz genommen hatten, stellte mir der Inder eine Frage, die mir noch heute seltsam im Ohr klingt: »Herr Pamuk, was gibt es in Ihrem Land, das Sie gerne in Ihren Romanen behandeln würden, aber wegen der Zensur nicht schreiben können?«

Betroffen schwieg ich – und zerbrach mir den Kopf. Eigentlich wollte der Herr von den Vereinten Nationen ja nur aus mir herausbekommen, was in meinem Land wegen Tabus, Verboten und staatlichem Druck nicht offen gesagt werden durfte, doch da er einem eifrigen jungen Schriftsteller gegenübersaß, hatte er wohl aus Höflichkeitsgründen mein Schreiben in seine Frage mit einbezogen, und ich in meiner Unerfahrenheit hatte diesen Teil der Frage zu ernst genommen. Nun gab es in den neunziger Jahren in der Türkei noch viel mehr Themen als heute, auf die wegen diverser Verbote und Pressionen nicht eingegangen werden konnte, doch wenn ich sie der Reihe nach durchging, kam ich auf keines, das ich in meinen Romanen hätte behandeln wollen. Doch wenn ich geantwortet hätte: »In der Türkei gibt es kein Thema, über das ich gerne schreiben möchte, aber nicht schreiben darf«, so hätte ich damit einen falschen Eindruck erweckt. Noch dazu hatte ich mich zu solchen heiklen Themen schon des öfteren mündlich geäußert. Und hatte ich nicht manchmal in einer zornigen Anwandlung darüber phantasiert, dass ich über bestimmte Themen nur deshalb schreiben sollte, weil sie verpönt waren? Während mir all das durch den Kopf ging, schämte ich mich wegen meines Schweigens, und zugleich begriff ich richtig, wieviel die Meinungsfreiheit doch mit Stolz und mit Menschenwürde zu tun hat.

Nicht wenige von mir geschätzte Schriftsteller haben sich dadurch in Schwierigkeiten gebracht, dass sie sich in ihren Werken mit verbotenen Themen auseinandersetzten, gerade weil sie diese Verbote als kränkend empfanden. Ich sehe mich mit diesen Kollegen auf einer Linie. Denn solange irgendwo ein Schriftsteller nicht frei ist, solange können sich auch alle anderen Schriftsteller nicht frei fühlen. Das ist der Grundgedanke internationaler Autorensolidarität und des PEN-Clubs.

Zu Recht sagen manchmal Freunde zu mir oder zu anderen: »Wenn du dies oder jenes nicht so scharf formuliert hättest, sondern etwas gefälliger, dann hättest du dir nicht solche Schwierigkeiten eingehandelt.« Doch wenn man in einer repressiven Gesellschaft seine Worte immer so sorgfältig verpackt, bis niemand mehr daran Anstoß nimmt, und wenn man es darin sogar zur Meisterschaft bringt, dann ist das nicht weniger entwürdigend, als wenn man verbotene Waren verstecken muss, um sie durch den Zoll zu schmuggeln.

Der diesjährige PEN-Kongress in Berlin steht unter dem Motto »Glaube und Vernunft«. Was ich erzählt habe, soll unterstreichen, dass die Freiheit, alles so sagen zu dürfen, wie wir es empfinden, ein großes, untrennbar mit der Würde des Menschen verbundenes Glück ist. Nun sollten wir uns fragen, wie »vernünftig« es ist, Völkern die Demokratie und die Meinungsfreiheit bringen zu wollen, indem man ihre Kultur und ihre Religion herabwürdigt oder gar diese Menschen erbarmungslos bombardiert. In den Teil der Welt, in dem ich lebe, ist durch solche Verbrechen nicht mehr Demokratie eingezogen. Dadurch, dass im Irak-Krieg fast hunderttausend Menschen mitleidlos getötet wurden, hat der Nahe Osten weder zum Frieden gefunden noch zu Demokratie und Meinungsfreiheit. Ganz im Gegenteil: Es wurde ein nationalistischer Hass auf den Westen entfacht. Das Leben jener kleinen Minderheit, die sich im Nahen Osten für Demokratie und Laizismus einsetzt, ist durch diesen Krieg noch schwieriger geworden. Für Amerika und den Westen ist dieser grausame Krieg eine Schande. Durch Institutionen wie den PEN-Club und Schriftsteller wie Arthur Miller und Harold Pinter dagegen wird die Ehre des Westens gerettet.

Der schlafende Mann

Wenn in meiner Kindheit eine berühmte Bauchtänzerin interviewt wurde oder eine bekannte Schauspielerin in einem Film eine Bauchtanzszene hatte und zeigen wollte, wie ernst sie die Sache nahm, dann fiel unweigerlich der Satz: »Gelernt habe ich das bei Kudret Şandra.« Kudret Şandra ist der Mann auf diesem Foto, das in einem Nachtlokal oder einem Klub aufgenommen wurde, vielleicht aber auch auf einem Filmset, wo man sich ja meist um die Nachbildung der gleichen märchenhaften, traumartigen und doch primitiven Atmosphäre bemühte. (Dem Leben verbunden waren türkische Filme vor allem in den Szenen, die das Nachtleben zeigten, und ab den siebziger Jahren trachtete dann das Leben insbesondere in den Nachtclubs danach, sich an die Filme anzulehnen.)

In der damaligen Türkei, in der Homosexuelle verachtet wurden und mit ihrer wahren Identität lediglich ein Leben als Menschen zweiter Klasse führen konnten, gab es Leute, die dieses Schicksal in aggressiver Vorwärtsverteidigung annahmen und die Freuden und Leiden eines Lebens außerhalb der Gesellschaft öffentlich machten. Einer dieser Helden war Kudret Şandra. Er trat als Sänger in Frauenkleidern auf, arbeitete als Tanzlehrer, brachte seine Talente auch in Filme ein und gelangte so in den sechziger Jahren zu ziemlichem Ruhm, bis er dann zum Islam konvertierte und sich fortan nur der Religion widmete. In einem Buch ging er in einer Mischung aus Reue und wehmütiger Erinnerung auf die Jahre ein, in denen er in Bars und auf der Straße »halbnackt Werbung« betrieb. Was nun dieses Foto so interessant macht, ist leider weder der Fuß, den er à la Marlene Dietrich auf den Tisch setzt, noch sind es die langen Koteletten, die anzeigen, dass wir uns hier in den siebziger Jahren befinden (auch bei dem Politiker Süleyman Demirel reichten die Koteletten damals bis weit unter die Ohren herunter), und es ist auch nicht die elegante Geste, die er mit der linken Hand vollführt. Überhaupt ist nicht Kudret Şandra selbst das Frappierende auf dem Foto, sondern der Mann, der an dem gleichen Tisch eingenickt ist.

Vielleicht schläft er ja auch gar nicht, sondern hat nur im Moment der Aufnahme die Augen zugemacht. Uns aber ist er auf dem Foto als schlafender Mann viel lieber. Vielleicht deshalb, weil in diesem Land die Künstler, ob sie nun Cineasten sind oder Islamisten, Bauchtänzer oder Schriftsteller, sich abstrampeln können, wie sie wollen, und die Leute das alles doch nur verpennen.

Die Provinzialisierung der Türkei

Vor einigen Jahren war ich in einem skandinavischen Land, weil dort ein Buch von mir erschien. Am letzten Abend gab mein dortiger Verleger ein Essen für mich und erinnerte mich dabei mehrfach an die paar Kleinigkeiten, die ich nach meiner Rückkehr in Istanbul für ihn erledigen sollte. Ich weiß heute noch gut, worum es sich dabei handelte (ich sollte ihm ein paar Fotokopien und ein Buch schicken), denn jedesmal wenn er seine Bitte wiederholte, sagte er noch einmal: »Orhan, wenn Sie wieder in Budapest sind, dann vergessen Sie doch bitte nicht …«

Wenn ich den Mann auch am liebsten jedesmal verbessert und gesagt hätte, »Istanbul, nicht Budapest«, so hielt mich doch irgend etwas zurück, und zwar nicht so sehr der Respekt vor dem Verleger, einem älteren Herrn, sondern eine gewisse Scham, so als sei ich irgendwie selbst daran schuld, dass er statt Istanbul so oft Budapest sagte.

Die Art und Weise, in der die Türkei seit Beginn der Republik mit ihrem bisherigen Umfeld und ihrer Geschichte brach, hat zu einem Grad an Vereinsamung, Isolierung und kultureller Verarmung geführt, wie dies in der Geschichte der Menschheit nur selten anzutreffen ist. Wenn man bedenkt, dass hinter der Herausbildung aller modernen Nationalstaaten irgendeine Form von ethnischer Uniformisierung, sprachlicher Vereinheitlichung und Unterbindung regionaler Autonomie steckt, ist es zwar nicht weiter verwunderlich, dass sich daraus Verflachung und Vereinsamung ergeben, doch im Falle der Türkei war es so, dass die von Atatürk vollzogene Gründung der modernen türkischen Republik nicht nur den Übergang von einem großen Vielvölkerstaat zu einem kleinen Nationalstaat bedeutete, sondern auch einen zivilisatorischen Paradigmenwechsel mit dem

Ziel, den Einfluss von Religion und Tradition auf Politik und Gesellschaft radikal zu beschränken. So musste Istanbul, das nach dem verlorenen Weltkrieg seinen kosmopolitischen Charakter ohnehin verloren hatte, in der Ära der neuen Retortenhauptstadt Ankara weitere Einbußen an kultureller Vielfalt hinnehmen. Um die Rolle des Islam insbesondere im Staatswesen zu beschneiden und die Gesellschaft zu »verwestlichen«, wurden nacheinander die Aktivitäten der Sufi-Orden verboten, das arabische Alphabet per Gesetz durch das lateinische ersetzt und das in erster Linie als Übergang von Turban und Fes zum Hut wahrgenommene gesetzliche Verbot bestimmter religiöser und traditioneller Kleidungen ausgesprochen.

All diese Reformen wurden unzertrennlicher Bestandteil der Identität der neuen türkischen Republik. Und die fortwährende Diskussion darüber nicht minder.

Im In- und Ausland weit weniger diskutiert wird hingegen eine andere Folge der republikanischen Reformen, die aber meiner Auffassung nach eine ganz besondere Rolle spielt, nämlich die Vorherrschaft einer neuen Elite. Dass die Türkei heute aus ihren politischen, administrativen und wirtschaftlichen Krisen nicht herauskommt, ist nicht zuletzt der beschränkten, ja seichten Weltanschauung ihrer neuen Führungselite geschuldet. Zwei ihrer herausragenden Stellvertreter sind Staatspräsident Süleyman Demirel, der sich als Garant des Laizismus und der Atatürk-Reformen gebärdet, und Ministerpräsident Necmettin Erbakan, ein Verfechter des Islamismus und einer dem Koran verpflichteten Ordnung, zwei alte Freunde, die immer noch eng zusammenarbeiten.

Diese in den zwanziger Jahren geborene Generation musste wegen der damaligen Umstellung auf das neue Alphabet in ihrer Schulzeit mit wenigen Büchern auskommen. Da zur gleichen Zeit die Sufi-Orden aufgelöst wurden, die sich traditionell gegen die vom Staat vertretene Einheitsauslegung des Korans gewehrt hatten (auch schöpferischer Umgang mit der Musik sowie eigenständiges Denken und Schreiben innerhalb des Islam spielte sich zu einem großen Teil innerhalb jener Orden ab), fanden zahlreiche von der Staatsdoktrin abweichende traditionelle Denk- und Glaubensrichtungen keine Heimstatt mehr. Starker Druck wurde auch auf die linke Bewegung in der

Türkei ausgeübt. Ihre Parteien und Organisationen wurden für illegal erklärt, nicht wenige ihrer Anführer ermordet. Die eindimensional ausgerichtete, auf ihrem Verwestlichungsmodell beharrende Republik sah damals jeden kritischen Gedanken als Gefahr für ihre Modernisierungsbestrebungen an.

Wer pluralistische gesellschaftliche Ansätze vertrat und diese in Schriften verbreitete, wurde als modernitätsfeindlich und disziplinlos gegeißelt, mit Verboten belegt und somit in den Untergrund gedrängt. Nazım Hikmet, in dem Vierteljahrhundert zwischen den Gründung der Republik und 1950 der brillanteste Vertreter der modernen türkischen Lyrik, musste fast fünfzehn Jahre im Gefängnis sitzen. Da bemühte man sich einerseits um Annäherung an den Westen, verbot aber das westlich geprägte kritische Denken; dann betonte man wieder die türkische Identität, verdammte aber zugleich einen Großteil der traditionellen türkischen Kultur, und durch all diese verworrenen und widersprüchlichen politischen und kulturellen Haltungen wurde der türkischen Modernisierung ein Bärendienst erwiesen. Die republikanische Verwestlichungspolitik wusste sich gegenüber nationalistischen und demokratischen Neigungen nicht anders als mit autoritärem Gehabe zu behelfen und flüchtete sich in eine Traumwelt, und anstatt näher an den Westen heranzurücken, entfernte sich die Türkei lediglich weiter von ihrer früheren Schriftkultur und ihren Traditionen. Dass ich gegenüber meinem skandinavischen Verleger, der Istanbul ständig mit Budapest verwechselte, so stumm blieb, hatte also mit meiner Beschämung über die Einbunkerung und die kulturelle Verwilderung meines Landes zu tun. Erzählte ich dann diese Geschichte Istanbuler Intellektuellen, so erntete ich stets die gleiche Reaktion: erst einmal leichte Empörung, dann aber auch Verständnis dafür, dass der skandinavische Verleger mit Istanbul nicht recht viel anfangen konnte. Sich vor der Tradition und der Zukunft, vor dem Osten und dem Westen, vor kulturellen Auseinandersetzungen und vor der für Kulturelles unabdingbaren Komplexität zu fürchten und zu isolieren, ist den von der Republik hervorgebrachten neuen Eliten zur schlechten Angewohnheit geworden.

Dieses kulturelle Klima lässt sich wohl am ehesten als eine Art geistiger Stummheit definieren. Das ganze Land befindet sich in einem Zustand der Ruppigkeit und des Sich-gehen-Lassens, wie er notwendigerweise bei alleinlebenden Menschen auftritt, die ihr Gedächtnis und jegliche Beziehung zu ihren Angehörigen verloren haben. Die in so guter Absicht eingeleitete Verwestlichungsphase brachte leider nicht viel anderes hervor als eine Provinzialisierung der Türkei und den Vorwand für häufiges Einschreiten der Militärs. Meine Istanbuler Kindheit in den fünfziger und sechziger Jahren ist mir als eine Zeit in Erinnerung, in der es nichts Wichtigeres zu geben schien als Militärputsche, die Gefahr von Militärputschen, Ausgangssperren und politische Auseinandersetzungen. Da man nicht so sehr die westliche Kultur an sich übernahm, sondern vielmehr ihre Symbole und Zeremonien abkupferte, während die traditionelle Kultur als etwas Minderwertiges abqualifiziert wurde, entsprach dies eigentlich einer feindseligen Haltung allen Kulturen gegenüber, so dass der Provinzialität Tür und Tor geöffnet waren. Von Ausländern wurde in meiner Kindheit mit einem herablassenden Lächeln gesprochen, als seien sie ganz anders als wir. Was Künstler betrifft, so hatte man – sofern sie nicht reich und berühmt oder wichtig genug waren, um im Gefängnis zu landen – auch nur Verachtung oder bestenfalls Mitleid übrig; und um sich letzteres zu verdienen, hatten die Künstler aber zu denken wie die Mehrzahl ihrer Mitbürger. Andere Kulturen, Welten, Wissensgebiete weckten niemandes Neugier: Da galt es als pfiffiger, zu fragen, wozu solches Wissen denn gut sein sollte. Und wie es in allen provinzialisierten Kulturen der Fall ist, galt auch uns damals unsere Welt als die ganze Welt. Und doch: Irgendwie ahnten wir natürlich schon ganz vage, dass wir vom wahren Zentrum der Welt weit entfernt und abgekoppelt waren, wie mein skandinavischer Verleger mir wieder einmal zu Bewusstsein brachte.

Eine natürliche Folge dieser Abkopplung war die Überempfindlichkeit gegenüber dem, was Leute aus dem Westen über die Türkei zum besten gaben. Ich weiß ja nicht, ob es in dieser Hinsicht auf der ganzen Welt noch einmal so ein Land gibt wie die Türkei. Bis vor kurzem war es noch so, dass Touristen oder ausländische Fotografen, die in ärmlichen Vierteln verhüllte Frauen oder Träger mit riesigen Lasten auf den Schultern knipsten, oft von Leuten wütend abgewehrt wurden, denn da interessierte sich jemand für unsere negativen Seiten und wollte doch nur »ein falsches Bild von uns« vermitteln. Als Simone de Beauvoir in ihren Memoiren schrieb, bei ihrem Türkeibesuch in den sechziger Jahren sei es dort zu keiner Begegnung mit türkischen Intellektuellen gekommen, aber sie habe sich für die Kinder interessiert, die mit einer Personenwaage vor sich auf dem Gehsteig hockten und damit Geld zu verdienen hofften, löste das in der Türkei Enttäuschung aus; desgleichen, als Joseph Brodsky Mitte der achtziger Jahre vom *New Yorker* nach Istanbul entsandt wurde und nur zu berichten wusste, dass ihm die Stadt unverständlich sei und daher nicht gefalle. Und doch sind uns solche oberflächlichen Schmähungen immer noch lieber, als überhaupt nicht beachtet zu werden. Ich weiß noch, wie euphorisch ich war, als Anfang der sechziger Jahre der erste Tim-und-Struppi-Film ausgerechnet in Istanbul spielte. Und als in dem Bond-Film *Goldfinger* Sean Connery Zigaretten mit türkischem Tabak als etwas besonders Erlesenes angeboten bekam, wurde diese Szene von Istanbuler Kinobesuchern ausgiebig beklatscht.

Das gerade von Intellektuellen so beklagte Desinteresse westlicher Medien an der Türkei scheint in den letzten zwei Jahren einer vermehrten Aufmerksamkeit gewichen zu sein. Das liegt aber nicht daran, dass die Türkei etwa die ihr seit Anfang des 20. Jahrhunderts anhaftende Provinzialität abzuschütteln versuchte, sondern ganz im Gegenteil gibt sich die an der Regierung beteiligte islamistische Refah-Partei alle Mühe, Provinzialität zum Markenzeichen ihrer ganzen Innen- und Außenpolitik zu machen. Als größerer der beiden Regierungspartner setzt sie mit neuem Elan die von früheren Regierungen übernommene Praktik der Bücher- und Zeitungsverbote, der Inhaftierung von Schriftstellern und ganz allgemein der schändlichen Missachtung der Menschenrechte fort. Die traditionelle Kunst- und Kulturfeindlichkeit des Staates wird von der islamistischen Regierung übernommen und darüber hinaus mit einer Prise Westfeindlichkeit angereichert. Dass Ministerpräsident Erbakan, kaum im Amt, nichts Eiligeres zu tun hatte, als seine ersten Staatsbesuche den für ihre Isoliertheit, ihre Feindlichkeit dem Westen gegenüber und ihre Menschenrechtsverletzungen berüchtigten Ländern Libyen, Nigeria und Iran abzustatten, ist für seinen Provinzialisierungseifer das schlagendste Beispiel.

Saddam – Bush – Erdoğan

Bevor der neue türkische Ministerpräsident Tayyip Erdoğan im November 2002 mit großem Vorsprung die Wahlen gewann, wurde er von einem Großteil der türkischen Medien, die sich heute bei ihm lieb Kind machen, fortwährend beleidigt und herabgewürdigt. Nach Auffassung dieser Medien, die weniger an wahrer Demokratie und echtem Laizismus ausgerichtet sind als vielmehr am Diktat von Staat und Militär, hätte das arglose türkische Volk sich besser über Erdoğans fundamentalistische und islamistische Vergangenheit informieren sollen, bevor es ihm seine Stimme gab. Tatsächlich sind frühere Reden Erdoğans, die nun wieder veröffentlicht wurden, von einer Beschaffenheit, die jeden laizistischen Demokraten erschrecken lässt. Dennoch fanden Leute wie ich, die befürchteten, nach Erdoğans Wahl würde es zu einem Militärputsch kommen, seine neue »liberale«, am Westen und an der Europäischen Union orientierte Haltung sei fürs erste einmal ernst zu nehmen. Die staatstragende Presse dagegen behauptete, Erdoğan sei ein verkappter Fundamentalist, der, kaum an der Macht, dem türkischen Laizismus den Garaus bereiten würde.

In Istanbul geht mittlerweile der Scherz um, Erdoğan habe sich sehr wohl verstellt, aber nicht seinen islamistischen Fundamentalismus habe er kaschiert, sondern vielmehr seine Vorliebe für die Interessen des amerikanischen Militärs. Der neue Ministerpräsident tut allerdings alles, um sich der Witze, die über ihn zirkulieren, auch würdig zu erweisen. Zuerst zeigte er sich unzufrieden mit einem Parlamentsbeschluss, der der Eröffnung einer Nordfront im Irak-Krieg eine Absage erteilte. Dabei spiegelte dieser Beschluss den Willen von neunzig Prozent der türkischen Bevölkerung wider, die sich gegen den Krieg aussprachen. Ich war freudig überrascht von der

Entscheidung, auf die das Parlament meiner Ansicht nach stolz sein kann, und selbst die militär- und wirtschaftsfreundliche Presse äußerte sich positiv. Das lag nicht zuletzt an vorhergehenden Kommentaren in europäischen Medien, laut denen die Türkei sich auf einen ungewollten Krieg einlassen werde, um bei den Amerikanern abzukassieren. Insbesondere eine Karikatur, auf der die Türkei als um Uncle Sam herumscharwenzelnde Bauchtänzerin dargestellt war, empfanden viele als ehrverletzend. Die Karikatur wurde so oft abgedruckt, dass sogar der frühere Ministerpräsident Gül, der sich weniger kriegsfreudig geben wollte als Erdoğan, sie als ein Element erwähnte, das die Parlamentsentscheidung beeinflusst haben mochte. Das Thema wurde ungeheuer aufgebauscht, und angesichts der Empfindlichkeit, mit der man in der Türkei auf westliche Presseeinlassungen reagiert, hätte es mich nicht wundergenommen, wenn der Verband türkischer Bauchtänzerinnen in einem Kommuniqué darauf verwiesen hätte, dass der Bauchtanz mitnichten etwas Schändliches sei.

Da das Image einer um des Geldes willen in den Krieg ziehenden Nation jedermann geschockt hatte, zog Tayyip Erdoğan eine neue Karte aus dem Ärmel, um die Türkei zu einer Zusammenarbeit mit Bush zu bewegen: die Autonomie der Kurden im Nordirak und ihre Forderungen nach einem – horribile dictu – unabhängigen Staat. Da die nationalistischen und dem politischen Islam verpflichteten türkischen Politiker es wohl für ehrenvoller halten, das arme Kurdenvolk zu bombardieren, als einen Bauchtanz zu vollführen, werden dieser neuen Strategie durchaus Chancen eingeräumt. Schon jetzt weisen nicht wenige Kommentatoren darauf hin, im Irak könne es zu »unerwünschten Entwicklungen« kommen, und versuchen damit das Volk und unentschlossene Abgeordnete auf ihre Seite zu ziehen. Ein Kurdenstaat im Irak ist für die Türkei eine so entsetzliche Vorstellung und so stark tabuisiert, dass sich nur über »unerwünschte Entwicklungen« sprechen lässt. Nach dem Golfkrieg von 1991 hatten die Amerikaner Saddam Hussein für den Nordirak Restriktionen auferlegt und somit den halbautonomen Status der Kurden noch gestärkt. Die Bush-Regierung versteht sich ausgezeichnet darauf, die türkische Paranoia in dieser Hinsicht auszunutzen.

Dass der Generalstabschef in einer Erklärung ebenfalls von »unerwünschten Entwicklungen« sprach, bestätigte Erdoğan in seinem Bemühen, Parlament und Volk zu einer Zusammenarbeit mit Bush zu überreden. Schon vor der Parlamentsabstimmung hatte Erdoğans Partei, um die Abgeordneten zu beeindrucken, von den Militärs ein Signal der Kriegsbereitschaft zu erwirken versucht, doch die wollten sich nicht schon vor dem Parlament die Finger schmutzig machen. Als auch das Parlament dazu keine Neigung zeigte, blieb die Arbeit am neuen Ministerpräsidenten Erdoğan und an der Presse hängen, die auch sogleich die Armee um Hilfe bat. Ein Großteil der türkischen Presse schreckt trotz der im Volk verbreiteten Kriegsgegnerschaft und entgegen ihren eigenen Überzeugungen nicht davor zurück, Kriegspropaganda zu betreiben, da ein erklecklicher Teil ihrer Finanzen nicht auf den Zeitungsverkauf zurückgeht, sondern auf Bestechungsgelder, die durch diverse Machenschaften aus dem Staatssäckel eingeheimst werden. So mancher nationalistisch gesinnte türkische Kommentator, dem es in der Seele weh tat, sein Land im Westen als geldgierig verunglimpft zu sehen, betrieb nun um des eigenen Brotes willen bei seinen türkischen Lesern Kriegshetze und überzog Friedensbewegte mit Beleidigungen. Für Geld solches Zeug zu schreiben erscheint diesen Leuten ehrenwerter, als für Geld zu kämpfen. Sie mögen ja recht haben. Zumindest befinden sie sich damit auf der gleichen Linie wie einst der große schottische Schriftsteller James Boswell.

Aus dieser ironielastigen Konstellation lässt sich jedenfalls das eine schlussfolgern: Wenn die Bush-Regierung darauf aus ist, so bald wie möglich mit Saddam Hussein abzurechnen, dann hat das nichts damit tun, dass man dem Nahen Osten die Demokratie näherbringen will. Ganz im Gegenteil schwächen etwa militärische Begehrlichkeiten der Amerikaner die türkische Demokratie und tragen dazu bei, dass die Armee sich in die Politik einmischt. Nachdem Regierung und Presse auf Kurs gebracht sind, gilt es nun, die Abgeordneten einzuschüchtern, damit sie ihren Beschluss revidieren. Indem die Bush-Regierung nichts auf den Wunsch der türkischen Bevölkerung gibt und lieber mit der Armee zusammenarbeitet, schadet sie unmittelbar der türkischen Demokratie, und darüber sollte die Welt

Bescheid wissen. Schon jetzt erhöht sich in krassem Widerspruch zu dem Parlamentsbeschluss die amerikanische Truppenpräsenz in türkischen Häfen, als sei gar nichts gewesen. Wenngleich der Parlamentspräsident diese Verhöhnung der Abgeordnetenkammer mit starken Worten quittiert hat (»Mir stehen die Haare zu Berge«), scheint seinem Parteifreund Erdoğan die Lage nicht peinlich zu sein. Er und die anderen Kriegsanhänger lassen verlauten, es handele sich nicht um amerikanische Truppen, sondern lediglich um amerikanische Waffen. Die berechtigte Kritik, die wir uns jahrelang von den Amerikanern anhören mussten, nämlich dass die Türkei nicht demokratisch genug sei, hat sich dank der Bush-Regierung in die grummelnde Bemerkung verwandelt, nun sei es aber zuviel mit der Demokratie. Wer glaubt, man solle im Lande alle Entscheidungen der Armee und der Börse überlassen, dem wird hier ein schlechtes Vorbild geliefert.

Im Gegensatz zu manch anderen bin ich nicht deshalb gegen diesen Krieg, weil ich gegen die Globalisierung wäre. Der nämlich kann ich positive Seiten abgewinnen, weil sie durch den freieren Fluss von Kapital, Waren, Gedanken und Menschen dazu beiträgt, nationalistische Staaten und Diktaturen zu schwächen. Der Bush-Regierung bedeutet Globalisierung aber nicht freier Waren- und Gedankenaustausch, sondern die uneingeschränkte Möglichkeit, wann immer und wo immer Bomben einzusetzen, und sie hat bewiesen, dass sie zu diesem Zweck jederzeit bereit ist, einer Demokratie zu schaden und ihr Parlament zu missachten.

Diese Haltung, den Vereinten Nationen keine besondere Bedeutung beizumessen, für ein Zögern von Alliierten grundsätzlich kein Verständnis aufzubringen und für den eigenen militärischen Sieg mit den Streitkräften jeglicher Regionalmacht zusammenzuarbeiten, hebt sich nicht allzusehr vom Stil eines Saddam Hussein ab, für den nichts anderes zählt als die eigene Entscheidung. Dass in diesem Teil der Welt die Ungelöstheit der Palästinenserfrage dem unmoralischen Verhalten der Amerikaner angelastet wird, dürfte nicht nur zu antiamerikanischen Strömungen führen, sondern überhaupt den gegen den Westen und die Demokratie gerichteten, gewaltbereiten politischen Islamismus noch weiter anstacheln. Mit seinem »Krieg gegen den Terrorismus« kann Bush vielleicht das eine oder andere Terror-zentrum auslöschen, doch die Zahl der willigen und wütenden Ter-roristenkandidaten wird sich garantiert erhöhen.

So verspürte also Erdoğan auf der einen Seite den Druck der Armee und der Amerikaner und auf der anderen die Wut seines eigenen Volkes. Es ergeht ihm damit wie so manchem anderen Staa-tenlenker, doch von jemandem wie etwa Tony Blair trennt ihn mehr als nur die Tatsache, dass er den größten Teil seines politischen Le-bens in einer antiwestlichen und antiamerikanischen Haltung ver-harrt hat. Die Türkei, deren Schulden gegenüber westlichen Finanz-kreisen sich auf achtzig Milliarden Dollar belaufen, könnte ohne Stützung durch den Internationalen Währungsfonds in eine ähn-liche Krise geraten wie vor kurzem Argentinien. Auch haben Länder wie Deutschland und Frankreich, die sich am Krieg ebenfalls nicht beteiligen wollen, den Beschluss der türkischen Nationalversamm-lung aus irgendwelchen Gründen keiner Unterstützung gewürdigt. Und in den Jahren, als Tony Blair schon das Amt des Premiermini-sters innehaben durfte, saß Tayyip Erdoğan noch eine Gefängnis-strafe ab, die ihm auf Druck von Staat und Militär hin das Verlesen eines islamistischen Gedichtes eingetragen hatte. Dass er nun auf Druck desselben Staates und derselben Militärs das Volk auf einen Krieg einstimmen soll, den dieses vehement ablehnt, ist schon als tragisch zu bezeichnen.

Daraus ergibt sich eine weitere Konsequenz, die von der aggressi-ven Politik der Bush-Regierung hervorgerufen wird. In einer ganzen Reihe von Ländern wie der Türkei besteht die Kunst der Politik nun-mehr darin, mit linken oder islamistischen Parolen auf Stimmenfang zu gehen und danach die militärischen Interessen der Amerikaner zu bedienen. Da Erdoğan sich in dieser widrigen Lage befindet, entgeg-net er im Fernsehen auf vorwitzige Fragen von Journalisten nach sei-nen früheren Aussagen, damals sei er eben noch nicht an der Macht gewesen. Während die Mitglieder seiner Regierung und staatstreue Kommentatoren das ganz plausibel finden, müssen wir daraus fol-genden bitteren Schluss ziehen: Wenn ein türkischer Politiker nicht an der Macht ist, darf man ihm nicht trauen. Und wenn er an der Macht ist, darf Amerika ihm trauen.

Falls das türkische Parlament seine dem Volk Ehre machende Entscheidung umstoßen und eine Kriegsbeteiligung an der Seite der Amerikaner beschließen sollte, dann wird Ministerpräsident Erdoğan das Vertrauen des Volkes, das er sich über Jahre hinweg durch seinen Fleiß, sein Geschick, seine Offenheit und auch seinen Gefängnisaufenthalt erobert hatte, ziemlich schnell wieder verlieren.

Paris Review

Über die *Paris Review*-Interviews

Es gibt ein Interview mit William Faulkner, das ich 1977 in Istanbul gelesen habe wie einen heiligen Text. Ich war damals fünfundzwanzig und wohnte zusammen mit meiner Mutter in einer Wohnung mit Blick auf den Bosporus. Den ganzen Tag saß ich rauchend in meinem mit Büchern vollgestellten Zimmer und versuchte meinen ersten Roman fertigzubekommen. Einen ersten Roman schreiben, das bedeutet ja nicht nur, dass man lernt, seine eigene Geschichte als die Geschichte eines anderen Menschen zu erzählen, sondern man muss sich auch in jemanden verwandeln, der imstande ist, sich einen Roman von Anfang bis zum Ende in einer logischen Abfolge vorzustellen und dieses Vorgestellte dann auch in Worte und Sätze zu gießen. Um Schriftsteller zu werden, hatte ich mein Architekturstudium aufgegeben und mich ganz in mein Zimmer zurückgezogen. Was sollte nun aus mir werden?

Interviewer: Gibt es irgendein Rezept, um ein guter Schriftsteller zu werden?

William Faulkner: Neunundneunzig Prozent Talent ... neunundneunzig Prozent Disziplin ... neunundneunzig Prozent Arbeit. Sich nie mit dem zufriedengeben, was man geleistet hat, denn es ist nie so gut, wie es sein könnte. Immer mehr erträumen und anstreben, als man erreichen kann. Man darf nicht nur besser sein wollen als seine Zeitgenossen und seine Vorgänger, sondern besser als man selbst. Ein Künstler ist ein von Dämonen Besessener. Er weiß nicht, warum sie gerade ihn ausgewählt haben, und hat auch keine Zeit, darüber nachzudenken. Er ist völlig unmoralisch, denn er würde jedermann anbetteln, bestehlen oder berauben, um nur sein Werk vollenden zu können. Verantwortlich ist ein Schriftsteller nur für seine Kunst.

Es tat mir gut, so etwas in einem Land zu lesen, in dem die Anforderungen des Gemeinwesens über alles gehen. Ich ließ mir alle vom Penguin-Verlag herausgebrachten Bände mit *Paris Review*-Interviews schicken und las sie begeistert und mit größter Aufmerksamkeit. Den ganzen Tag allein in einem Zimmer zu sitzen und zu arbeiten, umgeben vom Geruch nach Papier und Stift, wurde mir allmählich zu einer Gewohnheit, die ich nie mehr verlieren sollte. Wenn ich bei meinem ersten Roman *Cevdet und Söhne*, der nach vier Jahren Arbeit schließlich sechshundert Seiten umfasste, irgendwie ins Stocken geriet, stand ich in meiner verrauchten Bude auf, warf mich resigniert aufs Sofa und versuchte über die Interviews mit Faulkner, Nabokov, Dos Passos, Hemingway oder Updike wieder zum Glauben an mein Schreiben und meinen eigenen Weg zu finden. In erster Linie las ich Interviews mit Schriftstellern, deren Werke mir zusagten, um zu ergründen, was ihre Geheimnisse waren und wie sie ihre Romanwelten erschaffen hatten. Mich beglückten aber auch Interviews mit Autoren, von denen ich kaum etwas wusste. Was für Gefühle jene Interviews, die ich wieder und wieder las, damals in mir auslösten, möchte ich hier im einzelnen auffächern.

1. In den Interviews der *Paris Review* ging es nicht um das jeweils letzte Werk eines Schriftstellers, für das Werbung betrieben werden musste, sondern berühmte, allgemein anerkannte Autoren verrieten, wie sie schrieben und arbeiteten, was für kleine Berufsgeheimnisse sie hatten und wie sie mit heiklen Momente ihrer Karriere fertig wurden. Aus alledem wollte ich so schnell wie möglich lernen.

2. Nicht nur die Bücher jener Schriftsteller nahm ich mir zum Vorbild, sondern auch ihre diversen Angewohnheiten und Ticks. Seit dreißig Jahren schreibe ich meine Romane mit der Hand auf kariertem Papier. Manchmal denke ich mir, dieses Papier passt eben zu meiner Arbeitsweise, aber ich erfuhr eben damals auch, dass Thomas Mann und Jean-Paul Sartre es benutzten …

3. Ich hatte kaum Kontakt zu den anderen türkischen Schriftstellern meiner Generation, und diese Einsamkeit verhieß mir für meine Zukunft nichts Gutes. Beim Lesen jener Interviews vergaß ich meine Einsamkeit. Ich erfuhr dabei, dass auch andere so beschaffen waren wie ich, dass das Anstreben unendlich ferner Ziele nicht als verwerf-

lich zu gelten hatte, dass der Überdruss am Alltagsleben nichts Krankhaftes, sondern im Gegenteil höchst vernünftig war, und dass ich meine kleinen Verschrobenheiten, die mich zum Phantasieren und zum Schreiben antrieben, ganz einfach akzeptieren und sogar gutheißen musste.

4. Ich habe durch die *Paris Review* viel darüber gelernt, wie ein Roman im Kopf entsteht, sich weiterentwickelt und sich planen lässt – oder eben auch nicht. Es kommt auch vor, dass ich auf eine bestimmte Auffassung vom Roman, die in einem der Interviews vertreten wird, heftig reagiere und mein eigenes Credo dadurch einen Wandel erfährt.

5. Als junger Mensch las ich die Lebensgeschichten von mir verehrter Schriftsteller und die Briefe Flauberts und destillierte daraus eine Moral der literarischen Moderne heraus, der jeder ernsthafte Schriftsteller verpflichtet sein müsse: Ich musste die Literatur um ihrer Schönheit willen lieben, mich ganz der Kunst widmen, ohne irgendwelchen Lohn dafür zu erwarten, und Ruhm, Erfolg und aller Effekthascherei den Rücken kehren. Dass Faulkner und andere Autoren sich energisch zu solchen Idealen bekannten, richtete mich oft wieder auf. Wenn in den ersten Jahren meines Schreibens mein Selbstvertrauen bröckelte, las ich immer wieder jene Interviews und fasste neuen Mut.

Als ich viele Jahre später selbst von der *Paris Review* interviewt wurde, las ich wieder in den alten Nummern, und mir fielen meine damaligen Hoffnungen und Befürchtungen wieder ein. Jene Interviews lösen bei mir noch immer die gleichen Emotionen aus. Wenn ich sie lese, weiß ich, dass sie mich nicht auf die falsche Fährte gelockt haben, und mit unverminderter Stärke verspüre ich in mir, was die Literatur alles geben kann, an Freuden und an Qual.

Das *Paris Review*-Interview

Dieses Interview wurde in zwei längeren Sitzungen in London und außerdem per Brief geführt. Das erste Gespräch fand im Mai 2004 statt, als Schnee *auf englisch erschien. Ein grellbeleuchteter Konferenzraum im Keller eines Hotels war dafür reserviert worden. Pamuk erschien im schwarzen Cordsamtjackett über hellblauem Hemd und dunkler Hose und erklärte:* »Hier könnten wir sterben, ohne dass uns je einer finden würde.« *Daraufhin zogen wir uns in eine stille, gemütliche Ecke der Lobby zurück und unterhielten uns drei Stunden lang, unterbrochen nur durch eine Kaffeepause.*

Im April 2005 kehrte Pamuk wegen der Veröffentlichung von Istanbul *nach London zurück, und wir ließen uns in derselben Ecke nieder und sprachen zwei Stunden lang miteinander.*

Angel Gurría-Quintana

I: Wie fühlen Sie sich, wenn Sie ein Interview geben?

O.P.: Manchmal bin ich nervös, weil ich auf dumme Fragen dumme Antworten gebe. Das passiert mir im Türkischen genauso wie im Englischen. Dann spreche ich ein schlechtes Türkisch und sage dumme Sätze. Man hat mich in der Türkei häufiger wegen meiner Interviews als wegen meiner Bücher angegriffen. In meinem Land lesen politische Polemiker und Leitartikler keine Romane.

I: Ihre Bücher werden im allgemeinen in Europa und in den USA positiv aufgenommen. Wie werden sie in der Türkei rezipiert?

O.P.: Die guten Jahre sind mittlerweile vorbei. Als ich meine ersten Bücher publizierte, war die vorausgegangene Generation von Schriftstellern im Verschwinden begriffen, und daher begrüßte man mich als neuen Autor.

I: An wen denken Sie, wenn Sie von der »vorausgegangenen Generation« sprechen?

O.P.: An jene Autoren, die ein soziales Verantwortungsgefühl besaßen und der Ansicht waren, die Literatur habe der Moral und der Politik zu dienen. Es waren eher banale Realisten, experimentiert wurde nicht. Sie vergeudeten ihr Talent, indem sie versuchten, ihrer Nation zu dienen, wie es Schriftsteller in armen Ländern oft tun. Ich wollte ihnen nicht nacheifern, denn schon in meiner Jugend waren Faulkner, Virginia Woolf oder Proust meine Lieblingsautoren gewesen, und ich hatte den sozialrealistischen Modellen eines Steinbeck oder Gorki nichts abgewinnen können. Die in den sechziger und siebziger Jahren entstandene Literatur war allmählich überholt, daher hieß man mich als Autor einer neuen Generation willkommen.

Ab Mitte der neunziger Jahre, als meine Bücher Auflagen erreichten, die bis dahin in der Türkei undenkbar gewesen waren, waren meine Flitterwochen (oder vielmehr Flitterjahre) mit der türkischen Presse und den türkischen Intellektuellen vorbei. Von da an reagierte die Kritik hauptsächlich auf meinen Prominentenstatus und die Auflagenzahlen und weit weniger auf den Inhalt meiner Bücher. Inzwischen bin ich leider berühmt-berüchtigt wegen meiner politischen Kommentare, die zumeist aus im Ausland geführten Interviews herausgelesen und schamlos manipuliert werden von nationalistischen türkischen Journalisten, die es darauf abgesehen haben, mich radikaler und politisch naiver erscheinen zu lassen, als ich in Wirklichkeit bin.

I: Gibt es also eine gehässige Reaktion auf Ihre Popularität?

O.P.: Ich bin absolut überzeugt, dass es eine Art Bestrafung für den Verkaufserfolg meiner Bücher und für meine politischen Kommentare ist. Ich will aber nicht darauf herumreiten, weil es defensiv klingt. Vielleicht stelle ich das Ganze ja auch etwas falsch dar.

I: Wo schreiben Sie?

O.P.: Ich war immer der Ansicht, man sollte nicht an dem Ort schreiben, an dem man schläft oder den man mit seinem Partner teilt. Die häuslichen Rituale und Details töten in gewisser Hinsicht die Vorstellungskraft. Sie töten den Dämon in mir. Das fade tägliche Einerlei drängt die Sehnsucht nach der anderen Welt, die die Phantasie braucht, um wirksam zu werden, in den Hintergrund. Also hatte ich jahrelang ein Büro oder ein kleines Apartment, wo ich schreiben konnte, außerhalb meiner Wohnung. Ich hatte immer verschiedene Wohnungen.

Allerdings verbrachte ich einmal ein halbes Semester in den Vereinigten Staaten, als meine Exfrau an der Columbia University promovierte. Wir wohnten in einem Apartment für verheiratete Studenten und hatten wenig Platz, so dass ich im selben Raum schlafen und schreiben musste. Überall lag häuslicher Kram herum, und das störte mich. Also verabschiedete ich mich morgens von meiner Frau, als ginge ich zur Arbeit, verließ das Haus, spazierte ein paar Häuserblocks weit und kam wieder zurück, als ginge ich ins Büro.

Vor zehn Jahren fand ich ein Apartment, von dem aus man über den Bosporus und auf die Altstadt blickt, vielleicht eine der schönsten Aussichten von ganz Istanbul. Von der Wohnung, wo ich lebe, brauche ich zu Fuß fünfundzwanzig Minuten. Es ist vollgestopft mit Büchern, und vom Schreibtisch aus genieße ich die Aussicht. Im Durchschnitt verbringe ich dort täglich zehn Stunden.

I: Zehn Stunden?

O.P.: Ja, ich arbeite viel und gern. Man sagt mir nach, ich sei ehrgeizig, und vielleicht ist da etwas dran. Aber ich liebe das, was ich tue. Ich sitze gern an meinem Schreibtisch, wie ein Kind, das mit seinem Spielzeug spielt. Im wesentlichen ist es natürlich Arbeit, aber gleichzeitig macht es Spaß.

I: Ihr Namensvetter Orhan, der Erzähler von *Schnee*, schildert sich als einen Schreiber, der sich täglich zur gleichen Zeit an die Arbeit macht. Sind Sie ebenso diszipliniert, wenn Sie schreiben?

O.P.: Ich habe den Charakter des Romanciers als den eines Schreibers betont im Unterschied zur Tätigkeit des Lyrikers, der in der türkischen Tradition ein ungeheures Prestige genießt. Als Dichter ist man beliebt und geachtet. Die meisten osmanischen Sultane und Staatsmänner waren zugleich Dichter, wenngleich nicht so, wie man es heute versteht. Jahrhundertelang war das Verfassen von Gedichten eine Möglichkeit, sich als Intellektuellen darzustellen. Die meisten dieser Lyriker versammelten ihre Gedichte in Manuskripten, den Diwanen, und die osmanische höfische Dichtung wird Diwandichtung genannt. Die Hälfte aller osmanischen Staatsmänner schuf solche Diwane – eine raffinierte und hochgebildete Art des Schreibens mit zahlreichen Vorschriften und Ritualen, sehr konventionell und sehr repetitiv. Als westliches Gedankengut Einfluss in der Türkei gewann, verband sich dieses Erbe mit der modernen romantischen Vorstellung vom Dichter, der von der Suche nach Wahrheit besessen ist. Das erhöhte noch die Wertschätzung des Lyrikers. Im Gegensatz dazu ist der Romancier in erster Linie jemand, der geduldig lange Strecken zurücklegt, ganz langsam, wie eine Ameise. Ein Romancier beeindruckt uns nicht durch seine dämonische und romantische Vision, sondern durch seine Geduld.

I: Haben Sie je Gedichte geschrieben?

O.P.: Das werde ich oft gefragt. Mit Achtzehn schrieb ich welche, und ein paar wurden sogar in der Türkei publiziert, aber dann hörte ich damit auf. Meine Erklärung dafür: Mir wurde bewusst, dass ein Dichter jemand ist, durch den Gott spricht. Man muss von der Dichtung besessen sein. Ich versuchte mich in der Lyrik, aber nach einiger Zeit erkannte ich, dass Gott nicht zu mir sprach. Das bedauerte ich, und dann stellte ich mir vor, was Gott sagen würde, wenn er durch mich spräche. Und so begann ich, sehr gewissenhaft und sehr langsam zu schreiben, um das herauszufinden. Das ist das Schreiben von Prosa, von Fiktion. Also arbeite ich wie ein Angestellter, wie ein Schreiber. Manche Autoren halten diesen Begriff für einigermaßen ehrenrührig, aber ich akzeptiere ihn: ich arbeite wie ein Schreiber.

I: Würden Sie sagen, dass das Schreiben von Prosa für Sie im Lauf der Zeit leichter geworden ist?

O.P.: Leider nicht. Manchmal meine ich, mein Protagonist müsse jetzt einen Raum betreten, aber ich weiß nicht, wie ich ihn dazu bringen soll. Vielleicht besitze ich mittlerweile mehr Selbstvertrauen, aber das ist nicht unbedingt hilfreich, denn dann verzichtet man auf Experimente und schreibt einfach nieder, was einem gerade einfällt. Seit dreißig Jahren schreibe ich Prosa, und eigentlich sollte ich ein bisschen dazugelernt haben. Und dennoch gelange ich manchmal in eine Sackgasse, von der ich mir nichts träumen ließ. Eine Figur kann ein Zimmer nicht betreten, und ich weiß nicht, was tun. Auch jetzt noch nicht, nach dreißig Jahren.

Für meine Planung ist die Aufteilung eines Buchs in Kapitel sehr wichtig. Wenn ich einen Roman schreibe und die Handlung schon im voraus kenne – was meist der Fall ist –, teile ich ihn zuerst in Kapitel auf und denke mir die Details aus, die jeweils vorkommen sollen. Ich fange nicht notwendig mit dem ersten Kapitel an und schreibe dann die anderen der Reihenfolge nach. Wenn ich an einer Stelle nicht weiterkomme, was für mich nicht gravierend ist, mache ich mit etwas anderem weiter, worauf ich gerade Lust habe. Es kommt vor, dass ich das erste bis zum fünften Kapitel schreibe, und wenn es mir keinen Spaß macht, mache ich einfach weiter bei Kapitel fünfzehn.

I: Bedeutet das, dass Sie das ganze Buch im voraus genau planen?

O.P.: Alles. Zum Beispiel habe ich den vielen Figuren, die in *Rot ist mein Name* vorkommen, eine bestimmte Anzahl von Kapiteln zugewiesen. Beim Schreiben wollte ich manchmal für längere Zeit eine dieser Figuren »sein«. Als ich zum Beispiel eins der Şeküre-Kapitel zu Ende geschrieben hatte, sagen wir, Kapitel sieben, ging ich gleich zu Kapitel elf über, in dem sie wieder zu Wort kommt. Ich war gern Şeküre. Unmittelbar von einer Figur zur nächsten überzugehen kann deprimierend sein.

Aber das letzte Kapitel schreibe ich immer zum Schluss. Das geht gar nicht anders. Ich stelle mir gern die Frage, wie das Ende aussehen soll. Und ich kann es nur ein einziges Mal schreiben. Kurz vor dem Ende überarbeite ich einen Großteil der frühen Kapitel.

I: Liest jemand mit, während Sie noch am Schreiben sind?

O.P.: Ich lese immer das Geschriebene der Person vor, die mein Leben teilt. Und ich bin immer dankbar, wenn diese Person mich auffordert, ihr mehr zu zeigen, ihr das zu zeigen, was ich am jeweiligen Tag geschrieben habe. Das sorgt nicht nur ein wenig für den notwendigen Druck, sondern es ist auch ein bisschen so, wie wenn einem der Vater oder die Mutter auf die Schulter klopft und sagt: Gut gemacht! Und hin und wieder sagt diese Person dann auch: Tut mir leid, das nehme ich dir nicht ab. Und das ist gut so, mir gefällt dieses Ritual.

Ich denke dabei oft an Thomas Mann, eins meiner Vorbilder. Er versammelte gern seine gesamte Familie um sich, die sechs Kinder und seine Frau, und las ihnen dann vor. Das gefällt mir. Papa, der eine Geschichte erzählt.

I: In Ihrer Jugend wollten Sie Maler werden. Wann wurde Ihre Liebe zum Schreiben stärker als Ihre Liebe zum Malen?

O.P.: Im Alter von zweiundzwanzig Jahren. Seit meinem siebten Lebensjahr wollte ich Maler werden, und meine Familie hatte das akzeptiert. Alle glaubten, ich würde einmal ein berühmter Maler. Aber dann passierte irgend etwas in meinem Kopf. Ich hörte zu malen auf und begann sofort meinen ersten Roman zu schreiben.

Ich weiß nicht, was meine Gründe dafür waren. Ich habe vor kurzem ein Buch mit dem Titel *Istanbul* veröffentlicht. Die eine Hälfte ist meine Autobiographie bis heute, die andere ist ein Essay über Istanbul oder genauer gesagt die Vorstellung eines Kindes von Istanbul. Das Buch kombiniert Gedanken über Bilder und Landschaften und die Chemie einer Stadt mit der Wahrnehmung, die ein Kind von dieser Stadt hat, und mit der Autobiographie dieses Kindes. Der letzte Satz des Buchs lautet: »›Ich werde nicht Maler‹, sagte ich. ›Ich werde Schriftsteller.‹« Und das wird nicht erklärt, auch wenn vielleicht die Lektüre des ganzen Buchs manches erklären mag.

I: War Ihre Familie denn glücklich über diese Entscheidung?

O.P.: Meine Mutter war empört. Mein Vater zeigte mehr Verständnis, weil er in seiner Jugend Dichter hatte werden wollen und Valéry ins Türkische übersetzt hatte. Als sich die Kreise aus der Oberschicht, der er angehörte, deshalb über ihn lustig machten, gab er auf.

I: Ihre Familie akzeptierte also, dass Sie Maler, nicht aber, dass Sie Schriftsteller werden wollten?

O.P.: Ja, weil sie nicht glaubten, dass ich hauptberuflich Maler sein würde. Nach der Familientradition war die Ingenieurlaufbahn vorgezeichnet. Mein Großvater war Bauingenieur und verdiente mit dem Bau von Eisenbahnen viel Geld, das dann meine Onkel und mein Vater verloren. Aber sie gingen alle auf dieselbe Hochschule, die Technische Universität Istanbul. Von mir wurde ebenfalls erwartet, dass ich sie besuchte, und ich war auch damit einverstanden. Da ich der Künstler in der Familie war, ging man allerdings davon aus, dass ich Architekt würde. Das schien eine befriedigende Lösung für alle. Also besuchte ich die Universität, aber während des Architekturstudiums hörte ich plötzlich mit dem Malen auf und begann Romane zu schreiben.

I: Hatten Sie schon Ihren ersten Roman im Kopf, als Sie beschlossen, das Studium an den Nagel zu hängen? Hörten Sie deshalb auf?

O.P.: Soweit ich mich erinnere, wollte ich Schriftsteller sein, bevor ich wusste, was ich schreiben sollte. Ich hatte zwei, drei Fehlstarts. Die Notizbücher besitze ich immer noch. Aber nach ungefähr einem halben Jahr begann ich ein umfangreiches Romanprojekt, das dann unter dem Titel *Cevdet und Söhne* publiziert wurde. Es ist im wesentlichen eine Familiensaga, wie die *Forsyte Saga* von Galsworthy oder Thomas Manns *Buddenbrooks*. Bald nachdem ich das Buch abgeschlossen hatte, bereute ich, etwas so Altmodisches geschrieben zu haben, einen Roman wie aus dem 19. Jahrhundert. Als er dann schließlich veröffentlicht wurde, war ich dreißig und schrieb weitaus experimenteller.

I: Wenn Sie sagen, Sie wollten moderner, experimenteller schreiben: hatten Sie da ein bestimmtes Modell vor Augen?

O.P.: Damals waren für mich die großen Schriftsteller nicht mehr Tolstoi, Dostojewski, Stendhal oder Thomas Mann, sondern meine Helden waren Virginia Woolf und Faulkner. Inzwischen würde ich dieser Liste Proust und Nabokov hinzufügen.

I: Der erste Satz in Ihrem Roman *Das neue Leben* lautet: »Eines Tages las ich ein Buch, und mein ganzes Leben veränderte sich.« Hat je ein Buch diese Wirkung auf Sie gehabt?

O.P.: *Schall und Wahn* von Faulkner war für mich im Alter von einundzwanzig, zweiundzwanzig Jahren außerordentlich wichtig. Ich kaufte mir ein Exemplar der Penguinausgabe, aber der Roman war nicht leicht zu verstehen, schon gar nicht mit meinem kümmerlichen Englisch. Aber es gab eine hervorragende türkische Übersetzung, also legte ich die türkische und die englische Ausgabe nebeneinander auf den Tisch und las einen halben Absatz erst in der einen, dann in der anderen Fassung. Das Buch hinterließ bei mir einen tiefen Eindruck. Was davon übrigblieb, war die Stimme, die ich entwickelte. Bald begann ich in der ersten Person Singular zu schreiben. Meist ist es mir lieber, jemand anders zu verkörpern, als in der dritten Person zu schreiben.

I: Es dauerte also Jahre, bis Sie einen Verlag für Ihren ersten Roman fanden?

O. P.: Als ich Mitte Zwanzig war, hatte ich keine literarisch ambi-
tionierten Freunde, gehörte nicht zu irgendeiner literarischen Gruppe
in Istanbul. Die einzige Möglichkeit, mein Buch zu veröffentlichen,
war, es bei einem Wettbewerb einzureichen, der für unveröffentlichte
Manuskripte ausgeschrieben war. Ich gewann den Preis, der darin
bestand, dass das Buch von einem renommierten, großen Verlag veröffentlicht würde. Damals ging es der Türkei in wirtschaftlicher Hinsicht gar nicht gut. Man gab mir zwar einen Vertrag, verschob dann
aber die Publikation.

I: Funktionierte es mit Ihrem zweiten Roman leichter, schneller?

O. P.: Der zweite Roman war ein politisches Buch, wenn auch keine
Propaganda. Ich schrieb bereits daran, während ich auf das Erscheinen des ersten Buchs wartete. Ich hatte ungefähr zweieinhalb Jahre
lang daran gearbeitet. Dann kam es plötzlich, im Jahr 1980, praktisch
über Nacht zu einem Militärcoup. Am Tag darauf erklärte der Verleger, der eigentlich *Cevdet und Söhne* hatte publizieren wollen, er werde
das Buch jetzt doch nicht veröffentlichen – obwohl es einen Vertrag
gab. Da wurde mir klar: Selbst wenn ich mein zweites Buch, das politische Buch, noch am selben Tag abschließen würde, könnte es nicht
innerhalb der nächsten fünf, sechs Jahre erscheinen, weil die Militärregierung es nicht zulassen würde. Also überlegte ich mir folgendes:
Mit zweiundzwanzig Jahren wollte ich Schriftsteller werden, schrieb
sieben Jahre lang in der Hoffnung, in der Türkei etwas publizieren zu
können – und nichts dergleichen geschah. Nun bin ich beinahe dreißig, und es besteht keinerlei Möglichkeit, irgend etwas zu veröffentlichen. Irgendwo in einer Schublade befindet sich immer noch das
250-Seiten-Manuskript dieses unvollendeten politischen Romans.

Um nicht allzu deprimiert zu werden, begann ich unmittelbar
nach dem Militärcoup ein drittes Buch, den Roman, den Sie soeben
erwähnten: *Das stille Haus*. Daran arbeitete ich 1982, als mein erstes
Buch endlich publiziert wurde. *Cevdet* wurde positiv aufgenommen,
und das bedeutete, dass auch das Buch, an dem ich damals schrieb,
veröffentlicht werden konnte. Mein drittes Buch war also das zweite,
das publiziert wurde.

I: Warum konnte Ihr Buch unter der Militärregierung nicht erscheinen?

O. P.: Die Protagonisten waren junge Marxisten aus der Oberschicht. Ihre Eltern verbrachten die Sommerferien am Meer, sie besaßen geräumige, luxuriöse Häuser und liebäugelten mit dem Marxismus. Sie stritten sich dauernd, waren eifersüchtig aufeinander und planten, den Ministerpräsidenten in die Luft zu jagen.

I: Eine *jeunesse dorée*, die mit der Revolution kokettierte?

O. P.: Junge Menschen aus der Oberschicht mit den Gewohnheiten reicher Leute, die sich ultraradikal gebärdeten. Aber ich fällte kein moralisches Urteil über sie, sondern verklärte in gewisser Hinsicht meine Jugend. Allein schon die Idee, den Ministerpräsidenten mit einer Bombe zu töten, hätte ausgereicht, damit das Buch verboten worden wäre.

Ich schrieb es also nicht zu Ende. Und dann verändert man sich auch beim Schreiben. Man kann nicht mehr dieselbe Rolle annehmen, man kann nicht weitermachen wie zuvor. Jedes Buch, das ein Autor schreibt, repräsentiert eine Phase seiner Entwicklung. Die eigenen Bücher können als Meilensteine der geistigen Entwicklung betrachtet werden. Es gibt also kein Zurück. Ist ein fiktionaler Spannungsbogen erst einmal verlorengegangen, so lässt er sich nicht wieder verwenden.

I: Wenn Sie mit Ideen experimentieren, wie wählen Sie dann die Form Ihrer Romane? Beginnen Sie mit einem Bild, einem ersten Satz?

O. P.: Es gibt keine einheitliche Formel. Aber ich lege darauf Wert, keine zwei Romane auf dieselbe Art und Weise zu schreiben. Ich versuche, alles anders zu machen. Deshalb erklären viele meiner Leser, dieser oder jener bestimmte Roman habe ihnen gefallen, es sei schade, dass ich nicht mehr solcher Romane geschrieben hätte, oder sie sagen, noch nie hätten sie meine Bücher gemocht, bis dann dieses eine … Das heiß es insbesondere vom *Schwarzen Buch*. So etwas höre ich gar nicht gern. Es macht Spaß, und es ist eine Herausforderung, mit Form und Stil, mit der Sprache, der Stimmung und den Rollen zu experimentieren und jedes Buch anders zu konzipieren.

Das Thema eines Buchs kann aus verschiedenen Quellen kommen. In *Rot ist mein Name* wollte ich über meinen Wunsch schreiben, Maler zu werden. Ich fing zunächst falsch an, begann mit einem monographischen Buch, das sich auf einen einzigen Maler konzentrierte. Dann machte ich aus dem einen Maler verschiedene Künstler, die zusammen in einem Atelier arbeiteten. Der Standpunkt veränderte sich, weil nun auch andere Maler das Wort ergriffen. Zunächst wollte ich über einen zeitgenössischen Maler schreiben, aber dann fand ich, dass dieser türkische Maler vielleicht zu sehr vom Westen beeinflusst sein könnte, und ging daher zurück in die Zeit der Illustratoren. Auf diese Weise fand ich mein Thema.

Manche Themen benötigen auch bestimmte formale Neuerungen oder andere Strategien des Erzählens. Manchmal hat man zum Beispiel gerade etwas gesehen oder gelesen oder war in einem Film oder las einen Zeitungsartikel, und dann überlegt man, man könnte ja vielleicht eine Kartoffel oder einen Hund oder einen Baum sprechen lassen. Wenn man einmal den Grundeinfall hat, denkt man auch über Symmetrie und den roten Faden der Handlung nach. Und man hat das Gefühl: Wunderbar, so hat das bisher noch keiner gemacht.

Und schließlich denke ich über manche Dinge jahrelang nach. Ich habe vielleicht ein paar Ideen, und über die spreche ich dann mit meinen engsten Freunden. Ich besitze jede Menge Notizbücher für mögliche zukünftige Romane. Manchmal schreibe ich sie dann gar nicht, aber wenn ich ein Notizbuch öffne und beginne, Dinge aufzuschreiben, ist es ziemlich wahrscheinlich, dass ein Roman daraus wird. Es kann also sein, dass ich mich für eins dieser neuen Projekte erwärme und zwei Monate nach Beendigung eines Romans mit dem nächsten anfange.

I: Viele Schriftsteller sprechen nie über eine im Entstehen begriffene Arbeit. Bewahren auch Sie darüber Stillschweigen?

O. P.: Ich spreche nie über die Geschichte als solche. Wenn ich bei offiziellen Anlässen gefragt werde, woran ich gerade arbeite, habe ich eine aus einem Satz bestehende Routineantwort: An einem Roman, der in der heutigen Türkei spielt. Ich teile mich nur sehr wenigen Menschen gegenüber mit und nur, wenn ich weiß, dass sie mir nicht weh tun werden. Worüber ich aber durchaus spreche, sind einzelne Gags: zum Beispiel, dass ich eine Wolke sprechen lasse. Es macht mir Spaß, zu sehen, wie Leute darauf reagieren. Es ist reichlich kindisch, aber während ich *Istanbul* schrieb, machte ich das oft. Ich verhalte mich dann wie ein verspieltes Kind, das seinem Vater zeigen will, wie gescheit es ist.

I: Das Wort »Gag« hat einen eher negativen Beigeschmack.

O.P.: Am Anfang ist es ein Gag, doch wenn man an seinen literarischen und moralischen Ernst glaubt, wird er am Ende zu einer seriösen literarischen Erfindung, zu einem literarischen Statement.

I: Die Kritik charakterisiert Ihre Romane oft als postmodern. Mir scheint hingegen eher, dass Sie Ihre erzählerischen Tricks in erster Linie aus traditionellen Quellen beziehen. So zitieren Sie beispielsweise aus den *Märchen aus Tausendundeiner Nacht* und anderen klassischen Quellen der orientalischen Tradition.

O.P.: Das begann mit dem *Schwarzen Buch*, doch hatte ich Borges und Calvino schon vorher gelesen. 1985 ging ich mit meiner Frau in die Vereinigten Staaten, und dort begegnete mir zum erstenmal der ungeheure Reichtum der amerikanischen Kultur. Als aus dem Nahen Osten stammender Türke, der sich als Schriftsteller etablieren wollte, fühlte ich mich eingeschüchtert. Also wandte ich mich rückwärts, kehrte zu meinen »Wurzeln« zurück. Mir wurde klar, dass meine Generation eine moderne Nationalliteratur erfinden musste.

Borges und Calvino befreiten mich. Die Vorstellung von einer traditionellen islamischen Literatur war so reaktionär, so politisch, von Konservativen auf so altmodische und dümmliche Art und Weise ausgenutzt worden, dass ich mir nicht vorstellen konnte, mit diesem Material je etwas anfangen zu können. Aber dann, in den Vereinigten Staaten, erkannte ich, dass ich auf dieses Material zurückgreifen konnte, wenn ich es im Sinne von Borges oder Calvino gebrauchte. Zunächst musste ich deutlich unterscheiden zwischen den religiösen und literarischen Konnotationen der islamischen Literatur, damit ich mir ihren Reichtum an Tricks, Gags und Parabeln aneignen konnte. Die Türkei besitzt eine höchst raffinierte Tradition an hochkodifizierter Literatur. Doch die sozial engagierten Autoren trieben unserer Literatur den innovativen Inhalt aus.

Es gibt eine Unmenge von Allegorien, die in den verschiedenen Traditionen mündlichen Erzählens wiederholt werden – in China, Indien, Persien. Ich beschloss, sie zu nutzen und ins heutige Istanbul zu verlegen. Es ist ein Experiment, wie eine dadaistische Collage.

Das *Schwarze Buch* ist so konzipiert. Manchmal werden all diese Quellen miteinander kombiniert, und es entsteht etwas Neues. Ich siedelte also diese umgeschriebenen Geschichten in Istanbul an, fügte einen Krimiplot hinzu, und heraus kam das *Schwarze Buch*. Aber dem Buch zugrunde lag die ganze Stärke der amerikanischen Kultur und mein Wunsch, ein seriöser experimenteller Autor zu sein. Ich konnte keinen gesellschaftlichen Kommentar über die Probleme der Türkei schreiben – das machte mir angst. Also musste ich etwas anderes versuchen.

I: Waren Sie je daran interessiert, mittels der Literatur die Gesellschaft zu kommentieren?

O.P.: Nein. Ich reagierte auf die ältere Generation von Romanciers, besonders in den achtziger Jahren. Bei allem Respekt muss ich doch sagen, ihre Themen waren sehr begrenzt und lokal.

I: Kommen wir noch einmal auf die Zeit zu sprechen, bevor Sie das *Schwarze Buch* schrieben. Was war die Inspiration für die *Weiße Festung*? In diesem Roman nehmen Sie zum erstenmal ein Thema auf, das sich wie ein roter Faden durch Ihre späteren Romane zieht: den Rollentausch. Warum taucht dieses Motiv so oft bei Ihnen auf?

O.P.: Es geht dabei um etwas sehr Persönliches: Ich habe einen sehr kompetitiven Bruder, der nur eineinhalb Jahre älter ist als ich. In gewisser Weise war er mein Vater – mein Freudscher Vater sozusagen. Er war es, der mein Alter ego wurde, die Verkörperung von Autorität. Andererseits gab es auch eine zwar konkurrierende, doch zugleich brüderliche Kameradschaft zwischen uns – eine sehr komplizierte Beziehung. In *Istanbul* habe ich ausführlich darüber geschrieben. Ich war ein typischer türkischer Junge, war gut im Fußballspielen und begeisterte mich für alle möglichen Spiele und Wettkämpfe. Er hingegen war ein besserer Schüler als ich. Ich war eifersüchtig auf ihn und er auf mich. Er war der Vernünftige und Verantwortungsvolle, der, an den sich alle Lehrer und sonstigen Vorgesetzten wandten. Während ich mich mit Spielen beschäftigte, beschäftigte er sich mit Regeln und Vorschriften. Andauernd lagen wir im Wettstreit miteinander. Und ich stellte mir vor, ich sei er – oder etwas Ähnliches. Dadurch entstand eine Art Modell. Neid, Eifersucht, das sind Themen, die mir sehr nahe sind. Ich frage mich immer, wieweit die Stärke oder der Erfolg meines Bruders mich beeinflusst haben könnte. Das ist ein ganz wesentlicher Teil meines Denkens, ich bin mir dessen bewusst und lege daher eine gewisse Distanz zwischen mich und diese Gefühle. Ich weiß, dass es böse Empfindungen sind, deshalb bin ich als zivilisierter Mensch entschlossen, sie zu bekämpfen. Ich sage nicht, ich sei ein Opfer der Eifersucht, aber das ist nun mal der Punkt, an dem ich besonders empfindlich bin. Und natürlich wird das schließlich zum Thema all meiner Geschichten. So basiert beispielsweise die sadomasochistische Beziehung zwischen den beiden Protagonisten in der *Weißen Festung* auf meiner Beziehung zu meinem Bruder.

Andererseits spiegelt sich das Thema der vertauschten Rollen auch in der komplizierten Haltung der Türken gegenüber der abendländischen Zivilisation. Erst nachdem ich *Die weiße Festung* beendet hatte, erkannte ich, dass diese Eifersucht – die Angst, man könnte von jemand anders beinflusst werden – daran erinnert. Ich meine, dass man versucht, eine westliche Haltung anzunehmen, und dann bezichtigt wird, nicht authentisch genug zu sein. Dass man versucht, den Geist Europas in sich aufzunehmen, und sich dann wegen dieses imitatorischen Impulses schuldig fühlt. Dieses Wechselbad ähnelt der Beziehung zwischen konkurrierenden Brüdern.

I: Glauben Sie, dass die beständige Konfrontation zwischen den östlichen und den westlichen Bestrebungen der Türkei jemals friedlich gelöst werden kann?

O. P.: Ich bin Optimist. Die Türkei sollte sich nicht grämen, weil sie zu zwei verschiedenen Kulturen gehört und zwei Seelen hat. Schizophrenie macht einen intelligent. Man verliert vielleicht seine Beziehung zur Realität – ich bin Romancier, also halte ich das nicht für so schlimm –, aber man sollte sich wegen der eigenen Schizophrenie keine Sorgen machen. Sorgt man sich zu sehr darum, dass der eine Teil von einem selbst den anderen töten könnte, hat man am Ende nur noch eine einzige Seele. Und das ist schlimmer als schizophren sein, meiner Theorie nach. Diesen Standpunkt vertrete ich innerhalb der türkischen Politik, unter türkischen Politikern, die verlangen, das Land solle eine konsequente Seele besitzen, also entweder dem Osten oder dem Westen zugehören oder nationalistisch sein. Ich kritisiere diese eindimensionale Perspektive.

I: Und wie wird das in der Türkei aufgenommen?

O.P.: Je mehr sich der Gedanke einer demokratischen, liberalen Türkei durchsetzt, desto mehr wird meine Ansicht akzeptiert. Nur mit dieser Perspektive kann die Türkei der Europäischen Union beitreten. Es ist ein Weg, um gegen Nationalismus zu kämpfen, gegen die Rhetorik des »Wir gegen sie«.

I: Aber so, wie Sie in *Istanbul* die Stadt romantisch verklären, scheinen Sie den Untergang des Osmanischen Reichs zu beklagen.

O.P.: Nein, das tue ich nicht. Ich bin jemand, der sich für die Verwestlichung einsetzt. Und ich bin froh, dass ein Prozess der Verwestlichung stattgefunden hat. Ich kritisiere nur die Beschränktheit, mit der die herrschende Elite, ich meine sowohl das Beamtentum als auch die Neureichen, die Verwestlichung betrachtete. Es fehlte ihnen das notwendige Vertrauen, um eine nationale Kultur mit einer Fülle eigener Symbole und Rituale zu schaffen. Sie strebten nicht danach, eine Istanbuler Kultur zu kreieren, die eine organische Verbindung zwischen Ost und West hätte sein können, sondern sie plazierten einfach nur Östliches und Westliches nebeneinander. Natürlich gab es eine starke lokale osmanische Kultur, aber die geriet immer mehr in den Hintergrund. Sie hätten eine starke lokale Kultur erfinden müssen, die eine Kombination – nicht eine Imitation – orientalischer Vergangenheit und abendländischer Gegenwart hätte sein können. So etwas versuche ich in meinen Büchern. Wahrscheinlich werden es auch künftige Generationen versuchen, und der Eintritt in die EU wird nicht die türkische Identität zerstören, sondern sie wird davon profitieren, und wir werden mehr Freiheit und Selbstvertrauen erlangen, um eine neue türkische Kultur zu erfinden. Entweder sklavisch den Westen nachzuahmen oder sklavisch die dahingegangene osmanische Kultur zu imitieren, das ist nicht die Lösung. Man sollte sich nicht davor fürchten, zu sehr der einen oder der anderen Kultur anzugehören.

I: In *Istanbul* scheinen Sie sich aber mit dem fremden, dem westlichen Blick auf Ihre Stadt zu identifizieren.

O.P.: Aber ich erkläre auch, warum sich ein dem Westen gegenüber aufgeschlossener türkischer Intellektueller mit dem westlichen Blick identifizieren kann. Die Entstehung der Stadt Istanbul ist ein Prozess der Identifikation mit dem Westen. Es gibt immer diese Zweiteilung, und man kann sich auch leicht mit dem Zorn der Orientalen identifizieren. Jeder ist mal ein Orientale, mal ein Abendländer – eigentlich beständig eine Kombination aus beidem. Mir gefällt Edward Saids Idee des Orientalismus, aber da die Türkei nie eine Kolonie war, war die romantische Verklärung der Türkei nie ein Problem für die Türken. Der Abendländer hat den Türken nicht auf die gleiche Weise gedemütigt wie den Araber oder den Inder. Istanbul wurde nur zwei Jahre lang von einer fremden Macht besetzt, und die Schiffe des Feindes verschwanden wieder, so wie sie gekommen waren. Das hinterließ also keine schlimmen Narben im Gedächtnis der Nation. Was freilich tiefe Narben hinterließ, war der Verlust des Osmanischen Reichs, aber ich fürchte mich nicht davor, dass Menschen aus dem Westen auf mich herabsehen könnten. Allerdings waren viele Türken nach der Gründung der Republik eingeschüchtert, weil sie dem Westen nacheifern wollten, aber nicht weit genug gehen konnten. Das hinterließ ein Gefühl kultureller Minderwertigkeit, mit dem wir es heute zu tun haben und das auch ich manchmal empfinde.

Andererseits sind die Narben nicht so tief wie bei Nationen, die zweihundert Jahre lang kolonisiert waren. Die Türken sind nie von westlichen Mächten unterdrückt worden. An der Unterdrückung, unter der die Türken litten, waren wir selbst schuld: Wir löschten unsere Geschichte aus, weil es praktisch war. Doch die Verwestlichung, der wir uns selbst unterzogen, brachte auch die Isolation mit sich. Die Inder sahen sich ihren Unterdrückern von Angesicht zu Angesicht gegenüber, aber die Türken waren seltsam isoliert von der westlichen Welt, die sie nachahmten. Wenn in den fünfziger und sogar noch in den sechziger Jahren ein Ausländer im Istanbuler Hilton abstieg, wurde das in allen Zeitungen erwähnt.

I: Glauben Sie, dass es einen Kanon gibt oder dass es überhaupt einen geben sollte? Wir hören von einem westlichen Kanon, aber wie steht es mit einem nichtwestlichen?

O.P.: Ja, es gibt in der Tat einen anderen Kanon. Man sollte ihn erforschen, entwickeln, mit den anderen teilen, ihn kritisieren und dann akzeptieren. Im Augenblick ist der sogenannte orientalische Kanon ein Desaster. Wir haben all diese phantastischen Texte, aber niemand bemüht sich, sie zusammenzustellen. Von den persischen Klassikern bis zu den indischen, chinesischen und japanischen Texten sollte man prüfen, was dazugehören soll. Derzeit befindet sich der Kanon in den Händen westlicher Wissenschaftler. Dort ist das Zentrum von Verteilung und Kommunikation.

I: Der Roman ist ein typisch abendländisches Genre. Hat er auch einen Platz innerhalb der orientalischen Tradition?

O.P.: Der moderne Roman, losgelöst von der epischen Form, ist im wesentlichen keine orientalische Spielart. Schließlich ist der Romancier jemand, der nicht zu einer Gemeinschaft gehört, der nicht die grundlegenden Instinkte einer Gemeinschaft teilt und der mittels einer anderen Kultur denkt und urteilt als der, in der er selbst lebt. Nachdem sein Bewusstsein sich von dem der Gemeinschaft, der er angehört, unterscheidet, ist er ein Außenseiter, ein Einzelgänger. Und der Reichtum dessen, was er schreibt, entstammt dieser voyeuristischen Außenseiterposition.

Wenn man sich einmal angewöhnt hat, auf diese Art die Welt zu betrachten und auf diese Weise darüber zu schreiben, verspürt man den Wunsch, sich von der Gemeinschaft abzusondern. Das ist das Modell, das ich in *Schnee* vor Augen hatte.

I: *Schnee* ist das politischste von all Ihren bislang veröffentlichten Büchern. Wie sind Sie auf das Thema gekommen?

O.P.: Als ich Mitte der neunziger Jahre anfing, in der Türkei bekannt zu werden, also zu einer Zeit, als die kurdischen Guerillas besonders heftig bekämpft wurden, wollten die alten linken Autoren wie auch die modernen neuen Liberalen, dass ich sie unterstützte, Petitionen unterschrieb, kurz, politische Schritte unternahm, die nichts mit meinen Büchern zu tun hatten.

Bald darauf ging das politische Establishment zu einer Gegenkampagne über, beschimpfte und verleumdete mich. Ich war sehr aufgebracht und fragte mich nach einer Weile: Sollte ich vielleicht einen politischen Roman schreiben, in dem ich mein eigenes Dilemma erforschte? Ich stammte aus einer Familie der oberen Mittelschicht und fühlte mich verantwortlich für Menschen, die von niemandem politisch vertreten wurden. Ich glaubte an die Kunst des Romans. Merkwürdig, wie einen das zum Außenseiter machen kann. Da beschloss ich, selbst einen politischen Roman zu schreiben. Und ich fing damit an, kaum dass ich *Rot ist mein Name* beendet hatte.

I: Warum haben Sie die Handlung in der kleinen Stadt Kars angesiedelt?

O.P.: Kars ist bekanntermaßen einer der kältesten Orte in der Türkei – und auch einer der ärmsten. Zu Beginn der achtziger Jahre ging es auf der ganzen Titelseite einer der wichtigsten Zeitungen des Landes um die Armut in Kars. Jemand hatte ausgerechnet, dass man die komplette Stadt für ungefähr eine Million Dollar kaufen konnte. Das politische Klima war angespannt, als ich mich dorthin begeben wollte. In der Umgebung von Kars leben hauptsächlich Kurden, aber die Bevölkerung der Stadt selbst besteht aus einer Mischung von Kurden, Aserbaidschanern, Türken und allen möglichen anderen Ethnien. Früher hatten dort auch Deutsche und Russen gelebt. Zudem gab es religiöse Auseinandersetzungen zwischen Schiiten und Sunniten. Die türkische Regierung führte einen so erbitterten Krieg gegen die kurdischen Guerillas, dass man unmöglich als bloßer Tourist nach Kars gehen konnte. Mir war klar, dass ich nicht einfach als Schriftsteller dorthin fahren konnte, und so bat ich einen mir bekannten Zeitungsredakteur um einen Presseausweis. Der Mann ist ziemlich einflussreich, und er rief persönlich den Bürgermeister und den Polizeipräsidenten an, um sie von meinem Kommen zu informieren.

Gleich nach meiner Ankunft besuchte ich den Bürgermeister und machte dem Polizeipräsidenten meine Aufwartung, damit man mich nicht einfach so auf der Straße festnahm. Tatsächlich wurde ich von ein paar ahnungslosen Polizisten aufgegriffen und abtransportiert, vermutlich, um gefoltert zu werden. Auf der Stelle nannte ich Namen: Ich kenne den Bürgermeister, den Polizeipräsidenten … Ich war ein verdächtiges Subjekt. Denn obwohl die Türkei theoretisch ein freies Land ist, war bis zirka 1999 jeder Fremde verdächtig. Ich hoffe, das hat sich heute geändert.

Die meisten Personen und Orte im Buch entsprechen einem realen Gegenstück. So stimmt zum Beispiel die Sache mit der Lokalzeitung, von der 252 Exemplare verkauft werden. Ich nahm einen Fotoapparat und eine Videokamera nach Kars mit. Ich hatte vor, alles aufzunehmen und dann das Material meinen Freunden in Istanbul zu zeigen. Alle hielten mich für leicht verrückt. Auch andere Dinge haben wirklich stattgefunden, zum Beispiel das Gespräch mit dem Zeitungsverleger, der Ka erzählt, was er, Ka, tags zuvor getan habe. Und als Ka fragt, wie er das wissen könne, erzählt er ihm, er höre den Polizeifunk ab und die Polizei sei Ka die ganze Zeit gefolgt. Das ist real. Und sie haben auch mich beschattet.

Der Moderator des lokalen Fernsehens stellte mich in einer Sendung vor und erklärte: Unser berühmter Autor schreibt einen Artikel für eine überregionale Zeitung – das war eine sehr wichtige Angelegenheit. Kommunalwahlen standen bevor, also öffneten mir die Leute von Kars ihre Türen. Sie wollten sich alle gegenüber der überregionalen Presse äußern, damit die Regierung erfuhr, wie arm sie waren. Sie wussten nicht, dass ich sie in einem Roman auftreten lassen wollte, glaubten vielmehr, ich würde sie in einem Zeitungsartikel erwähnen. Ich bekenne, das war zynisch und gemein von mir. Allerdings hatte ich mir überlegt, auch einen Artikel zu schreiben.

Vier Jahre vergingen. Ich kam und ging. Es gab ein kleines Kaffeehaus, wo ich hin und wieder schrieb oder mir Notizen machte. Ein befreundeter Fotograf, den ich zum Mitkommen aufgefordert hatte, weil es schön ist in Kars, wenn es schneit, hörte in dem kleinen Kaffeehaus zufällig ein Gespräch mit an. Während ich mir Notizen machte, fragten sich die Leute gegenseitig: Was für einen Artikel schreibt er da eigentlich? Seit Jahren kommt er nun her, Zeit genug, um einen Roman zu schreiben. Sie hatten mich ertappt.

I: Wie war die Reaktion auf das Buch?

O.P.: In der Türkei waren sowohl die konservativen – politischen – Islamisten als auch die Laizisten aufgebracht. Zwar nicht in dem Maße, dass das Buch verboten worden wäre oder man mir Schaden zugefügt hätte, aber sie waren wütend und schrieben darüber in den überregionalen Tageszeitungen. Die Laizisten waren wütend, weil ich geschrieben hatte, der Preis dafür, in der Türkei ein radikaler Laizist zu sein, bestehe darin, dass man vergesse, dass man auch ein Demokrat sein müsse. Die Macht der Laizisten kommt in der Türkei von der Armee. Dadurch werden die türkische Demokratie und die Kultur der Toleranz zerstört. Wenn sich die Armee erst einmal so stark in die politische Kultur eingemischt hat, verlieren die Menschen das Selbstvertrauen und verlassen sich darauf, dass die Armee sämtliche Probleme löst. Sie sagen dann: Das Land und die Wirtschaft sind in einem katastrophalen Zustand, soll doch die Armee kommen und Ordnung schaffen. Aber so, wie sie Ordnung geschaffen haben, haben sie auch die Kultur der Toleranz zerstört. Viele Verdächtige sind gefoltert worden, hunderttausend Menschen wurden inhaftiert. Das ebnet den Weg für neue Militärcoups. Ungefähr alle zehn Jahre gab es einen Coup. Deshalb äußerte ich mich kritisch über die Laizisten. Dass ich Islamisten als menschliche Wesen beschrieb, störte sie ebenfalls.

Die politischen Islamisten waren aufgebracht, weil ich über einen Islamisten schrieb, der vor der Ehe Geschlechtsverkehr gehabt hatte. Um solche simplen Dinge ging es. Die Islamisten misstrauen mir stets, weil ich nicht ihrer Kultur entstamme und weil meine Sprache, meine Haltung, ja sogar meine Gestik die einer mehr verwestlichten und privilegierteren Person sind. Sie haben Probleme damit, wie sie sich nach außen darstellen sollen, und fragen: Wie kann er überhaupt über uns schreiben? Er versteht uns ja gar nicht. Auch das ist in Teile meines Romans eingegangen.

Aber ich will nicht übertreiben: Ich habe überlebt. Sie alle haben das Buch gelesen. Vielleicht hat es sie erzürnt, aber es ist doch Zeichen einer zunehmend liberalen Haltung, dass sie mich und das Buch, so wie wir sind, akzeptierten. Die Reaktion der Leute von Kars war gespalten. Manche sagten: Ja, so ist es. Andere, zumeist türkische Nationalisten, reagierten gereizt, weil ich die Armenier erwähnte. So steckte der erwähnte Fernsehmoderator mein Buch in eine aus symbolischen Gründen schwarze Tüte, schickte sie mir zu und sagte in einer Pressekonferenz, ich betriebe armenische Propaganda. Das ist natürlich lächerlich. Wir haben eine dermaßen beschränkte, nationalistische Kultur.

I: Ist das Buch je eine *cause célèbre* geworden, ähnlich wie im Fall Rushdie?

O.P.: Nein, keineswegs.

I: Es ist ein schrecklich düsteres, pessimistisches Buch. Der einzige Mensch im ganzen Roman, der imstande ist, allen Seiten Gehör zu schenken, nämlich Ka, wird am Ende von allen verachtet.

O.P.: Vielleicht habe ich meine Position als Schriftsteller in der Türkei etwas zu zugespitzt geschildert. Obwohl Ka weiß, dass er verachtet wird, freut es ihn doch, dass er mit jedermann im Gespräch bleiben kann. Er hat auch einen sehr starken Überlebensinstinkt. Verachtet wird er, weil er für einen Spion des Westens gehalten wird, was auch über mich oft gesagt worden ist.

Das mit der Düsternis stimmt, doch ist der Humor ein Ausweg. Wenn mir Leute sagen, das Buch sei düster, frage ich: Ist es denn nicht auch komisch? Ich finde, es steckt eine Menge Humor drin, zumindest hatte ich das beabsichtigt.

I: Ihr Engagement für die Fiktion hat Sie in Schwierigkeiten gebracht, und das wird in Zukunft wohl nicht anders sein. Emotionale Bindungen wurden dadurch zerstört – ein hoher Preis.

O.P.: Ja, aber es ist auch etwas Schönes. Wenn ich reise und nicht allein an meinem Schreibtisch sitze, bin ich nach einer Weile deprimiert. Ich bin glücklich, wenn ich allein in einem Zimmer sitze und etwas erfinde. Es geht gar nicht so sehr um meine Hingabe an Kunst oder Handwerk, sondern ich fühle mich verpflichtet, allein in einem Zimmer zu sein. Dieses Ritual habe ich seit langem beibehalten, im Vertrauen darauf, dass das, was ich jetzt schreibe, eines Tages veröffentlicht wird und meine Tagträume legitimiert werden. Ich brauche die einsamen Stunden am Schreibtisch mit gutem Papier und einem Füller, so wie manche Menschen Pillen brauchen, um gesund zu bleiben. Ich hänge an diesen Ritualen.

I: Für wen schreiben Sie dann?

O.P.: Je kürzer das Leben wird, desto häufiger stellt man sich diese Frage. Ich habe sieben Romane geschrieben und würde noch gern sieben weitere schreiben, bevor ich sterbe. Aber das Leben ist kurz. Warum es nicht mehr genießen? Manchmal muss ich mich wirklich zwingen. Warum tue ich das? Was bedeutet all das? Zunächst spüre ich, wie gesagt, das Bedürfnis, allein in einem Zimmer zu sein. Dazu kommt eine beinahe bubenhaft ehrgeizige Seite an mir, die bestrebt ist, noch einmal ein schönes Buch zu schreiben. Ich glaube immer weniger an eine Ewigkeit für Autoren. Wir lesen nur noch sehr wenige von den Büchern, die vor zweihundert Jahren geschrieben wurden. Die Dinge sind so im Fluss, dass die Bücher von heute wahrscheinlich in hundert Jahren vergessen sein werden. Man wird nur noch sehr wenige lesen. In zweihundert Jahren werden vielleicht nur fünf Bücher, die heute geschrieben werden, ein Nachleben haben. Bin ich mir sicher, dass ich eins dieser fünf Bücher schreibe? Ist aber das der Sinn des Schreibens? Warum sollte ich mich darum sorgen, ob ich auch noch in zweihundert Jahren gelesen werde? Sollte ich es mir nicht angelegen sein lassen, mehr zu leben? Brauche ich den Trost, dass man mich in der Zukunft lesen wird? Ich denke an all das und fahre fort zu schreiben, warum, weiß ich nicht. Aber ich gebe nicht auf. Dieser Glaube, dass die eigenen Bücher in der Zukunft wirken können, tröstet über so manches in der Gegenwart hinweg.

I: Sie sind in der Türkei ein Bestsellerautor, aber die Gesamtauflage Ihrer Bücher im Ausland ist höher. Sie sind in vierzig Sprachen übersetzt worden. Denken Sie jetzt beim Schreiben an eine größere, globalere Leserschaft? Schreiben Sie nun für ein anderes Publikum?

O.P.: Mir ist bewusst, dass mein Publikum nicht mehr ausschließlich aus türkischen Lesern besteht. Aber schon als ich zu schreiben begann, hatte ich wohl bereits eine größere Lesergruppe vor Augen. Mein Vater pflegte oft hinter dem Rücken mancher mit ihm befreundeter Autoren zu sagen, sie »richteten sich nur an das türkische Publikum«.

Es gibt jedoch ein Problem, wenn man sich seines Publikums, sei es nun national oder international, bewusst ist, ein Problem, dem ich inzwischen nicht mehr aus dem Weg gehen kann. Die Auflage meiner beiden letzten Bücher lag weltweit bei über einer halben Million Exemplare. Ich kann nicht leugnen, dass ich mir der Existenz dieser Leser bewusst bin. Andererseits habe ich nie das Gefühl, dass ich Dinge tue, nur um sie zufriedenzustellen. Ich glaube auch, dass meine Leser es merken würden, wenn ich das täte. Ich habe es mir von Anfang an zur Aufgabe gemacht, sofort davonzulaufen, wann immer ich mir der Erwartungen eines Lesers bewusst werde. Bis hin zur Konstruktion meiner Sätze: Ich bereite den Leser auf etwas vor, und dann überrasche ich ihn. Vielleicht liebe ich deshalb lange Sätze.

I: Für die meisten nichttürkischen Leser besteht die Originalität Ihres Schreibens hauptsächlich in dem türkischen Hintergrund. Wie würden Sie Ihr Werk in einem türkischen Kontext charakterisieren?

O.P.: Es gibt das Problem, das Harold Bloom die »Einflussangst« nannte. In meiner Jugend war sie mir vertraut, wie allen Autoren. Mit Anfang Dreißig fürchtete ich, ich sei vielleicht zu sehr von Tolstoi oder Thomas Mann beeinflusst worden – in meinem ersten Roman strebte ich diese Art nobler, aristokratischer Prosa an. Doch dann kam mir der Gedanke, dass meine Technik zwar von diesen Schriftstellern abgeleitet sein mochte, die Tatsache aber, dass ich mich in diesem – wie es damals schien – von Europa so weit entfernten Teil der Welt ans Schreiben machte und ein so anderes Publikum in einem so verschiedenen kulturellen und historischen Klima zu fesseln suchte, mir eine gewisse Originalität verschaffen würde, auch wenn sie auf ziemlich mühelose Weise erlangt war. Aber es ist andererseits eine schwierige Aufgabe, da sich solche Techniken nicht so ohne weiteres übertragen lassen.

Die Formel, um Originalität zu erzielen, ist sehr simpel: Man verknüpfe zwei Dinge miteinander, die noch nie miteinander verknüpft wurden. Nehmen Sie zum Beispiel *Istanbul*: ein Essay über die Stadt, wie sie von bestimmten ausländischen Schriftstellern gesehen wurde – Flaubert, Nerval, Gautier – und wie ihr Blick wiederum eine ganz bestimmte Gruppe türkischer Autoren beeinflusste. Verknüpft mit diesem Essay über die Erfindung von Istanbuls romantischer Landschaft ist eine Autobiographie. Das hatte es vorher noch nicht gegeben. Man muss etwas riskieren, um etwas Neues zu schaffen. Mit *Istanbul* habe ich versucht, ein originelles Buch zu schreiben. Ob mir das gelungen ist, weiß ich nicht. Ähnlich ging es mir mit dem *Schwarzen Buch*: Man verknüpfe eine nostalgische proustsche Welt mit islamischen Allegorien, Geschichten und Einfällen, wähle Istanbul als Schauplatz und warte, was passiert.

I: *Istanbul* vermittelt den Eindruck, Sie seien immer sehr einsam gewesen. Mit Sicherheit sind Sie heute in der modernen Türkei als Autor allein. Sie sind in einer Welt aufgewachsen, von der Sie losgelöst sind, in der Sie aber immer noch leben.

O.P.: Obwohl ich in einer Großfamilie aufgewachsen bin und man mir beibrachte, die Gemeinschaft wertzuschätzen, gewöhnte ich mir später an, mich davon zu befreien. Ich habe einen selbstzerstörerischen Zug, und in Anfällen von Wut und Zorn tue ich Dinge, die mich vom gemütlichen Gemeinschaftsleben ausschließen. Schon früh im Leben erkannte ich, dass die Gemeinschaft meine Einbildungskraft zerstört. Ich brauche die Qualen der Einsamkeit, damit meine Phantasie funktioniert. Und dann bin ich glücklich. Aber da ich Türke bin, brauche ich nach einer Weile die tröstliche Wärme der Gemeinschaft, die ich vielleicht zerstört habe. *Istanbul* hat die Beziehung zu meiner Mutter kaputtgemacht – wir sehen uns nicht mehr. Und natürlich sehe ich meinen Bruder kaum. Auch meine Beziehung zum türkischen Publikum ist wegen meiner kürzlich gemachten Kommentare schwierig.

I: Wie türkisch fühlen Sie sich dann eigentlich?

O.P.: Erst einmal bin ich als Türke geboren und ganz und gar zufrieden damit. In einem internationalen Kontext nimmt man mich mehr als Türken wahr, als ich mich selbst sehe. Man kennt mich als türkischen Autor. Wenn Proust über die Liebe schreibt, sieht man ihn als jemanden, der über die universale Liebe spricht. Als ich über die Liebe schrieb, hieß es, besonders am Anfang, ich schriebe über die Liebe in der Türkei. Als meine Bücher allmählich übersetzt wurden, waren die Türken stolz darauf. Sie beanspruchten mich als einen der Ihren, und ich war für sie mehr als zuvor zum Türken geworden. Wenn man einmal international bekannt ist, wird die Tatsache, dass man Türke ist, international betont. Dann wiederum wird diese Tatsache von den Türken selbst betont, die Anspruch auf einen erheben. Das eigene Gefühl nationaler Identität wird etwas, was andere manipulieren, was einem von anderen aufgezwungen wird. Mittlerweile kümmern sich meine Landsleute mehr um die Art, wie die Türkei international repräsentiert wird, als um meine Kunst. Und das verursacht immer mehr Probleme in meinem Land. Eine Menge Leute, die meine Bücher überhaupt nicht kennen, machen sich, auf der Grundlage dessen, was sie in der Boulevardpresse lesen, Sorgen über das, was ich der Außenwelt über die Türkei erzähle. Literatur besteht aus Gutem und Schlechtem, Dämonen und Engeln, und sie machen sich zunehmend nur noch Sorgen über meine Dämonen.

Textnachweis

Der Koffer meines Vaters ist die Ansprache, die Pamuk aus Anlass der Verleihung des Literaturnobelpreises in Stockholm am 7. 12. 2006 hielt.

Autobiographisches aus Anlass des Nobelpreises. Erstmals veröffentlicht auf der Internetseite der Nobelstiftung.

Der implizite Autor. Den Vortrag hielt Pamuk bei der Puterbaugh Conference an der University of Oklahoma im April 2006. Erstmals veröffentlicht in *World Literature Today* im November 2006. Auf deutsch erstmals veröffentlicht unter dem Titel »Ich brauche die Literatur wie ein Kranker seine Medizin« in der *Frankfurter Allgemeinen Zeitung* vom 7. 12. 2006.

Notizen zum 29. 4. 1994. Erstmals veröffentlicht im *Nouvel Observateur* im April 1994.

Meine schönste Uhr. Erstmals veröffentlicht in *Cumhuriyet* vom 26. 10. 1990.

Poetische Gerechtigkeit. Erstmals veröffentlicht im Katalog zur achten Istanbul-Biennale (19. September – 19. November 2003).

Hier war ich schon mal, Frühlingsnachmittage, Abends todmüde, Beim Aufstehen in stiller Nacht, Seit ich nicht mehr rauche, Die Möwe im Regen, Eine Möwe stirbt am Ufer, Das Haus des einsamen Mannes, Nach dem Sturm, Glücklich sein, Ich will nicht in die Schule, Wenn Rüya Kummer hat, Der Ausblick und *Was ich über Hunde weiß.* Erstmals veröffentlicht zwischen Mai 1996 und Mai 1997 in der türkischen Wochenzeitung *Öküz.*

Rüya und ich. Erstmals veröffentlicht in *Hürriyet* vom 14. 6. 1994.

Brände und Abrisse. Erstmals veröffentlicht im türkischen *National Geographic* im Juni 2002.

Die Inseln. Erstmals veröffentlicht im türkischen *National Geographic* im Juli 2002.

Bosporusdampfer. Erstmals veröffentlicht im Katalog der zeitgenössischen türkischen Künstlerin Ayşe Erkmen, *Shipped Ships*, Band 1, Deutsche Bank, Frankfurt am Main 2001.

Meine ersten Begegnungen mit Amerikanern. Erstmals veröffentlicht in *Granta* 77 vom Frühling 2002. Erstmals auf deutsch veröffentlicht unter dem Titel »Wie ich die Amerikaner entdeckte« in der *Süddeutschen Zeitung* vom 22.5.2002.

Ansichten aus der Hauptstadt der Welt. Erstmals veröffentlicht in *Habertürk* vom Januar/Februar 2003.

Neun Notizen zu Buchumschlägen. Erstmals veröffentlicht in der amerikanischen Ausgabe von Chip Kidd, *Book One: Work: 1986–2006.*

Lesen oder nicht lesen: Die Märchen aus Tausendundeiner Nacht schrieb Pamuk als Vorwort zur türkischen Ausgabe von 2001.

Tristram Shandy: Jeder sollte so einen Onkel haben schrieb Pamuk als Vorwort zur türkischen Ausgabe von 1999. Aus dem Roman wird zitiert nach der Übersetzung von Wilhelm Bode, München und Leipzig 1910.

Victor Hugos Passion für Größe. Erstmals veröffentlicht in *Kitaplik 55* vom September/Oktober 2002.

Albert Camus schrieb Pamuk als Vorwort zur amerikanischen Ausgabe von *Das Exil und das Reich* 2007.

Lesen im Stimmungstief. Erstmals veröffentlicht in *Kitap-lik 47* vom Mai/Juni 2001.

Die Romanwelt von Thomas Bernhard schrieb Pamuk als Vorwort zur türkischen Ausgabe von *Wittgensteins Neffe* 1989.

Salman Rushdie: Die Satanischen Verse *und die Freiheit des Autors.* Erstmals veröffentlicht in *Cumhuriyet* vom 21.2.1989. Zitiert nach der deutschen Ausgabe © Droemer Knaur Verlag München 1997.

Zur Weißen Festung schrieb Pamuk als Nachwort zur vierten türkischen Auflage im Juli 1986.

Das schwarze Buch: *Zehn Jahre danach* schrieb Pamuk als Vorwort zur türkischen Sonderausgabe aus Anlass des zehnten Jahrestags des Erscheinens im März 2000.

Eine Auswahl von Interviews zum Neuen Leben. Zusammengestellt aus verschiedenen türkischen Zeitungen und Zeitschriften. Leicht überarbeitete Fassung der Version aus dem Essayband *Öteki Renkler* von 1999.

Zu Rot ist mein Name. Zusammengestellt aus verschiedenen türkischen Zeitungen und Zeitschriften. Leicht überarbeitete Fassung der Version aus dem Essayband *Öteki Renkler* von 1999.

Eine Notiz zu Rot ist mein Name. Auszug aus dem Notizbuch des Autors. Erstveröffentlichung.

Aus dem Heft »Schnee in Kars«. Erstmals veröffentlicht in *Kars: Beyaz Uykusuz Uzakta,* 2007.

Şirin ist verwirrt. Stark überarbeitete und erweiterte Fassung der Version aus *Defter,* erstmals veröffentlicht im Winter 1992.

Im Wald, so alt wie die Welt. Erstmals veroffentlicht in *Asiatica,* The Freer and Sackler Galleries, 2005.

Unbekannte Mörder und Kriminalromane: Der Kolumnist Çetin Altan und der Şeyhülislâm Ebussuud Efendi. Erstmals veröffentlicht in *Radikal* am 25. 5. 1997.

Bellini und der Osten schrieb Pamuk über die gleichnamige Ausstellung (12. April – 25. Juni 2006) der National Gallery in London, erstmals veröffentlicht im *Guardian.* Erstmals auf deutsch veröffentlicht unter dem Titel »Ein gutes Porträt lehrt selbst einen Piraten das Fürchten« in der *Süddeutschen Zeitung* vom 15./16./17. 4. 2006.

Bedeutung. Erstmals veröffentlicht im Katalog des Museum of Modern Art zur Ausstellung »Without Boundary: Seventeen ways of Looking« im Februar 2006.

Das nichtabgewogene Wort: Unser Recht auf Meinungsfreiheit ist die Rede, die Pamuk als »PEN Arthur Miller Freedom to Write Memorial Lecture« am 25. 4. 2006 in New York hielt. Erstmals veröffentlicht in der *New York Review of Books* vom 25. 5. 2006. Erstmals auf deutsch veröffentlicht unter dem Titel »Das unabgewogene Wort« in der *Frankfurter Allgemeinen Zeitung* vom 26. 5. 2006.

Der schlafende Mann. Erstmals veröffentlicht in der türkischen Wochenzeitung *Öküz.*

Die Provinzialisierung der Türkei. Erstmals veröffentlicht in *Radikal II* vom 27.7.1997.

Saddam – Bush – Erdoğan. Erstmals veröffentlicht in *Radikal II.* Erstmals auf deutsch veröffentlicht unter dem Titel »Uncle Sam und die Bauschschwingerin« in der *Süddeutschen Zeitung* vom 14.3.2009.

Das Paris Review-*Interview.* Erstmals veröffentlicht in der *Paris Review 175* vom Herbst/Winter 2005. Aus dem Englischen von Anna Leube.

Bildnachweis

Die Zeichnungen stammen vom Autor.

Die Fotos im Essay *Aus dem Heft »Schnee in Kars«* stammen von Manuel Citak.

Şirin betrachtet das Bildnis des Hüsrev (Seite 242)
© The British Library Board. All rights reserved.

Hüsrev sieht Şirin beim Baden (Seite 244)
Mit freundlicher Genehmigung der Topkapı-Bibliothek.

Der Bräutigam mit dem Pferd wartet im Wald (Seite 251)
© Freer Gallery of Art, Smithsonian Institution, Washington D.C.

Gentile Bellini: Sultan Mehmet II. (Seite 264)
Layard Bequest 1916, © The National Gallery, London

Gentile Bellini (zugeschrieben): Sitzender türkischer Schreiber oder Künstler
(Seite 268)
© Isabella Stewart Gardner Museum, Boston, MA, USA/Bridgeman Berlin

Alle übrigen Bildrechte liegen beim Autor.

Register

337

Inhalt

Leben

Bilder und Texte

Politik und Staatsbürgerschaft

Paris Review

* übersetzt von Ingrid Iren